生活因阅读而精彩

生活因阅读而精彩

XIANG SUNZI
XUE JIMOU

向
孙
子
学
计
谋

"最有中国味的谋略之道"

左燕◎编著

中国华侨出版社

图书在版编目(CIP)数据

向孙子学计谋:最有中国味的谋略之道 / 左燕编著. —北京：中国华侨出版社,2013.5

ISBN 978-7-5113-3627-9

Ⅰ.①向… Ⅱ.①左… Ⅲ.①兵法–中国–春秋时代–通俗读物 Ⅳ.①E892. 25–49

中国版本图书馆 CIP 数据核字(2013)第 107557 号

向孙子学计谋:最有中国味的谋略之道

编　　著 / 左　燕

责任编辑 / 文　喆

责任校对 / 李向荣

经　　销 / 新华书店

开　　本 / 787 毫米×1092 毫米　1/16　印张/18　字数/255 千字

印　　刷 / 北京建泰印刷有限公司

版　　次 / 2013 年 9 月第 1 版　2013 年 9 月第 1 次印刷

书　　号 / ISBN 978-7-5113-3627-9

定　　价 / 32.00 元

中国华侨出版社　北京市朝阳区静安里 26 号通成达大厦 3 层　邮编:100028

法律顾问:陈鹰律师事务所

编辑部:(010)64443056　　64443979

发行部:(010)64443051　　传真:(010)64439708

网址:www.oveaschin.com

E-mail:oveaschin@sina.com

前　言

　　文化包含一个民族长期积累形成的深层的心理积淀。而传统文化又是多元的，不同的文化派系会产生不同的思维模式，这也会导致不同的社会结构和行为方式。就像一棵树上，没有两片叶子是相同的道理。先秦诸子百家的思想给后人留下了丰富的历史宝藏，这不是一种包袱，而是我们可以汲取的能量。

　　如今，我们对传承已久的历史文化，在现实层面的研究发展仍是欠缺的，在社会现实问题上往往抛弃了"经世致用"的传统。就像孔子、老子、孙子的思想在任何时候都是宝藏一样，孙子的计谋不仅具有很强的实用性，而且能让人们在处理事务时更加理智与理性。

　　作为世界三大兵书之一的《孙子兵法》，不仅是我国传统文化的精华，也是我国古典军事文化遗产中的艺术瑰宝。但是怎么才能运用好它的计谋，怎么将理论与现实更好地结合，这都是本书所要讲的内容。本书不仅进一步解释孙子计谋的内涵，更结合实例进行解说。对于这种传统文化的传承，我们本着"取其精华，去其糟粕"的主旨为全人类的发展提供经验和借鉴。对于中国传统文化及其价值，我们应当站更高的角度来重新认识。不断发掘中国传统文化的优势，并赋予其新的内涵，将之转换成有效的资源和力量，使它重新成为促进社会发展的因素，是我们文化传承和建设的重要任务。

计谋是人类智慧的延伸，对于事件而言，计谋不分好坏，关键在于使用的人是出于什么样的目的。也就是出于自己的利益，还是集体的利益。最典型的就是侵害他人的合法利益是坏，维护正当利益为好。总而言之，学会计谋不仅是一种智慧的攫取，更是对个人能力的提升。所谓腹中有计走天下，但不可事事用计谋，时时算计，诡计多端更不宜。向孙子学计谋多为对我国传统文化的认可和传承。

本书共分十八章，每一章不仅介绍计谋的来龙去脉和使用技巧，更是结合当代的各种实例深入剖析，特别是在当代经营决策和社会管理方面，本书更是教给读者具有实操性的策略方法。商场如战场，即便不是硝烟弥漫的真实战场，孙子的计谋也长久而广泛地存在在我们的生活中。

目录

第一章 瞒天过海，围魏救赵——掩饰真实动机

出于某种原因，不能把自己的心思和动机直白地展现在别人的面前，我们需要采取一些策略。为了达到目的，可以采用迂回的策略，让困难迎刃而解。

第二章 以逸待劳，牢抓时机——在敌疲我逸的情况下出击

在不知道事情该如何解决的时候，最好不要盲目行动，而是冷静下来，以逸待劳，寻找时机。万事万物的形势是不断发展变化的，当对方的劣势展现出来时，立刻行动，就能收到事半功倍的效果。

第六章　隔岸观火，巧获信任——站到"取利渔翁"的位置

起火的时候，人的第一反应是救火。可是在没有弄清楚形势的时候，贸然救火或许会给自己带来极大的危险，这时候不妨采取隔岸观火的方式静观形势变化。另外，要想让别人相信自己，就必须用友好来争取信任，"笑"就是个绝好的办法。

第七章　打草惊蛇，调虎离山——避开优势，寻找弱点突破

古语云：虎落平阳被犬欺。老虎离开自己地盘，连狗都可以欺负它。所谓调虎离山大抵就要达到这样的效果。使对手离开其处于优势的地方，或是让对手处于对他不利的形势下，就可以将其一举歼灭。而打草惊蛇，也是利用对手的弱点进行攻击，这样方能取胜于战事。

第八章　欲擒故纵，擒贼擒王——抓住要领是取胜的关键所在

古人云：射人先射马，擒贼先擒王。在军事中，这些谋略不仅要活学善用，并且要想有所获得，就得学会"如欲取之，必先予之"，毕竟有舍才有得。

第九章　借鸡生蛋，抛砖引玉——为钓大鱼要舍得投放鱼饵

在遇到一些困难的时候，尽可能的利用身边一切条件，向别人借用力量，让自己的事业再次出现繁荣景象。而抛砖引玉则是需要人们在为获大利时必须舍以小利，要学会"将欲取之，必先予之"。两者都表明要达到自己所要的目的，就必须学会舍弃。

第十章　关门捉贼，釜底抽薪——在有利情况下要争取完胜

古人云："扬汤止沸，不如釜底抽薪"。在解决问题的过程中，要学会抓住事情的主要矛盾，从根本上解决问题。不能浮于表面，看不到问题的本质。同时，也要学会把握时机，利用自身的各种条件，善于筹谋，争取完全的胜利。

第十一章　应时而作，分身有术——走而示之不走的高明决策

当竞争十分激烈的时候，局势就会变得很复杂。在这种复杂的局势中，谁能因时而动，因时而作，谁就会成为最后的赢家。当时机恰当的时候你甚至可以采取分身术，给对手制造一个假象，而你却早已脱离险境，走向成功。

第十二章 远交近攻，假道伐虢——借助外交力量来取胜

荀子《劝学》中说："君子性非异也，善假于物也。"借道灭虢就一种是借助敌人的力量，分化敌人的外交策略。而远交进攻作为一种外交手段，是指我方假借与远方强敌交好，集中力量消灭近处敌人之后，再消灭远方强敌，从近到远依次推进，作为战略使用时，这两个都讲究一个"借"字。

第十三章 假痴不癫，指桑骂槐——沉着借力以拙胜巧

假痴不癫是指为掩藏自己的实力，或是真实意图做出令人匪夷所思的行为，并使敌人信以为真，以此来摆脱困境。指桑骂槐是一种意有所指的计谋，借助某人或某物，对另一事物进行实际攻击。所以，在自身对某事有心无力时，可以采用这两个计谋，假借外物来替自己解困。

第十四章 偷梁换柱，上屋抽梯——瓦解对方的核心竞争力

偷梁换柱，意同偷天换日、偷龙转凤、掉包计。都是指暗中换掉敌人所需的关

键事物或是重要部件，以此达到削弱敌人实力或是战胜敌人的目标。而上屋抽梯则是指在与敌人对阵中，故意露出破绽，引敌人上钩后，切断敌人的外援，以此到达歼灭敌人的目的。

第十五章　树上开花，反客为主——借局布势，占得主动地位

树上开花是指我方实力较弱时，借助其他外力，虚张声势以此震慑敌人，摆脱被歼灭的危机。反客为主则是指在军事战斗中，尽量将被动变主动，争取战争主导权，而这个计谋主要针对的是同一阵营的盟友。这两个计谋都讲究如何借助盟友的势力，最后获得盟军中的主要位置。

第十六章　利用弱点，攻其软肋——巧施诱惑才能找到击破点

人都有欲望，美人计正是利用人的欲望来诱惑敌人，以此来瓦解敌人的战斗力，在其丧失警惕时，趁机将其消灭。而反间计则是指制造事端，令敌人内部产生嫌隙自生矛盾，以此达到我方获取情报，扰乱敌人内部的目的。

第十七章 连环苦肉计——计中套计，立对方于必败之地

苦肉计，以自我伤害引发敌人的恻隐之心，从而取得敌人的信任，以此来深入敌人内部进行间谍活动的计谋。连环计，对同一敌人使用两个或者两个以上的计谋，而这些计谋又都环环相扣，相辅相成，利用计中计让敌方陷入失败的深渊。

第十八章 空城遁走计——必要时，弃无用之城以求全身而退

古语有云：兵不厌诈。空城计主要是在敌我双方实力悬殊的情况下，利用心理战，使敌人对我方形势出现误判，从而让我方有机可趁摆脱困境。走为上则是指在面对困境时，一定要能进能退，不能顽固不化，要知道有舍才有得。

第一章 | 瞒天过海，围魏救赵
——掩饰真实动机

　　出于某种原因，不能把自己的心思和动机直白地展现在别人的面前，我们需要采取一些策略。为了达到目的，可以采用迂回的策略，让困难迎刃而解。

【经典今解】

　　备周则意怠，常见则不疑。阴在阳之内，不在阳之对。太阳，太阴。

　　自认为防备周到的，容易产生麻痹松懈的情绪；平常看惯了的，往往就不再怀疑。秘密蕴藏在暴露的事物中，而不是与暴露的事物相排斥。非常公开的经常蕴藏着非常机密的。

　　唐太宗曾经在唐贞观十七年时，亲率30万大军征伐高句丽。大军行至大海之滨之时，已经是一个多月以后了。唐太宗站在海边举目远眺，见沧海茫茫，波澜壮阔，但是横无际涯白浪排空。实在是有震天动地的气势。竟顿时生出惧意，与手下众将商议退兵。但是大部分将士不肯无功而返，大军开拔一月有余，怎能食言于天下百姓。唐太宗认为众将士说的有道理，但是勉为其难地上船之后，感觉头晕目眩不能站立。大船事实上稳如泰山纹丝不动。这一点让众将士无可奈何，唐太宗更是下令立刻下船，并且下旨不再渡海。在唐太宗的命令下众将驻扎在海边准备回朝。众将无可奈何但是同样无计可施。同行将士中有一位是辽东道行军总管张士贵，此人对用兵之道深有研究。他认为唐太宗此举对战局很不利，因为兵贵神速，如此拖沓会耽误最佳战机。但是唐太宗的命令已经下达，他也不敢冒死进谏，怕触怒龙颜，惹上杀身之祸。

正在张士贵愁眉不展之时，有一人站出献计，说他有办法说服唐太宗，下令渡海进攻。此人是军中新招募的一名壮士，名曰薛仁贵。薛仁贵对着张士贵耳语片刻，听得张士贵连连称是，连声赞妙。让薛仁贵依计行事。几日之后，一位老者觐见唐太宗。这位老者仙风道骨气度非凡。自称是居住海边的豪门大户。听闻天子征伐高句丽，备上30万石军粮送来军营，以尽微薄之力犒劳将士。并称在家中备好酒宴歌舞，请唐太宗移驾赏光。此言正中唐太宗下怀。连日以来清苦的军营生活早已让唐太宗感觉烦闷不堪，如今能有美酒佳肴相伴，岂能不欣然前往？当下就下令带领文武百官随这位老者出了军营。

到海边之后，并不如往常看到的府邸一般，只见彩幔绵延，一片流光溢彩。老者带大家走入彩幔之后，才看到老者的府邸是隐没在万丈彩幔之中的。老者继续引领众将士进入房间，内里布置奢华精美。四壁所见和地面所铺盖皆是彩幔锦彩。待唐太宗等人落座之后，老者拍手示意，立刻有十几名美丽少女应声从彩幕之后飘然而出，手端丰盛的菜肴和美酒。又有乐工出现在四周，开始鼓瑟吹箫。一时间美酒飘香琴瑟交鸣。众人无不身心舒畅开怀畅饮。

正值众人酒酣之际，房间却突然摇晃起来，风声四起。众人大惊，不明所以。唐太宗命人解开彩幕，窥探究竟发生了什么事情。结果这哪里寻常人家的府邸，分明是到了海上，四周烟波浩渺浊浪排空。唐太宗大为惊愕，询问群臣，无人知晓。老者和张士贵慌忙下跪请罪。

原来这一切正是薛仁贵的计谋。他深知唐太宗怕水，不能硬来。而是想办法用彩幔围住大船，而自己装扮成海边的豪客，让唐太宗误认为自己要去岸上做客。同时编排歌舞酒宴，让唐太宗放松心神，无暇顾及其他。其实等到船已经到海上的时候，唐太宗反而不会对海水有太大恐惧了。而且唐太宗是位明君，纵使后悔纵使醒悟，却不会为此给薛仁贵和张士贵定罪。相反，想到他们的良苦用心，更加地感动甚至重用了他们。薛仁贵后来受到重视得以重用，成为一代名将，正是因为这件事情。

共敌不如分敌，敌阳不如敌阴。

与其攻打集中的正面之敌，不如先用计谋分散它的兵力，然后各个击破；与其主动出兵攻打敌人，不如迂回到敌人虚弱的后方，伺机歼灭敌人。

"围魏救赵"具有三种含义

避实击虚。《孙子兵法·虚实篇》里认为，用兵的规律应当是避开敌人最坚实的地方而去攻击敌人最薄弱的部分。同样米说，正如流水这样的自然规律一样，也是避开高处流向低处。避实击虚是战胜敌人的法宝。

以攻为守。在与敌人战斗时，如果敌军攻势太猛，我军一味防御的话，战况会变得越来越被动。这种情况下，进攻无异于最好的防御。正所谓化被动为主动。

以迂为直。在战争中，最佳战略往往不是最直接的方法。因为战争不同于生活，只寻找最近距离和最直接的路线就可以获得最好的结果。战争如同爬山，盘旋而上虽然多走路但是更能得到安全的保障。共敌不如分敌，敌阳不如敌阴出自《史记·孙子吴起列传》，讲的是战国时期，齐国与魏国发生过的一场战争：桂陵之战。公元前354年，赵国进攻卫国，企图迫使卫国臣服。当时卫国依附于魏国。而在公元前356年的时候，赵国国君赵成侯不甘心被魏国霸占控制，与齐，宋，燕结盟，企图对抗魏国。于是魏王派遣庞涓率十万精兵以保卫卫国为借口，对赵国发动了战争。魏军本就精良，在庞涓的带领下更是锐不可当，就这样魏国一举包围攻破赵国都城邯郸。因为之前的结盟，齐国与赵国已经是同盟关系，所以邯郸危急的时候赵成侯向齐国求助。

齐威王命田忌率8万士兵去帮助赵国，同时任命孙膑为军师。孙膑是何许人也呢？其实他是兵圣孙武的后代，与庞涓一同拜鬼谷子为师，所以算是同门师兄弟。庞涓确有实才，学成之后去了魏国，受到魏惠王赏识并被拜为魏国大将军。为魏国立下赫赫战功。而实际上，庞涓的本领是比不上孙膑的。孙膑学成之后也来到魏国，魏惠王爱才，同样将孙膑奉为上宾加以重用。可是这引起了庞涓的嫉恨。庞涓深怕有朝一日自己失宠。于是诬陷孙膑与齐国勾结对魏国不轨。魏惠王大怒，将孙膑处以膑刑（膑刑，削去膝盖骨的一种酷刑）。又在孙膑脸上施以黥刑（即在脸上刻字）。使孙膑即不能行走，又羞于见人。实在残酷至极。孙膑知道自己命悬一线。只好装疯卖傻，才得以保命。直到遇到齐国使者救助，才得以活了下来。如今齐王命令孙膑为军师去与庞涓一战，正可以让孙膑一报昔日之仇。

田忌与孙膑一起领兵进入魏国和赵国的交界处，备战之时。田忌与孙膑商量计策。田忌计划直接进攻邯郸，正面迎敌。孙膑则认为不可，他这样解释：战斗中决定胜负的关键不是动手斗殴，理清一件事情的基本方法也不会是靠拳头去解决。对付敌人最有用的办法是，避实就虚，攻其要害，敌方受到挫折和牵制之后，我方自然会获得胜利。而且现在魏国大部分兵力都用在外面作战，留在大梁的肯定是一些老弱病残。这个时候我们应该直接攻打大梁，逼魏军撤离邯郸，然后我们在途中设下埋伏，岂不是一劳永逸？庞涓必败。

田忌听后认为该计太妙，于是依计行事。于是齐国大军直接进攻大梁。大梁是魏国的政治、经济、军事中心，突然遭到攻击，魏惠王大惊，连夜派人送信给庞涓，要求他立刻回救大梁。此时邯郸已快被攻破，但是自己国都危急，容不得庞涓细想，急忙率兵回救大梁。由此，邯郸之围已解。庞涓率兵回大梁的途中，在桂陵（今河南长垣西北）遭赵军埋伏。前几日攻打邯郸的连日耗损，加上行军路途中的疲惫。面对一鼓作气精锐强悍的齐军，自然是落入下风，陷入被动局面。魏军大败，损失惨重。庞涓狼狈地逃回大梁，只剩下了一部分残兵败将。这场战争，就是历史上有名的"围魏救赵"。

【案例解析】

实战 ① 瞒天过海中赢得战争胜利

公元583年，陈叔宝登基为陈朝的皇帝。在位期间，陈叔宝完全不理会朝政，整日吃喝玩乐，朝中奸臣乘机为非作歹，到处欺压百姓，搞得民不聊生，陈朝的存亡只在一线之间。

当时的形势，隋文帝杨坚已经统一了北方，国力也日趋强盛，斗志正旺盛。隋文帝对当前形势进行分析后，认定陈朝目前国库空虚，只要稍微一击便可消灭陈朝。于是他派兵南下，想借此机会一举消灭陈叔宝。

然而横亘在眼前的是一条滔滔不息的长江，怎么样进攻才能做到万无一失呢？老臣悄悄向他献了一条妙计。

隋文帝采纳了老臣的计策，随着一声令下，几路大军浩浩荡荡向陈朝挺进。大军首先切断了长江上游和中下游的联络，使之不能相互照应。

就在同时，隋朝大将贺若弼率领大军向陈朝国都建康进发。大军在行到长江北岸的时候驻扎了下来。一时间长江北岸帐篷林立，军旗飘扬，人喊马嘶，一派战前景象。

陈朝哪见过这么大的阵势，以为是隋军马上就要渡江攻城了，顿时十分紧张，立刻召集所有人马，准备与隋军决一死战。

陈朝军队就这么蓄势待发了好几天，仍旧不见隋军有渡江攻城的打算，反而还撤了回去，渡口只留下一些破旧的小船。陈朝上下都以为隋军水上力量不充足，不敢贸然进攻，大家都松懈了下来。

然而几天以后，隋军又在江北安营扎寨。陈朝军队随即再次进入备战状态。就这么反复折腾了几次，陈朝军队被折腾得人困马乏，加上粮仓又被隋军烧毁，陈朝上下十分恐慌，不知道隋军到底要怎么样。

趁此机会，隋军突然发起攻击。浩浩长江之上，千万艘船齐发，金鼓震天，陈朝军队根本没有还手之力，就连陈叔宝也乖乖做了俘虏。

隋文帝十分高兴，重赏有功将士。他夸赞高颎道："好一个瞒天过海之计！若不是如此麻痹敌军，我们怎么会如此轻易取胜？俗话说，姜还是老的辣嘛！"

在古今中外的战争史上，施展瞒天过海的计策、出其不意的战例，举不胜举。

实战 2　康熙智谋除奸臣

康熙六年（1667）六月，四朝元老、位列四大辅臣之首的索尼病逝。七月，康熙皇帝把索尼等多次呈请皇上亲政的奏疏向臣下宣布，并上奏太皇太后（孝庄）。经过祖母太皇太后的允诺，年仅十四岁的康熙皇帝爱新觉罗·玄烨依照祖制于同年七月七日举行亲政大典。

自从索尼去世之后，鳌拜的野心就开始进一步膨胀起来，他想越过其他两位辅臣苏克萨哈和遏必隆，占据索尼的位置，更加大权独揽。于是他拉拢苏克萨哈，想让苏克萨哈推荐他坐上索尼的位置，却遭到了拒绝，鳌拜见拉拢不成，遂起了除掉苏克萨哈之心。苏克萨哈深知自己不是鳌拜的对手，为了保全自己，有了退隐的打算，于是向康熙皇帝上疏请求退隐，在奏疏中他这样写道："乞守先帝陵寝，庶得保全余生。"没想到奏疏没到皇帝那里鳌拜就先览毕奏疏，随即以辅臣称旨的名义，说苏克萨哈不愿还政于皇上，又罗织了怀抱奸诈、存蓄异心、欺藐主上、不愿归政等二十四条罪状，将苏克萨哈及其长子查克旦绞刑处死；其余家人如次子一人、孙子一人以及兄弟子十一人，无论到岁数还是不到岁数，统统都执行死刑，没收全部家产。事先，鳌拜上奏苏克萨哈一案与判决书时，康熙皇帝并没有批准，鳌拜十分生气当即气势汹汹地振臂向前，强奏多日，将康熙吓得心惊肉跳。最终康熙被迫准奏，仅仅将苏克萨哈的凌迟处死改为绞刑，其他一律按照原议处置。

此事之后，鳌拜的气焰更加嚣张，更加肆无忌惮。鳌拜在朝堂上举止粗暴，朝堂之下欺君专权，堵塞言路，威慑群臣，无所不为。康熙八年（1669）元旦，鳌拜率众臣上殿恭贺新年，穿着的衣服竟然同皇帝穿着的龙袍一模一样，只有顶戴有所不同而已。鳌拜目空一切，完全不把眼前这位小皇帝看在眼里。之后，又有一次，鳌拜称病不上朝，康熙皇帝亲自来到他的宅邸问候病情，而鳌拜的枕边竟然放着一把短刀。按照大清律法，大臣在面见圣上时不得携带利器，否则一律按图谋不轨论处。康熙身边的侍卫见状欲拔刀护主，康熙故作镇定，从容地说："刀不离身是满族旧俗，不必大惊小怪。"这件事后，康熙更加坚定了要除掉鳌拜的决心。

然而鳌拜手握大权，朝廷遍布党羽，稍有疏忽，必然会有大乱。因此，康熙也不敢贸然行事，只得暗中谋划活捉鳌拜的决定。康熙让自己的心腹索额图也就是索尼的第三个儿子以陪伴皇帝玩乐为名，从八旗弟子中挑选机灵强壮的少年，进攻学习角斗、摔跤。这些历史上称其为"布库少年"（布库，满语"摔跤胜者"之意）。在这群布库少年中，有一位叫做拜唐阿，他是这里面力气最大的。

此后，康熙整日同布库少年在武英殿内摔跤玩乐，整日装作无意于政事的样子，即便是鳌拜上朝奏事，康熙也照旧同布库少年们玩耍，从来不回避。鳌拜以为小孩子贪玩，心中也不在意。与此同时，康熙为了进一步稳住鳌拜，又加封他为太师。这样一来，鳌拜对眼前这位贪玩的小皇帝放下了所有的戒心；而康熙要除掉鳌拜的决心也变得更加强烈。

康熙八年（1669）五月初三，康熙借有要事相商为由，在武英殿单独召见了鳌拜。鳌拜大摇大摆地走进了武英殿，康熙命人赐座，侍卫拿来一把椅子让他坐下，拜唐阿在椅子背后扶着。康熙又命赐茶，宫女用托盘端上了茶来，茶杯事先在开水锅中煮过，极为烫手。鳌拜并不知晓，接过茶杯，却因太烫而失手摔了茶杯。他下意识地弯腰去捡，拜唐阿顺势猛推，鳌拜跌倒在地。康熙顺势大声说道："大胆鳌拜，竟敢对朕大不敬！"

鳌拜意识到事情不妙，正当力图挣脱时，其他的布库少年蜂拥而上，将他五花大绑起来。鳌拜被逮捕之后，康熙立即命诸王和大臣审议此案。经议政王大臣康亲王杰书等勘问议定：鳌拜罪行罪状共三十款。随后康熙对鳌拜一案进行了亲自审讯，鳌拜一一承认罪行属实。此时的鳌拜虽然自知罪孽深重，仍然期望皇帝能饶他不死。面对康熙，鳌拜突然揭开自己的衣服，袒露身体，让康熙看当年自己为康熙祖父皇太极开疆扩土时留下的累累伤痕。顿时，康熙心中生出一丝怜悯之情，于是下笔批示说："鳌拜理应依议处死，但念效力年久，屡立战功，虽结党作恶，朕不忍加诛，著革职，籍没拘禁。"鳌拜最终保住了一条性命，死刑改判为终身监禁，而鳌拜的党羽不是被处死就是被免职赶回了老家，而被鳌拜陷害的大臣们纷纷被恢复名誉。不久之后，鳌拜在监禁中死去。

在智斗和捕获鳌拜一案中，可以看出康熙应经开始显露出他的机智、沉着、果敢与正直的本色。这一年，康熙十六岁，凭借自己的智谋为他在缔造未来的伟业肃清了第一个障碍，拉开了康乾盛世的序幕。并且，在鳌拜一案中，他还吸取了经验和教训：自亲政以来，决不允许有人怀挟私仇，互相陷害，是以三四十年间，无大臣互讦之事。

实战 3　王守仁"围魏救赵"解安庆围

明武宗正德十四年六月（1519 年），宁王朱宸濠在南昌起兵叛乱。七月，宁王朱宸濠率 6 万大军出鄱阳湖，蔽江东下。东下之前，留宜春郡王拱橢等守卫南昌。朱宸濠指挥叛军直趋安庆城下，安庆危在旦夕。

汀赣巡抚、金都御史王守仁此时率各府州兵 8 万人行至丰城，得知安庆危在旦夕，当即召集众将领商议军事。会上，推官王晖对大家说："宁王攻打几日安庆都不能攻下，说明宁王的军队的气势已经很低下了。若此时率大军前去救援安庆，与安庆城中守兵前后夹击，定能取胜。安庆解围并大败宁王叛军之后，南昌我们也就唾手可得了。"听了王晖的分析，众将有的表示赞同，也有的表示反对。王守仁不同意王晖的分析，他说："王君只知其一，不知其二。试想我军要想救援安庆，必然要越过宁王叛军严密镇守的南昌，其中的困难暂且不提，就是到了安庆与宁王率领叛军相持于江上，彼此势均力敌，胜负也无可料，况且安庆城中守兵经过这些日子连日激战，必然十分疲惫，不足以为我军援应。若此时镇守南昌的叛军从背后袭击我军，绝我军于饷道，南康、九江的敌人趁机谋我，使我军腹背受敌，岂不自蹈危地吗？依我看来，我们不如先攻打宁王叛军严密镇守的南昌。宁王所率领出发的都是精锐部队，已经蔽江东下，那么镇守南昌的叛军一定比较单弱。而我军新集，气势正盛，攻破南长城是很容易的事情。宁王在外若得知南昌危机，一定不肯失去他起兵反叛之地的南昌，必然会回援自救，这么一来，安庆之围也就解了。等宁王率领精锐之师回到南昌时，我军已经占据了南昌，这样一来，宁王所率的精锐之师也必定士气十分低落。我军乘此机会进行猛攻，必可大获全胜。"众将领听了王守仁深入细致的分析，都心悦诚服，于是一致决定先攻下南昌。

正当王守仁率军临行之际，有侦骑来报：宁王叛军在南昌城南已经预置好伏兵，作为城援。当即王守仁派出骑兵五千余人，黅夜出发，从间道潜行，掩袭叛军伏兵。随后王守仁率大军来到南昌城下，立即发动攻城。不出王守仁所料，果然南昌城中的叛军都势单力孤，渐渐不支。城南的伏兵见事不妙，欲相救城中，却被王守仁派来的五千骑兵冲的七零八落，四散溃逃。仅仅数日，王守仁就攻陷了宁王叛乱的老巢南昌。

此时的宁王正在日夜督战进攻安庆，由于安庆城中守兵比较顽强，宁王始终未能攻陷安庆。宁王得知南昌告急的消息，大惊失色，急忙下令撤兵回援南昌。他的部下李士实对宁王说："此时撤军回援南昌恐怕已经来不及了。我们不如一不做二不休，即刻起兵攻打南京。"宁王朱宸濠沉吟半响，说道："南昌是我起兵的根本之地，金银钱谷，积储颇多。我无论如何要夺回南昌。"李士实见宁王朱宸濠主意已定，只好作罢。宁王朱宸濠立即率军登船，溯江而上，回援南昌。此时王守仁已经在江上静静等候着宁王军队的到来。王守仁让小队人马把宁王叛军的先锋部队引进预先设置好的埋伏圈里，然后出奇兵大败叛军。朱宸濠增兵再战王守仁，最终也未能赢得战争，还是吃了败仗。

此时的宁王朱宸濠还是不甘心，下令收拢各部舟船，在江面上连成一个方阵，以抵御王守仁军队的攻击。王守仁当即就明白了宁王是想固守的意图，下令军队用火攻。宁王朱宸濠做梦也没想到，王守仁的一把大火彻底葬送了他的军队和战船，顷刻之间化为灰烬。

王守仁解安庆之围采取的是孙子兵法中"围魏救赵"的计策，率大军攻打南昌，不仅使宁王朱宸濠撤兵回援，从而解除了安庆之围，并且还攻陷占领了叛军的根据地南昌，使叛军是气势衰落，屡战屡败，最终落得个全军覆灭的下场。

实战 *4*　拿破仑智勇双全却防不住一计

1813 年法军与反法联军的战斗中，由于法军在莱比锡失利，反法联军有机会一鼓作气攻入法国，从北面攻入，与布吕歇尔汇合。拿破仑当时任法军总指挥，他为了打乱反法联军的这一个计划。自己率领主力部队追击布吕歇尔，留下乌迪诺和热拉尔在奥布河阻挡施瓦岑贝格。布吕歇尔认清了形势之后，假意上当，将计就计向北撤军，渡过马恩河，迎着拿破仑的主力军对向北移动。当时法国军队的情况不容乐观，也只有拿破仑的军队令人生畏，内伊·维克多缺乏将才，奥热罗生性优柔寡断，絮歇和达武被困在卡塔卢尼亚和汉堡，圣西尔和旺达姆当了俘虏，苏尔特在西班牙被击溃，马尔蒙被打得措手不及。

反法联军正是考虑到战胜拿破仑的主力十分困难，才决定避开精锐，进攻弱势。尽量避免跟拿破仑的军队直接接触，而是带领优势兵力向巴黎挺近。这样做的结果是拿破仑看似击退了布吕歇尔，但是反法联军却没有撤退，反而让挺进巴黎的道路更加顺利。

1814 年 3 月 30 日，马尔蒙在反法联军强力的攻势下被迫投降，反法联军进入巴黎。普罗旺斯伯爵在反法联军的扶植下登上王位。拿破仑听到消息后大为震惊，立刻停止与反法联军的战争当夜赶回巴黎，但是大势已去。4 月 6

日拿破仑被迫退位。这场拿破仑与反法联军的战争至此落下帷幕。如果反法联军直接排出重兵去救援布吕歇尔，这无异于以硬碰硬，岂不是正中拿破仑下怀？因为这样的话，拿破仑是不可战胜的。反法联军采取了"围魏救赵"的策略，直接深入拿破仑的老巢，从而使战局发生了根本性的转变。拿破仑智勇双全，但是法国的将领大多有软弱的缺陷，拿破仑的失策之处无人敢于指正。纵使拿破仑有三头六臂，也挽救不了崩塌的河堤。

"围魏救赵"，它的高明之处在于避实击虚，不直接迎敌，而是转而攻击敌人的薄弱环节，用最小的代价获得最大的成功。这样是我国历史上运用得比较成功的军事策略之一。"围魏救赵"主要的作用是用来解围。在敌我力量悬殊的斗争中，如果与对方发生正面碰撞，势必会碰得自己惨不忍睹。这样的做法显然不够高明，甚至是愚昧的。所以在我方情势不利的情况下，要尽量避免与对方发生直接冲突，攻其不备，攻其弱处。从而可以化被动为主动，掌握战场的主动权。"围魏救赵"这条计策的主要表现形式有两种。一是在面对强大敌人的时候，应该想办法避开强势的攻击，转而围攻第三者从而达到化解自己危机的目的。比如在政治选举中，当我方处于劣势时，应当避开与竞争对手的在观点方面的冲突。转而攻击对手的家人、丑闻等等。这样不仅可以化解自己的危机，也会让对手手忙脚乱疲于应对。

另一种是避实就虚，攻其要害。就是不与对方发生正面冲突。去攻击对方的弱点，使对方拼命补救，从而打乱对方的行事步骤，让自己掌握好战局形势。比如说我们竞选同一职位，就不应当过多地谈论对手优势的方面，应该转而谈论我们自己擅长的一面。这一方面往往是对手不太擅长或者很薄弱的方面。这样就会间接打击到竞争对手，为自己的胜利创造了一个有利条件。

"围魏救赵"的精髓之处在于迂回思维。表面上来看，这似乎是避开了主要矛盾，实际上是透过表面看本质，是绕开了问题的表面现象直接抓住根本问题。这也可以说是哲学上的虚实问题。虚和实的概念所指非常广泛。无就是虚，有就是实。空就是虚，坚就是实。弱就是虚，强就是实。阴就是虚，阳盛就是实。无备就是虚，有备就是实等等。"围魏救赵"就是运用虚实这样的概念，避实击虚，避强击弱，避盛击衰，避有备击无备。我们使用这条计谋的主要目的是"救赵"而非"围魏"。"救赵"是目的，"围魏"是手段。不管"围魏"的手段和策略有多少，目的永远只有一个。要让"救赵"这个目的得以实现，"围魏"才有意义。所以在使用"围魏救赵"的时候一定要注意几件事情。

第一点，"围魏"的时候要选择恰当方法去找突破口。孙膑之所以选择大梁而不是其他地方，是因为孙膑审时度势，认清了大梁是国都。魏军一定会严加防范，视其为重中之重。因为一旦大梁被攻下，魏国会满盘皆输。所以孙膑认为，必须要攻其要害，大梁就是他选择的突破口。如果突破口对敌方不会造成特别大的损失，意义不是非常重大。那么进攻会变得毫无意义。所以突破口还应该是敌人的薄弱环节，易于攻打成功。如果没有很快获得成功反而成了拉锯战，那这堆战略攻势完全没有帮助，反而会让自己陷入困境当中。所以选择突破口最重要的两个条件是：攻必救，攻必胜。

第二点，要采用迂回战术。也就是避实击虚。对方力量强大时，如果硬碰硬地与之对战，会使自己也遭受严重的损伤。如果能巧妙地攻击敌人薄弱的地方，保存自身实力。一击击中敌人要害。才能真正实现"围魏"的真正价值。通过"围魏"而达到"救赵"，这才是最终目的。如果没有"救赵"成功，"围魏"其实没有意义。

"围魏救赵"这条计谋不仅在历史上有很多成功应用的典范，其实放在当代，也会有很强的适应力。因为它不仅可以应用在军事领域，更可以广泛地运用在政治经济方面。

　　比如在经济领域中，有一些根基很大的大企业要跟中小企业竞争，如果中小企业不认清形势，硬碰硬地与大企业竞争，那中小企业必定会落败。这种情况下，就需要中小企业的决策者发挥决策权，想出合理的应对政策。如果决策者懂得运用"围魏救赵"这个计谋，就可以避开强劲的对手，从侧面发现敌人的弱点，乘虚而入。而自己利用对方补救的空隙发展新产品新市场，提高竞争力。最终可以击败竞争对手。在与人相处方面也是这个道理。在与对方发生争端、冲突的时候，不要直接爆发，恶语相向。冷静下来，迂回地表达观点，指出对方不合理的地方。

第二章 | 以逸待劳，牢抓时机
——在敌疲我逸的情况下出击

在不知道事情该如何解决的时候，最好不要盲目行动，而是冷静下来，以逸待劳，寻找时机。万事万物的形势是不断发展变化的，当对方的劣势展现出来时，立刻行动，就能收到事半功倍的效果。

【经典今解】

困敌之势，不以敌；损刚益柔。

要使敌人处于困难的境地，不是直接出兵攻打，而是采取"损刚益柔"的办法，令敌由盛转衰，由强变弱。

此计名出自《孙子兵法·军争篇》："以近待远，以佚（同逸）待劳，以饱待饥，此治力者也。"在两军对垒时，逸者胜，劳者败。所以，要千方百计创造条件，使敌劳，使己逸，这是掌握作战主动权、伺机歼敌的法宝。

以逸待劳之计包含三种含义：

（1）养精蓄锐。要想歼灭敌人，足够的兵力是首要条件。兵力不足即想去与敌方开战，这属于准备不充足。要慢慢积累力量，尽量不与对方发生正面交战，等机会成熟的时候，再一举歼敌。

（2）疲敌劳敌。不要在敌人攻势最强大的时候硬碰硬去迎战。要懂得减少不必要的牺牲。诱敌深入，瓦解对方气势，待到敌人疲惫士气低落的时候一鼓作气一举破敌。

（3）等待时机。时机不成熟的时候不可开战。应当与敌方拖延周旋，等待时机到来。化守为攻。这所谓时机不到如山岳，时机一到如脱兔。

以逸待劳，语出《孙子·军争篇》："故三军可夺气，将军可夺心。是故朝气锐，昼气惰，暮气归。故善用兵者，避其锐气，击其惰归，此治气者也。以治待乱，以静待哗，此治心者也。以近待远，以佚（同逸）待劳，以饱待饥，此治力者也。"又《孙子·虚实篇》："凡先处战地而待敌者佚（同逸），后处战地而趋战者劳。故善战者，致人而不致于人。"原意是说，在战斗开始前先到达战场等待敌人的人，可以提前有所准备，精力充沛地迎接战争。而后到达战场的人，疲惫不堪，不能休息就要直接迎战。往往会很被动。所以有谋略懂得指挥战斗的人，往往会掌握战斗的主动权。

战国末期，秦国统一六国。横扫之处，势如破竹。秦王嬴政才能非凡，任用王翦、李信等人领军进行统一战争。在很短的时间内秦国就灭掉了韩、赵、魏三国。公元前224年，秦王要灭楚，问王翦和李信需要多少军马。李信认为20万就可以。而王翦则表示，非60万不可。当时王翦年纪已经很大了，秦王考虑到王翦年迈，就决定派李信带20万兵马去攻打楚国。在刚开始的时候，秦军士气勇猛锐不可当，接连攻下数座城池。但是李信骄傲自满之际，就放松了警惕。在与楚国将军项燕的交战中，中了项燕的伏兵之计，遭遇惨败。20万大军狼狈退败。秦军损失惨重。秦军回想王翦的话，悔不当初，不得已前往王翦府中谢罪，想让王翦重上战场。王翦称病拒绝出战。经过秦王的再三恳请才应允下来。条件是仍要用 60 万军马攻打楚国。于是王翦率 60 万大军来到楚国边境，修筑城池，并不急于进攻。

因为王翦想到楚国刚获得胜利，士气太旺，不宜在此时迎战。楚国一看秦国派出六十万大军，也调动全国大部分军马准备迎战。王翦每日鼓励将士养兵蓄锐休养生息，不间断地加以操练磨练技艺。楚军倍感奇怪，屡次挑战秦军，秦军却只是防守不出来迎战。此次僵持一年有余，秦军将士个个技艺突飞猛进斗志昂扬，楚军却松懈精神毫无斗志。认为秦军只是自保不会进攻。觉得向东撤退。此时王翦看时机已到，果断下令追击东撤的楚军。秦军一鼓作气如猛虎下山般，杀得楚军节节败退，最后战败。项燕自杀谢罪，楚王被俘。楚国被灭。

这条计谋使用的时候要注意：想要把敌人困住，不一定要用进攻的方法。而关键在于调动敌人，制造机会，使自己掌握战争主动权。不能被对方牵着鼻子走。更不可以把以逸待劳的"待"理解成消极被动的意思。

【案例解析】

实战 ① 以逸待劳赢得战争胜利

公元前 154 年，汉景帝命周亚夫率兵平叛，此次平叛是以吴王刘濞为首的叛军。周亚夫深知自己的兵力不足以对抗叛军，如果与叛军直接冲突势必很难取胜，于是决定聚兵河防，采取坚守的战略，等到叛军锐气衰落时再采取进攻。

与此同时，叛军正在紧锣密鼓地攻打梁国，梁国的存亡危在旦夕。梁王面对这种情况，曾几次请求周亚夫的支援，然而都被周亚夫给拒绝了。梁王对周亚夫这种见死不救的态度十分生气，当即上疏汉景帝。由于梁王是汉景帝的亲兄弟，面对自己兄弟的上疏，汉景帝立即下旨令周亚夫去解梁国之危局。

汉景帝宣旨的使者向周亚夫高声宣读了圣旨之后，周亚夫只是照例将圣旨接了过来，并没有向下属下达发兵的命令。使者见状，十分不满，立即斥责周亚夫抗旨不遵。周亚夫不慌不忙地向使者解释道："陛下命我率军平定叛乱，给予我军队的指挥权，而军队的具体布置是根据战场实际情况来定的。俗话说，将在外君命有所不受。现今梁国虽然处于存亡之间，但城中尚有五万守军，并且城中粮草充足，坚守十日必定不成问题。我大军远道而来，军队将士十分疲乏，且叛军实力强大，不宜决战，因此要先行休整，伺机出击，绝对不能轻举妄动。"使者见周亚夫铁了心不出兵，只好回去复命。

很快，周亚夫拒绝救援梁国的消息就传到了叛军将领的耳朵里，他们认为周亚夫之所以不去救援梁国根本就是怕死，于是更加不把周亚夫放在眼里，放心大胆地猛攻梁国。乘叛军疏于防范的情况下，周亚夫暗中派兵切断了叛军的粮道。叛军失去了粮草，自知不能长久坚持，于是只好放弃攻打梁国，掉过头来，摆开阵势，准备和周亚夫决一死战。

周亚夫很清楚此时的叛军粮草十分匮乏，急于做困兽之斗，所以一直坚守营地，避不出战。叛军远道而来，本来就十分疲惫，现在粮草匮乏，再加上周亚夫还时不时派兵搞偷袭战略，叛军的战斗力日益衰退。周亚夫看准了这个时机，故意制造防御松懈的假象，引诱叛军主动进攻。果然叛军向周亚夫料想的那样冲入了中军大营，被周亚夫布下等候不时的弓箭手逮了个正着，霎时间万箭齐发，杀声四起，叛军顿时陷入包围。经过昼夜激战，叛军遭到了毁灭性的的重创，楚王刘濞见大势已去，只好拔剑自刎。

这条计谋正好与"先发制人"是完全相反的战略传统。提出"以静制动，后发制人"的战术，并且用途良好屡次获得成功。备受推崇。这条计谋在运用的过程中要注意在与敌人周旋的过程中寻找有利战机，避开敌人的强势之处，最后一举挫败敌人。它要求在面对强敌的时候，不一定必须要用直接进攻的方法。最好是以静制动，按兵不动积蓄力量。并且消耗对方实力，对方由强变弱，自己由弱变强。等待时机一举歼灭。

"以逸待劳"的表现形式大概有两种：一是以静制动。表面上不动声色，背地里积蓄力量。在遇到过于强大的敌人时，自己的力量不足以与之抗衡而击败敌人。就应当以拖延为主，不主动出击，不轻易迎战。以守为攻，以不变应万变。在拖延的这段时间里，抓紧扩充力量寻找帮助，使自己实力快速提升。等到我方实力可以与敌人相抗衡的时候，应立刻寻找战机，果断出击。第二是后发制人。就是在与敌人周旋的过程中化守为攻。敌人力量强大气势很足的时候不应与敌人硬拼。因为即使能给敌人造成一定打击，也会是杀敌一千自损八百。对自身损害极大。要想办法削弱敌人的力量和气势，避开敌人最强势的进攻，诱敌深入控制敌人，使其疲于奔命士气大减，从而优势被削弱，我方优势大于对方的时候，就可以化被动为主动，化守为攻。

这条计谋在运用的时候关键在于一个"待"字。这个"待"字讲究的是一种策略，是化被动为主动的策略，而绝不是消极等待。所谓静如处子，动如脱兔说的就是这个道理，面对强势敌人的时候虚假退避，给自己制造有利的机会。从而就可以掌握战争的主动权。

从哲学上来讲，有一种说法叫做此消彼长，刚柔互换。事实上"以逸待劳"之所以可以发挥出很好的效果，是因为它包含了这样一个哲学原理。我们所指的，力量不会一成不变，"刚"和"柔"就是两种对立的现象，这两种现象在一定条件下可以互相转换。所以按照这个道理来说，"刚"的力量减弱的时候，"柔"的力量就会增强。"以逸待劳"这个计策虽然看起来比较低调，讲究后发制人。但是真正运用起来也不是轻而易举的事情。因为在运用的时候要非常准确的把握住各方面形势。调动一切可调动的资源，为最终胜利创造条件。这就需要注意以下几点：

第一，积极等待，有所作为。"以逸待劳"绝对不是消极等待，守株待兔，无所作为。最应该强调的就是以静制动以不变应万变。在"待"的过程中，或者扩大自己的力量，或者削弱对方的力量。要排除对自己的不利因素，也要排除对对方有利的因素。

第二，把握时机，果断出击。前面说到"强"和"弱"是互相转化，瞬息万变的。正如敌人和我方之间的形势。弱者完全有机会变强，只是需要恰当的时机。"以逸待劳"讲究疲敌之法。时机就是在他人疲惫、松懈的时候。这个时候给予对方致命一击。敌人以疲惫之态来进攻，这是对自己有利的战局。所以决策者如果把握好双方形势，不过早暴露自身意图，不贻误战机，不给对方休养生息的机会。获胜几率会大大提升。

"以逸待劳"在当代社会运用也十分广泛。在当今社会的商场战争里，它被应用成为一种以不变应万变的谋略。遇到复杂的形势时，不要急于下结论，盲目制订策略。总览全局认真研究对策才是最应该做的。这样才能制定出最有说服力的计划，使自己的损失降到最低并实现利益最大化。"待"字同样教给我们要能等待机会，万事俱备的时候再一击而中。

实战 ②　土耳其舰队兵败塞浦路斯

公元 16 世纪，奥斯曼土耳其在向欧洲扩张的过程中，遇到了两个强硬的对手，分别是威尼斯和西班牙。在土耳其谋求霸权的路上，这两个国家一直不甘落后。土耳其苏丹苏里曼二世任认为这个国家简直就是土耳其扩张路途上的绊脚石。一直在想找机会除掉他们。

1569 年 9 月 13 日。发生了一件很意外的事情。位于威尼斯的欧洲最大的兵工厂——威尼斯火药制造厂突然爆炸起火。停泊在威尼斯港的威尼斯舰队也受到波及，被烧毁 4 艘战舰。消息传到土耳其首都伊斯坦布尔，苏里曼二世简直就是欣喜若狂，因为在他眼里，这无疑是一个趁火打劫的好机会。他立刻与舰队司队阿里巴沙商议进攻方案。阿里巴沙提出建议，他认为应该先拔掉土耳其的心头之患：塞浦路斯岛。这个岛的形状像是一把利剑一样，戳在帝国新版图的心脏中间。于是，苏里曼二世立即采纳建议，派使臣到威尼斯，要求威尼斯割让塞浦路斯岛，威尼斯断然拒绝。但是威尼斯人明白，拒绝意味着战争。

刚刚发生的爆炸使威尼斯的舰队刚遭受重创，所以威尼斯不可能靠着残缺的舰队抵御土耳其。威尼斯想要寻找外援，企图呼吁所有的基督教国家前来支援。但是，威尼斯长期以来自封为海上强国，作威作福，对沿海邻国的态度也不好。与其他各国也有摩擦，因此，威尼斯的呼吁和求助并没有得到响应。苏里曼一看威尼斯陷入了孤立无援的处境，更加坚定决心进攻威尼斯。在1570年7月的时候，阿里巴沙率土耳其舰队进攻塞浦路斯岛，围攻要塞尼科西亚。2个月之后，攻打尼科西亚成功。让人没有想到的是，土耳其人竟然大开杀戒，将所有的基督教徒都杀掉了。这成为了后来人们所知道的尼科西亚大屠杀。这场大屠杀震惊了世界。所有人这才意识到，土耳其的最终目标远不在赢得一场战争，而是占领欧洲。由教皇庇护五世站出来，将威尼斯，西班牙等国家联合起来，组织成为一支有200多艘战舰的"海上十字军"。由同母异父的兄弟约翰指挥，正式向土耳其发起进攻。1571年10月7日。在勒潘多湾，联合舰队和土耳其舰队展开了激烈的海战。土耳其战败，阿里巴沙战死。土耳其舰队全军覆没。苏里曼二世得知消息后大为震惊，但无可奈何。就这场战争来说，土耳其人牢抓时机其实不能说不好，但是由于后面种种原因，土耳其舰队并没有继续战胜下去，反而全军覆没。

牢抓时机，就一定要趁着敌人危险、自顾不暇的时刻果断出击。要强调的是，在敌人团结一致、士气很足的时候不要贸然进攻。静观其变等待时机，等到敌人内忧外患、腹背受敌的时候，立刻出击，一击必胜。获得最大利益。这条计策有三种表现形式：

其一，要寻找时机，趁着对方由于内部矛盾而引发的各种困难、危急时刻，抓住时机，占领对方市场。我方和对方产生的矛盾叫做敌我双方矛盾。这只是矛盾的其中一种。还有另一种，是敌人内部因为利益分配不均而引发的内部矛盾。内部矛盾被激化到一定程度的时候。就会使敌人陷入内战，比如引起整体实力的削弱。这就是我们应该等待的时机，此刻趁机出手，必定会收获颇丰。

其二，当对手处于危难时刻，而造成这样的原因来自于外部的时候，我们更便于趁势取利。对手即使没有内部矛盾，也不一定没有敌我双方矛盾。这种双方矛盾不仅是敌我，也可能是敌人对第三方、第四方。这个时候我们要做的就是静观其变隔岸观火。看其他几方火拼，等到两败俱伤之际再出手，渔翁得利。

其三，当对手内部矛盾敌我双方矛盾同时出现的时候。这简直就是最佳战机。敌人处理内部矛盾时已经是焦头烂额颇为头疼，同时如果再有外部危机出现，简直就是火上浇油。敌人的实力会被削弱到最低战斗值，趁这个机会进攻，成功几率会大大提高。

在《周易》中有"刚决柔也"的说法，指的是刚和柔是两个相对的概念，而不是绝对的。没有纯粹的刚和纯粹的柔。刚柔相互依存相互转化。其中一干更加柔弱，才会显出另一方更加刚强。刚柔相济而不是强行硬碰硬，趁人之危乘敌之危，这就是这条策略容易获胜的原因，凡事有风险。用计谋也是如此，这条计谋在运用的时候也是有风险的，要避免风险，就要注意以下几点：

第一，辨清真伪。看到时机的时候，不要一门心思什么都不考虑，只知道抓住时机，要弄明白，这个时机是真的还是假的，能给你自己带来好处还是损伤。上天赐我们一双慧眼，是用来分别真伪的。你争我斗获取时机，归根结底为的就是获胜。这个过程要步步小心不能出错，是个困难的过程，但同时也是个斗智斗勇的过程。如果时机只不过是一个诱饵，你一定要避免中圈套。

第二，预估风险。在牢抓时机之前，我们应当把行动的风险都预知到。如果这个时机会给我方也带来很大的风险和损失。那么再去"牢抓"就是得不偿失了。完全没有必要。需要预知的不仅是过程，如果我方牢抓时机成功，却又错过一个更大更好的时机，那岂不是得不偿失？这些都要从长计议，千万不可只看眼前，鼠目寸光地盯着一点利益不放。

在现代商战中，这条计谋的使用意义和政治、军事领域相同，就是要趁着对手处于危急状态时，把握机会抓住时机，为自己获得更多利益。

实战 ③ 勾践忍辱负重等待时机

春秋时期，吴国和越国的战事很频繁，因为两国互相争霸，所以战事不断。公元前 496 年，吴王阖闾攻越兵败而亡，他在临死前对儿子夫差说："一定要灭掉越国，为我报仇！"所以夫差继任王位之后，牢记父亲遗愿，誓在报仇。公元前 494 年，越王勾践得来消息，听说夫差准备要起兵伐越，已经在整顿水师，决意为阖闾报仇。便决定要先发制人，于是立即带兵攻向吴国。

吴王夫差得知消息立刻率兵迎战。两军在夫椒 (今太湖椒山) 展开了激烈战斗。最后的结果是吴国大胜，毁越军数万。越王勾践只好带领残兵败将后退到会稽山 (今绍兴东南)，结果还是被吴军团团包围住。无奈之下，勾践认为忍为上策，在大夫文种、范蠡等人的极力劝说下决定委曲求全，以退为进。

向吴国求和，为的是保住越国的江山社稷。勾践派文种作为使臣到吴国求和，夫差听从吴国相国伍子胥的进谏，不能允许。文种又去贿赂夫差的另一个宠臣伯嚭，进献了各种稀世珍宝。伯嚭收人钱财替人说话，在夫差面前多次替越国求情。伯嚭建议多次以后夫差最终听取了他的意见。同意越国的求和，但是要勾践夫妇到吴国来服役一段时间。

勾践忍辱负重，为了越国。将国内大事全部托付给大夫文种，自己带着夫人和范蠡来到吴国。勾践在吴国受到了众多羞辱。夫差不仅让他做喂马的奴役，甚至在出行之前为了羞辱勾践，都特意让他牵马从众人面前走过。勾践为了越国的复兴，忍辱负重，不惜自称"贱臣"，做着被奴役人该做的事。哪怕睡马房，吃粗粮，勾践都一忍再忍毫无怨言。过了三年，勾践没有一丝一毫的懈怠和异心表现，伯嚭也一直在说好话。夫差认为勾践真的没有异心了。就把他们放回越国去了。

勾践回到越国之后，并没有立刻回到从前奢华的王族生活。反而下定决心，要一雪前耻。他命人把舒服的软床换成草席，每餐备上一块苦胆去品尝一下。就是为了不让自己忘记过去三年在吴国受到的屈辱。他还采纳文种、范蠡提出的"十年生聚，十年教训"的建议，鼓励生育增加人口。为了富国强兵，充实国库提升军队的战斗力，这一切都在紧张隐秘地进行着。但是表面上勾践仍然对吴国表现出绝对的臣服，进献财宝美女，用来迷惑夫差。这样经过很多年的发展，越国大大地增强了国力，物资丰盈，人口旺盛。而吴国夫差却沉浸在胜利中骄横跋扈，不思进取，听信谗言，谬杀忠臣伍子胥。反而重用奸臣伯嚭等人，修建王宫糜烂奢侈，导致民不聊生怨声载道。对外还妄图霸业，不知天高地厚。先后讨伐齐国和晋国，极大地损耗了本国的国力。

公元前 475 年，吴王夫差率军北上和中原诸侯在黄池会盟，勾践趁着这个机会大举进攻吴国。吴国因为夫差的不理政务和近年来的不断征战，早已国内空虚。根本无力还击越国。结果越军将吴国国都会稽包围，杀掉吴国太子。夫差得到消息后大惊，立即派兵回国救援。同时派使臣向勾践求和。勾践考虑到吴国虽已呈摇摇欲坠之势，但也不是一时间就可以攻灭的。遂同意求和。撤兵回越国。吴国丧失太子，人心不稳，连年的征伐让士兵已经备感疲惫。

公元前 473 年，吴国大灾，颗粒无收。人民怨声载道。勾践趁机再次讨伐吴国，这次，夫差彻底兵败，退兵到余杭山 (今天苏州南阳山)。夫差又派使者求和，勾践拒绝。夫差悔恨当初没有听从伍子胥的忠告，反而听信逆臣杀害忠臣。羞愧难当，拔剑自刎。吴国灭亡。

第三章 | 声东击西，借力打力
——虚虚实实，让人犹如雾里看花

　　人之所以高明，就是因为人会假借其他事物，办成以自身之力无法办成的事情。计策的要诀就在虚虚实实，让别人摸不透其中的寓意。借力打力通常能够不费吹灰之力就达成目标，让你的对手防不胜防。

【经典今解】

　　敌志乱萃，不虞，坤下兑上之象，利其不自主而取之。

　　敌人乱得像丛生的野草，意料不到所要发生的事情，这是《易经》萃卦中所说的那种混乱溃败的象征。因此，要利用敌人不能自主的时机去夺取胜利。

　　这条计策的名字出自于唐代杜佑编纂的《通典》："声言击东，其实击西"。声东击西指的是表面上说着要打东边，实际上去攻打了西边。这个计策的作用是制造假象使敌人受到蒙蔽从而消灭敌人。

　　历代兵法对这条计策都很重视。《百战奇谋》说："声东而击西，声彼而击此；使敌人不知其所备，则我所攻者，乃敌人所不守也。"《历代名将事略》指出："欲东而形似西，欲西而形似东，欲进而形似退，欲退而形似进。"这条计策一般被使用的情况是我方处于进攻状态下。"声东"是虚假地开一枪，"西"才是真正的目标所在。把敌人的注意力都引到"东"去，才能使"西"成为敌人不设防之处。

此计可以分成以下几种情形：

（1）忽东忽西。不要设有固定方向，时而向东时而向西，忽而进攻忽而止步不前。让敌人摸不清我方的真实意图。只好处处留意处处设防。这样做的结果是敌人一定会很被动疲于应对，时间一久就会拖延得战斗力大减，没有还手之力。

（2）即打即离。时而前来应战，时而远远避开。敌方认为我方迎战是要开打，我方立刻避开，敌方认为我方要后撤，我方又突然迎战。

（3）发动佯攻。忽然向甲地区发动佯攻。吸引敌方注意力和火力，等到敌方把军队调动到甲地的时候。我方正式发动对乙地的攻击。

（4）避强击弱。我方忽而攻击东方忽而攻击西方。敌方的主力就会布置在错误的地点。这样的话我方就有机会避开敌方的主力部队。打击敌人的薄弱环节，一口一口蚕食掉对方。

声东击西最重要的一点就是引诱敌人做出错误判断。忽东忽西即打即离，其实完全是为了制造假象。在给敌方制造假象和混乱的时候，一定要行动灵活。让敌人无法推测我方的真实意图，做到似可为而不为，似不可为而为之。

东汉时期，为了团结西域诸国共同对抗匈奴，班超出使西域。如果要使西域诸国便于共同对抗匈奴，就必须打通南北通道。莎车国位于大漠西缘。这个小国煽动周边国家,企图带动其他国家一起反对汉朝,归附匈奴。班超了解到这件事情,决定擒贼先擒王,先平定莎车国。莎车国只是一个小国家,国力微弱。还有一个国家叫龟兹国,这个龟兹国已经投靠匈奴,是汉朝统一西域路上的最大绊脚石。莎车国为了抵抗班超,向龟兹国求助。龟兹国在西域众国里属于国力强盛的大国行列。接到求助信号后,龟兹国王亲自率兵5万援助莎车。当时班超也联合了一些西域中归附汉朝的小国家,例如于阗等国。但是兵力联合起来只有2.5万人,与龟兹国兵力相差悬殊。

班超当即决定,必须用计谋取胜。班超当时使用的就是"声东击西"。他故意派人在莎车俘虏面前表现出军心涣散,准备撤退的假象。而后第二天,班超率兵向东撤退的时候故意面露慌乱之色,故意放走莎车俘虏。俘虏逃回莎车,立刻将看来听来的一一上报给上级。莎车又派使者报告龟兹。龟兹国王听后大喜。他认为班超看清敌我力量悬殊,惧怕失败而逃跑。当即下令追杀班超。兵分两路,一万精兵由龟兹国王亲自率领,向西追杀班超,另一路由温宿王带领骑兵八千往东狙杀于阗军队,剩下三万军队向莎车移进。

实际上班超并没有打算真的撤退,只是借着夜幕笼罩,撤退十余里。就地隐藏了起来。龟兹国王太过自信,求胜心切,向着班超撤退的方向猛追,竟然越过班超军队隐藏的地方飞驰而去。班超见龟兹国王上当,立刻带领军队按计划与于阗军队集合,第二天天还未亮,鸡鸣时分,汉朝军队出其不意地进攻莎车国。这场突然的进攻令莎车国措手不及,防不胜防,根本无力迎战。班超斩首五千大获全胜,乘胜追击获得了莎车国财物牲畜等。莎车国王看逃跑无望,只能投降。而龟兹国王气势汹汹地追了一整夜,未见到班超的军队，正感到奇怪，却听说莎车国已被收伏，损失惨重。龟兹国王一看大势已去，只得带领军队回到了龟兹。这场战争就这样连对峙都没有就结束了。但是因为这场战争，班超威震西域。

敌已明，友未定，引友杀敌，不自出力，以损推演。

在北宋年间，范仲淹在任职期间，受到政治敌人的陷害。密谋策划让他带兵去征伐西夏。目的阴险得很，因为出这个主意的人最终目的不是让范仲淹打败仗吃瘪，根本就是要借力打力。借骁勇善战的西域军队，反过来除掉没有出兵经验的范仲淹。《兵经百字·借字》中说："艰于力则借敌之力，难于诛则借敌之刃。"意思就是说，借他人之手出手除掉对方，自己根本不用抛头露面。

"借力打力"中的"借力"一说，也分为明借和暗借，诱借和强借。由此可见，借力的方法也是一种艺术，需要多加研究，所借之力必须要可靠，万万不可露出蛛丝马迹。

借力的情况大致分为以下几种：（1）借人力；（2）借财物；（3）借条件；（4）借谋略；（5）借媒介；（6）借舆论；（7）借势力。

借力打力，是为了保存自身实力而巧妙利用对方矛盾的策略。当敌对方的势态已经明确的时候，就一定要想方设法诱骗另一方来攻击敌对方。这样一来，自己不便出手，保存实力。就可以打击到敌对方。此计是根据《周易》六十四卦中《损》卦推演而得。象曰："损下益上，其通上行。"此卦认为，"损""益"不可完全分开，二者相辅相成，充满辩证思想。此计就是借他人之力攻击我方的敌人，我方即使难以避免损失，也微不足道，影响不了大局。

结果一定会得利。

春秋末期，齐简公任命国书为大将，派国书带领大军讨伐鲁国。当时对于鲁国来说情况十分危急，因为鲁国的国力根本不足以与齐国对抗。孔子的弟子子贡分析形势，认为要想打败齐国，就必须向其他国家借兵，而当时来看，吴国可以与齐国相抗衡。子贡认为借吴国之力挫败齐国是最好的办法。当时齐国相国是田常。此人预谋篡位已经很久。子贡洞悉他的这个想法，用"忧在外者攻其弱，忧在内者攻其强"的道理来说服他，告诉他应该先攻打吴国铲除有异者。

田常认为有道理，但是齐国当时已经做好准备攻打鲁国，如果突然转攻吴国，这次出师怕是无名。子贡又出主意："这事好办。我如果去劝说吴国救鲁伐齐，你们不就正好有攻吴的理由了吗?"田常一听，认为此计可行。子贡又跑到吴国，找到夫差说："如果齐国攻下鲁国，势力会更加强大，其后必将伐吴。大王不如先下手为强，联鲁攻齐，吴国不就可抗衡强晋，成就霸业了吗?"子贡又说服了赵国，赵国派兵随吴伐齐，这让吴国又吃了一颗定心丸，也算是解了后顾之忧。子贡的最初目的，也算是初步达到了。然后他想到吴国如果战胜齐国，之后仍然会危难鲁国。这样说来的话，鲁国并不能真正地解围。于是子贡又去晋国。找到晋定公陈述了一下几国之间的利害关系：吴国如果战胜齐国之后再战胜鲁国，那么剩下的晋国必然不可能得以自保。吴国的目标就是争霸中原了。

子贡的建议是劝晋定公抓紧备战，防治吴国攻打。于是最后的战势是，公元前484年，吴王夫差挂帅率十万精兵和越国三千士兵攻打齐国。鲁国也派出士兵来助战。齐国实力有所差距加上中了埋伏，大败。齐国的几名大将都战死在乱军之中。齐国只能求和。吴王夫差打了胜仗之后骄傲自大目中无人，立刻攻打晋国。晋国早已备战，击退了吴军。这两场仗打得精彩，可就远不如子贡"借力打力"这两"力"用得精彩。子贡充分利用齐、吴、越、晋四国之间的矛盾，借吴国之"力"，击败齐国；借晋国之"力"，灭了吴国的威风。鲁国用很小的损失，避免了灭国之灾。

【案例解析】

实战 *1* 滑铁卢的失败

1815 年，拿破仑回到巴黎，再一次建立起他的王朝。反法同盟都暂时停止了相互之间的争吵，再一次联合起来，组织起大规模的反法联军。拿破仑拿出一贯的作战态度，有条不紊毫不畏惧地面对战争。在里尼战役中，拿破仑一举击溃布吕歇尔的普鲁士军队。普鲁士军队败退时候又命令格鲁西率精锐的法国骑兵前去追击。然后，拿破仑决定法军的主力进攻目标是滑铁卢。是否能取得这一战的胜利，对于法国的作战能否得到最终胜利至关重要。这可以说是一场决定法国前途和欧洲命运的战役。

滑铁卢位于布鲁塞尔以南 20 公里处，英军早一步来占据了有利地形。担任英军指挥的威灵顿将军曾在西班牙战役中打败过法军，很有威望。拿破仑先从望远镜里观察了威灵顿将军设下的防御，几乎无懈可击。兵力配置得恰到好处，实力均衡，没有薄弱环节。无论法国军队从哪个角度进攻，难度都是一样的。拿破仑在心里不禁佩服威灵顿的布防，而且明白这场战斗遇到了真正的对手。拿破仑认真分析了局势，因为英军阵脚稳固，拿破仑无法强攻强打。他决定先转移威灵顿的注意力，计划先用一个师的兵力佯攻霍特蒙特别墅，牵制住英军一部分的兵力，打乱英军的防御部署，然后集中主力部队突破英军的中央阵地，这样将英军分成两个部分，更容易各个歼灭。

接下来拿破仑就按照自己心里的计划开始对手下的 7 万法军进行了精心

部署。拿破仑在战前为了鼓舞士气，身披灰色大衣，亲自视察了正在进入出发地点的军队，他走到哪里都爆发出一阵阵"皇帝万岁"的欢呼声。士气高昂的场面给拿破仑本人和在场其他所有官兵都留下了深刻的印象，这是拿破仑对军队的最后一次检阅。

在法军大炮的轰鸣声中，滑铁卢战役开始了。佯攻计划的出师就由第六师去执行的。第六师师长是拿破仑的弟弟，虽然年龄已经有30多岁，但在进攻谋略上简直跟一个固执、毛躁、有勇无谋的皇家少爷一样。经过两次勇猛的冲锋之后，第六师占领了霍特蒙特别墅南面的一片树林。按照拿破仑的设想，第六师的任务止于此，下一步要做的就是巩固已经占领的地盘。牵制住和吸引住更多的英军。可是热罗姆已经在战胜的喜悦中冲昏了头脑，他根本不顾及全局，也不愿放弃垂手可得的胜利，没有听从拿破仑的部署，竟然再次率领部下冲锋攻打霍特蒙特别墅。结果攻打了三次都以失败告终，损失惨重。这种情况被第二军军长雷耶看到，只好抽调一个精锐旅去支援热罗姆。威灵顿将军此时正在一个制高点镇定自若地指挥着战斗。他观察到法军对霍特蒙特别墅的攻势很猛，但却没有集中全部的力量来进攻。所以他认为这是佯攻，便下令英军各就各位严阵以待。在霍特蒙特别墅守卫的英军没有得到支援，但是他们的守卫力量却是以一当十，使得法军的佯攻变成了不断增兵的硬攻。

拿破仑看到自己布置的"声东击西"计谋并没有奏效，没有办法，只能下令实施总攻。于是这场战争便成为了欧洲两支劲旅进行的一场惊天动地的血战。双方伤亡都十分惨重。就在战局僵持的时候，普鲁士军队赶到，前来支援英军。拿破仑指挥法军顽强抵抗，但是终因寡不敌众，腹背受敌。终于全线崩溃。

客观地分析一下这场战争，拿破仑刚开始计划使用的"声东击西"还是很高明的。但是热罗姆的不顾大局毁了这个计划，再加上英军后期得到了普鲁士军队的支援，使拿破仑的计划全盘落空。从而最终导致了法军在滑铁卢战役中的惨败。拿破仑在战败的一刻就知道自己已经丧失了称霸欧洲的最后机会。于是他回到巴黎以后，宣布退位。拿破仑的时代，至此结束了。

然后分析一下"声东击西"这个计策本身。"声东击西"是三十六计中胜敌计之一。讲究的是出奇制胜，强调的是要用虚假的行为去掩饰本身的真实目的。这样做的目的是转移敌人的注意力，使敌人疏于防范，然后我们攻其不备出其不意。赢得战争的胜利。这条计策主要有两种表现形式：

声东击西，即声其东，而击其西。要善于制造假象让敌人误会，让敌人相信自己其实要攻击的方向是东方，而实际上自己要攻击的是西方。敌人认为我们要打，结果我们没有打。敌人以为我们不会打，我们突然打了。敌人摸不到我们出牌的套路，很难做出有效的防备，敌人的失败在所难免。比如说，在篮球比赛中，一方球员为了避开对方球员的防守，会做出很多的假动作。如果我们的对手防守特别的严密，我们就很难投篮得分。这种情况下，就需要用到假动作，作用就是闪开对手。首先就是准备从左边去突破，对方一定会从左边拦截，我方立刻转向右边攻击，突破成功，投篮得分。

声东击西，以巧取胜。"声东"不一定要"击西"。"击西"指代着目标，只是一个代名词而已。"击西"指的就是攻击点。我方根据敌人误解的判断方向再次选择攻击方向。如果我方在"东"大肆造势，制造假象，为的是在"西"发动攻击。而对方万一识破了我方计谋，在"西"加强防御，那势必会放松对"东"的戒备。这时候，我方就可以调整策略，声西而击东。正好可以趁虚而入，攻击敌人薄弱之处。这种策略，如果要使用的话，冒险成分很大。必须非常谨慎小心。

这条计谋能否获得成功，关键在于制造的混乱是否真正扰乱了敌人的意志。"声东"是手段，"击西"是目的。只有手段运用得当，做到天衣无缝，才能使敌人的分析判断产生混乱，目的才可以完全达到。所以，"声东击西"里最重要的是"声东"的方式和手段。我们可以使用的手段包括：混淆视听、制造谣言、迷惑意志、布置疑团等等，使敌人感觉到真假难辨顾，顾虑重重。"声东击西"讲究的也是精神战术。"声东"是虚晃一招，干扰敌人的心理，分散转移敌人注意力，使敌人在判断方面产生混乱，进而处于被动局面。"击西"是实战。要在敌人最想不到的地方突然发起进攻。打对方一个措手不及。这条计谋在使用时要对敌人的心理进行模拟估计。所以存在很大的不确定性和风险性。这就要求我们在运用此计时注意以下几点：

一、明确目标。"声东击西"的最终目的是"击西"。"声东"过程中，不要过多在乎行动的复杂性，强调策略的技巧性，这所有在进行的动作，都是为了"击西"而做的。如果"击西"没有完成，那么前面做的一切都毫无意义。

二、要注意保密。这条计谋的成功之处，是趁着对方神智混乱晕头转向，无法对我们的行动作出准确判断的时候，成功地瞒天过海。如果我们的保密工作没有做好，我们的目标被敌人发现，那么敌人会很快制定对策来反击。到那个时候。陷入被动的就是我们了。这样我们就很难真正实现自己的目标。

三、要注意运用条件。遇到敌我双方僵持不下的时候，或者是我方掌握战争主动权处于攻势而敌人处于易守难攻的势态时，运用这条计策调动敌人是最合适不过的。攻其不备，一句克敌。如果我方是处于易守难攻的势态，那么这条计策运用起来的作用就不会很大。如果我方处于绝对优势的势态，那也没有必要使用这条计策，因为自然会获胜。

"声东击西"不仅被广泛地运用于军事、政治领域，在现在商业和日常生活中也会经常会用到。

实战 ② 借力打力赢得事业成功

已经 47 岁的王富贵是十多年前年开始创业的。当时家人非常反对他创业，但他却坚持放弃了公务员职位"下海"经商。一开始他看好旧货交易，放弃了朋友让他做家庭装修的建议，理由是自己对家装不熟悉。

刚刚踏上创业之路时，王富贵自己根本没有多少钱，几乎所有的钱都是从亲戚朋友那里借来的。那时候大家都没有多少钱，王富贵只能三千五千地借钱，直至凑够了十几万。

进入旧货交易行业内，王富贵最初的想法是他认为旧货市场的生意比较好做。因为平时他看到旧货市场上的商人们都是单纯的卖和买，根本不是什么难事。再说了，刚刚改革开放的时候，很多家庭都开始富裕起来，很多人都卖掉了旧的家具、家电，开始置办新的东西。于此同时，一些打工人员来到城市之后，手头上暂时没有钱，都愿意买旧家具、家电凑合，旧货交易的市场其实挺大的。

不过，王富贵是经商的新手，他对市场、旧货并不懂行，原本可以做得很好的生意，他却一直找不到窍门。旧货市场上，各种各样的东西都有，有的东西用过的时间不是很长，东西也还耐用，所以收回来再卖出去的话，就可以从中赚到差价。但是如果你收回来的东西是坏的，等你维修好再卖出去，你会发现维修费用比赚到的差价还高，这基本上就是赔本买卖了。

王富贵就是吃了这样的亏。他因为不怎么懂得去鉴别旧家具、旧家电的好坏程度，往往看上去很新的家电，里面的东西却坏的，收回来根本卖不出去。创业还没有一年，他租赁的仓库里就堆满了卖不出去的旧货，这些花钱收回来的东西只能眼睁睁地看着它们变成一堆废品。王富贵真是欲哭无泪，当初好说歹说借回来的十几万元钱瞬间只剩下几万元，亏的十几万算是打了水漂。

创业的门店关了，钱没赚到，还欠下巨债。王富贵一连在家躺了两天两夜起不来，他心里乱极了，躺在床上根本睡不着。眼睛一闭，出现在眼前的就是那些借给他钱的亲戚朋友的脸，他不知道自己该如何偿还这些欠款。他在心里算了一笔账，如果是自己打工挣钱，估计得七八年，这七八年过去自己的人生就没戏了。但是如果继续做生意，该干什么好呢？王富贵在家里苦苦思索，希望找到一个不需要很多资金，但又能够快速赚钱的机会。

一个偶然的机会，王富贵听说城北集中建设了一批微利房住宅小区，共有两千多套房子。刚开始建议自己做家装的那位朋友有经验和实力，如果能和他合伙包下这城北的微利房装修，肯定能挣到大钱。

经过创业失败的王富贵这次长经验了，他知道自己已经没有了再次失败的机会，这次搞装修一定得成功，不成功的话自己这辈子就算是完蛋了。他自己了解了这批微利房住宅小区，已经有很多包工头前去揽活。但是因为包工头的队伍都很零散，小区的住户们都不敢相信，怕无法保证质量。看到这种情况后，王富贵决定转换思路，自己绝对不能当一个包工头，他一定要以大的局面拿下这个小区的房屋装修。他请来了朋友一起商量，他的思路是直接与小区的物业管理公司合作，整体包下小区的家庭装修，然后再组织装修队入户装修。为了让小区的住户们放心质量，王富贵还答应先交给管理处十万元保证金，如果装修出问题，管理处可以直接扣钱。

小区的物业管理处和住户们听到这样的保证后，都非常放心，立刻答应让王富贵整体管理整个小区的装修。事实证明王富贵这种自创的"缴纳质保金、统一管理"模式是成功的，这种模式正是以后各正规家装公司的

"雏形"。

但是，十万元钱的保证金从哪里来呢？过去借别人的还没还，再借是不可能了。王富贵被逼无奈想出了"借力"的办法，他约了一批家装材料供货商到这个小区察看，并告诉他们这个小区所有的装修管理都由他负责。供货商一听，都很高兴，纷纷想跟王富贵合作。但是王富贵提出，要合作可以，必须先得给我支付一些保证金，免得以后材料出问题。通过这样的手段，王富贵很快就筹集了十几万元。

这些钱给小区的物业管理处交完保证金、签完合同后，王富贵又是两手空空，他没有一兵一卒，更别说是装修队了。为了让别人相信自己，王富贵又组织朋友出钱，租赁了小区的十几家商铺，借此来显示自己的资金实力。小区的物业管理处一看这个架势，对王富贵更加放心了。

为了招到装修队，王富贵自己跑到城市的劳力市场上去寻找人马。劳力市场上的装修队很零散，基本上都是几个人组成的小队伍，根本不成气候。王富贵想招到若干个小装修队组成一支大的队伍，这样人员的力量也就比较集中了。因为王富贵签到的合同诱惑力很大，小的装修队如果跟着王富贵干，基本上一年之内不用愁找不到活干。很多小装修队的老板便来讨好王富贵，希望能和他合作，王富贵趁势提出，合作可以，但要交一些押金，没有押金，施工队想不干就不干了怎么办？小老板们很爽快地答应了王富贵的要求。按照这样的模式，王富贵签了十几个小装修队，也收到了他进行装修的一笔资金。

这一年，王富贵带领着十几支装修队伍在这个小区辛苦奋斗了一年，总共装修了七八百套房子，除去所有的花销，王富贵净赚四五十元。一年的时间，王富贵奇迹般地实现了大翻身，赚到了人生的第一桶金，这得益于他"借力"的思路。如果不借助于其他人的力量，仅凭着王富贵自己，根本是无法成功的。

在某种意义上来说，王富贵的这一手段，就是"借力打力"的例证。

所谓"借力打力"，意思就是借助别人的力量去对付敌人，而自己不出面。"借力打力"之计主要有两种表现形式：一种是在对付敌人的时候使用，自己不动手，借助同盟的力量或者第三者的战斗力去消灭敌人。因为在敌方实力与己方相差不多或者对方实力要比己方强出一些的时候，就要避免与敌人硬碰硬地去发生正面冲突。因为这样即使可以打败敌人，自身损失也会很大，还有可能让第三方趁火打劫趁虚而入，有机可乘。这种情况下，有一个计策是聪明人会做的决定，就是诱导第三方势力去攻击敌人，鹬蚌相争，渔人得利就是讲的这个道理。聪明的决策者，一定会选择担任渔人的角色。

另一种方法是利用敌人的矛盾，诱导敌人内部残杀，从而达到胜利的目的。有句老话说"再坚固的堡垒也能从内部攻破"，矛盾也分为两种，一种是敌人内部之间存在的内部的矛盾，另一种则是敌我双方矛盾。如果能找到突破口，利用敌人内部矛盾，并且激化扩大它，使对方自相残杀，也可以达到消灭或者削弱对方的目的。

例如，在《三国演义》里，曹操利用离间之计，激化马超和韩遂之间的矛盾，为的就是使叔侄二人互相残杀。最后终于击败了马、韩的西凉大军，迫使马超狼狈逃往汉中，投奔张鲁。

"借力打力"的本质是，激化对手和第三方的矛盾，挑起他们两方的利益争端，无论最后谁能取得胜利，我方永远会得利。"打力"是最终目的，"借力"是期间策略。"打力"不是指置人死地，是指削弱对方实力，损害敌人利益。"借力"是一种策略，最关键的一点是，这个"力"可以是很多种方式。例如：人力、财物、舆论、媒介、盟友，甚至可以是敌人自己，等等。

在确定找准了"力"之后，就可以完整地实施自己的计划。我们在使用"借力打力"这条计谋的时候，要注意以下几点：

第一，"力"的选择。在敌我力量均衡形成对峙格局的时候，必须知彼知己。此时的"力"，必须快、狠、准。找到敌人的致命之处，给予生死攸关的一击。一定要能够对敌人造成极大的损失或者打击。如果你的"力"不够强劲，无法给敌人造成很大的伤害，那就很难达到自己的战略目标。甚至可能会反过来对自己有损害。

第二，借法也要正确。"借"要讲究方法和艺术。选择好的"力"，如果太过于强势，虽然可以轻易伤人，但是更容易伤害自己。所以能确保伤人不伤己也很重要。手段可以是以柔克刚，用计拉拢，离间对方等等。总而言之，要正确地把握各势力之间的利害关系，否则很有可能伤到自己。

在瞬息万变的商场中，"借力打力"这一计策的用处很大。它会被人多次反复地使用，就是因为这条计策使用成功的时候，自己获利很大，而且不用付出负面代价。如果使用失败，自己也不用承担责任。正所谓风险低，收益高。所以，自古至今，这条计策都会被广泛应用在社会各阶层。纷乱复杂的商界职场，敌我双方斗争都不会摆在台面上，一定是隐藏在表面之下的。"借力打力"在这种环境和情况下使用，会发挥出意想不到的效果。既可以获得利益，也会收获名气。在生活中其他情况下，如果人们觉得自身的力量不够的时候，总会想借助别人的力量来达到目标。例如"名人效应"，其实也是利用别人力量为自己谋利益，这也是"借力打力"这条计策的一种应用。

第四章 | 无中生有，因势取利

——迷惑敌人，成功才会水到渠成

能合理利用时势，以计谋为自己创造条件的人才算高手，能无中生有迷惑敌人的将军才是好将军。聪明的人能够在看似没有机会的情况下创造机会，并在对手出现细小失误的时候，敏锐地把握时机，实现绝地反击、以弱胜强。

【经典今解】

诳也，非诳也，实其所诳也。少阴，太阴，太阳。

用假象欺骗敌人，但不是弄假到底，而是巧妙地由虚变实。也就是说，开始用小的假象，继而用大的假象，最后假象突然变成真象。

此计名出自《老子》第 40 章"天下万物生于有，有生于无"。本义是凭空捏造，栽赃陷害。广义上指的是用虚虚实实、真真假假的手法去欺骗敌人，使敌人产生失误的判断和错误的行为。

在此计中，"无"是为迷惑敌人而作的假象，"有"则是我们真正要实现的意图。"无"就是没有指定的条件，"有"就是创造出了条件。"无"可以直接生出"有"，"无"也可以间接生出"有。"这两种转换的过程都需要巧妙没有破绽才可以。

"无中生有"里的"无"，指的是虚假。"有"指的是真实。无中生有，就是真假虚实，真中带假，虚中有实，虚实相加。这样就可以达到扰乱敌人的目的。

唐朝天宝年间，河东节度使安禄山借唐朝内部腐败之机，发动20万士兵反叛唐朝。叛军从范阳南下，经过黄河攻入中原地区，一路上势如破竹，河北诸州县闻风投降。雍丘 (今河南杞县) 县令令狐潮审时度势，投降了安禄山。安禄山见令狐潮献城投降，就任命他为将军，向东进攻襄邑 (今河南睢县)。令狐潮打败淮阳守卫的军队，俘虏了数百名官兵。把他们囚禁在雍丘，要择日斩首。然后令狐潮自己出城去拜会叛军大将李庭望。被囚禁在淮阳的俘虏们明白令狐潮回来之后一定会杀自己，便决定反抗。他们杀死看押的士卒，关闭城门使城中大乱。雍丘的唐军将领贾贲和张巡趁机攻占雍丘，并且杀死了令狐潮的妻子和儿子。

张巡是河南南阳邓州人。自幼勤奋好学，博览群书，文采出众。长大后参加科考，中进士第三名。起初担任太子通事舍人，但是因为一身傲骨，不阿谀奉承，媚与奸臣杨国忠等人，被陷害贬官为真源 (今河南鹿邑) 县令。所以张巡此人称得上深明大义铮铮傲骨。他的上司谯郡太守杨万石早在安禄山渡过黄河进兵洛阳之时，就投降了叛军，并且逼迫张巡也一同投降。张巡虽然是文职，但是自幼熟读兵法，通晓用兵之道，他招募了一千壮士奋起反抗，屡战屡胜。同样不愿意投降的还有唐将贾贲，后来张巡和唐贲汇合，两军兵力合并之后足有两千余人，实力大增。雍丘城乱，淮阳军召贾贲和张巡进城，两人进城并把雍丘当做反抗军的栖息地。

不久之后，令狐潮率领大军 4 万来进攻。由于敌我力量相差悬殊，贾贲战死。张巡带领城内不到三千的士兵坚守雍丘，长达六十多天。打败了令狐潮的进攻三百多次。令狐潮暂时退兵。此时安禄山攻破长安，声震天下。令狐潮借机再次率兵进攻雍丘，但是这次采取了围困战略。雍丘经过长时间的围困，粮草缺乏，箭矢也不足。守城作战中，箭矢是主要的攻击武器，是绝对不可以缺少的。

形势对雍丘越来越不利。张巡苦苦思索，终于心生一计，效仿诸葛亮草船借箭的计谋，命令士兵搜集稻草，扎出上千个草人，然后将草人披上黑衣，用绳子吊着在夜晚里慢慢地往城下放。这上千个草人披上黑衣之后，在夜色的掩饰下真的如同上千个身穿黑衣的士兵一样，沿着绳索往墙下爬。令狐潮的守城士兵发现之后立刻上报，令狐潮认为张巡要趁着夜晚出兵偷袭，就命令部队放箭射击。顿时万箭齐发，草人们的身上不一会儿工夫就布满了箭矢。张巡又命人将草人们用绳索拉上，轻而易举地获得了敌人的数十万支箭。天亮之后令狐潮才明白中计了，气急败坏大发雷霆，同时又后悔不迭。

过了几天的夜里，张巡又从城上往下放草人。令狐潮的士兵发现之后并没上报，反而感觉又好气又好笑。认为张巡骗伎重施，并不加理睬。张巡看到敌人已经被麻痹了，就用绳索迅速地放下五百名士兵。这五百名士兵在夜色的掩饰和敌军的轻视下，竟然瞒天过海，直接打入敌营深处，使令狐潮措手不及，营中一片混乱。张巡趁机率兵冲出来，打得令狐潮大败而逃。最后逃到陈留。并退守在此。张巡用的方法就是"无中生有"，他用这个计策才得以守住了雍丘。

微隙在所必乘，微利在所必得。少阴，少阳。

敌人出现小的漏洞也必须乘机利用。再微小的利益，也要力争获得。变敌人的小漏洞为我方的小胜利。

古人向来对因势取利这条计策十分重视。《草庐经略·游兵》中说："伺敌之隙，乘间取利。"《登坛必究·叙战》中说："见利宜疾，未利则止。取利乘时，间不容息，先之一刻则大过，后之一刻则失时也。"《鬼谷子·谋篇》中说："察其天地，伺其空隙。"《李卫公问对·卷中》说："伺隙捣虚。"上述兵法中的这些句子，都是对这条计策很好的说明。

"因势取利"的关键是"因势"。如果不是在时机恰当的时候立刻下手，很有可能徒劳无益甚至会影响到原本的主要目的。

古人云："善战者，见利不失，遇时不疑。"意思就是要抓住时机，趁机获利。顺手牵羊就是要看准敌人的纰漏和弱点，趁虚而入瞅准时机获利的计策。

公元383年，苻坚率步兵60万、骑兵27万、羽林郎(禁卫军)3万，共90万大军南下进攻东晋。此举震惊东晋，苻坚也被群臣一致反对。东晋宰相谢安和将军桓冲主张抵抗，晋孝武帝命丞相谢安为统帅，据守建康；将军桓冲为都督，驻守在长江中游巴东、江陵等地区；谢石为征伐大都督，谢玄为前锋都督，奔赴淮南迎击秦军，共率北府兵8万余人。另外，还派将军胡彬率领水军5000人去增援东晋的战略要地寿阳(今安徽寿县)。

在战争初期，苻坚依靠兵力的优势，一路推向前方，屡战屡胜。到了九月，苻坚率兵已经到了下项城(今河南项城)，苻坚的弟弟苻融率兵30万，推进到了淮河北岸的颍口(今安徽颍上县正阳镇)，并且向淝水(淮河支流，在今安徽寿县境内)西岸的重镇寿阳，展开了猛烈进攻。又过了一个月，苻融攻占了寿阳，生擒了晋平虏将军徐元喜等人。东晋将军胡彬在增援的路上听说了寿阳失陷的消息，便退守硖石(今安徽凤台县西南)，静候谢石大军的到来。

符融率兵追之而来，攻打硖石。符融部将梁成担心对方有援兵赶来，就率兵五万到涧 (今安徽怀远县境内)，在洛口设置木栅，阻断淮河交通，果真遏制住从东西赶来增援的谢石、谢玄大军。

谢石率军行至洛涧二十余里处，遇到符融部将梁成的阻挠无法再前进。只能停下来。东晋将军胡彬困守在硖石，粮草匮乏，很难坚持下去。便写信求谢石前来支援。但是这封信没有送到谢石手里，反而被前秦军截取，送往符融处。符融得知胡彬粮草缺乏，认为时机不可多得，立刻派人去上报符坚。符坚大喜，认为机会不可多得，立刻亲自率兵八千直逼寿阳。把主力大军留在了项城。

符坚和符融到了寿阳，商量之后决定先劝降，于是派出了朱序到晋军中去劝降。朱序原本是东晋襄阳的守将，公元 378 年，符坚率军围攻襄阳，朱序坚守抵抗长达一年多。攻下城池之后，符坚没有赶尽杀绝，反而是把朱序留在了身边，赐官为太守。朱序心里还是忠诚于东晋的，他不但没有投降，反而还密告前秦军的军情。提议谢石不要贻误战机，迅速出击瓦解对方士气。

谢石刚开始与前秦军交战的时候，认为前秦军气势太盛，本不打算主动出击，听到朱序的建议之后，便改变了作战计划。不再坚守不攻，而是主动出击。十一月的时候，谢玄见时机成熟，派出刘牢之率兵五千，夜袭洛涧。刘牢之是一名勇将，挥军强渡洛水。趁夜色袭击前秦军大营。前秦大将梁成被刘牢之一槊刺死，连带五万前秦军也被斩杀，一派惨象。此为洛涧大捷，晋军信心大增。谢石乘胜追击，率晋军主力渡过洛涧，直抵达淝水东岸，在八公山 (今安徽寿县东北) 扎下大营，与寿阳的前秦军对峙于两岸。

前秦军坚守着淝水，使晋军无法渡河。双方的力量对比十分悬殊。要想获胜，晋军唯有速战速决这一办法。谢玄想用公平的方法一决胜负，于是派出使者去见符融。双方需要一块空地来一决胜负，但是需要前秦军向后退出一部分阵地。可是前秦军认为这一定是晋军的诡计，纷纷劝苻坚不可上当。但是苻坚却认为，如果让军队向后退少许，待到晋军半渡过河之时，以骑兵冲杀，这样可以一举打败晋军。苻融竟然十分赞同苻坚的计划，于是就答应了谢玄的要求。到了约定好的这一天，苻坚依约下令，让前秦军向后撤退。

前秦军长日征战本就内部不稳，加上士气低落内部十分混乱，不明所以地向后撤退造成阵脚大乱。一时间怨声冲天指挥失灵。苻坚下令停止撤退，这时候撤退的人马却已经分不清形势。谢玄抓住时机，率骑兵八千余人，突然猛攻淝水，朱序在前秦军的阵后制造混乱，大喊："前秦军败了，前秦军败了！"前秦军本就内部混乱阵脚全乱，此刻更是真假难辨争相逃命。苻融此时才明白形势不好，骑马上阵想要稳定住阵势，结果被乱军冲撞，而后又被前来进攻的晋军乱刀砍死。

苻坚见势不妙，骑马逃跑，晋军乘胜追击，一直到了青冈 (在今寿阳附近)。前秦军人马死伤无数，竟有很多是互相践踏致死。幸存的前秦军官疲于奔命不敢回击，在逃跑的路上听到了风声鹤唳也不敢回头，以为是晋军追来，更加没命地逃跑。数十万的前秦军到了洛阳之后，就只剩下十几万的残兵了。苻坚也中了箭，前秦元气大伤。不久之后，苻坚被害。淝水之战，东晋实在是抓住了战机乘虚而入，打了一场以弱胜强的著名战役。

【案例解析】

实战 1 "无中生有"巧施计

很久以前在丹麦城中，住着一位名叫阿姆斯特朗的年轻绅士。他的家境富足殷实，本人长得也相当帅气，是城里众多姑娘心中的偶像。

有一天，阿姆斯特朗在傍晚时分来到街上散布，听见似乎有人叫他的名字，抬头一看，街旁一幢楼上有个姑娘正向自己打招呼。虽然这位姑娘脸上蒙着一层薄纱，但姑娘那隐约可见的风姿、温柔动听的声音以及谈吐不俗的话语，深深地打动了阿姆斯特朗那高傲的心。

从此之后，阿姆斯特朗和这位姑娘每天在同一时间见面。随着时光的流逝，阿姆斯特朗渐渐对这位姑娘生出强烈的爱恋。有一天他终于不禁向姑娘倾诉了相思之苦，姑娘听完后，不发一言，临分别之前姑娘答应阿姆斯特朗要好好考虑一下再做决定。

第二天傍晚时分，阿姆斯特朗匆匆出门要去老地方与蒙面姑娘见面。在经过一处僻静之处时，突然出现了几个大汉，不由分说就将阿姆斯特朗推上了一辆马车。马车七拐八拐之后，在一所别墅前停了下来。阿姆斯特朗被带到别墅的大厅里。大厅里金碧辉煌，华灯齐放，眼前是一桌十分丰盛的晚餐。正在阿姆斯特朗惊魂不定还未搞清楚什么状况的时候，一位漂亮无比的姑娘出现在大厅。原来这位魅力的姑娘早已对阿姆斯特朗爱慕已久，愿永世与他相守在一起。如果阿姆斯特朗同意，姑娘的门第和财富足以让他们幸福一生。

面对美丽无比的姑娘以及如此富有的家庭，阿姆斯特朗的心中进行着激烈的思想斗争。但是，最后他还是选择了拒绝眼前这位美丽的姑娘，因为他信守对蒙面姑娘的承诺。美丽的姑娘见他心意已决，无奈地放阿姆斯特朗离开。当阿姆斯特朗上气不接下气跑到二人约会地点时，蒙面姑娘已经在那里等了他很久了。阿姆斯特朗把刚才的奇遇全部告诉了蒙面姑娘。蒙面姑娘听后，迟疑了一会，然后对他说："之所以我一直蒙着面纱，是因为我长得很丑。你还是回去找主动向你求爱的那位漂亮姑娘吧，我配不上你！"阿姆斯特朗显得很激动："你这是什么话呀，相爱是两颗心的相互碰撞。你心地善良、温柔娴淑，这对我来说已经足够了，即便你再丑再穷我也不会在乎的。哪怕天荒地老，海枯石烂，我对你的爱都将不会改变的。"

蒙面姑娘听完他一番表白之后，伸手拉开了脸上的面纱。阿姆斯特朗惊奇地发现，蒙面姑娘就是在别墅的大厅里向他求爱的那个姑娘。经历了爱情考验的阿姆斯特朗，终于赢得这位美丽姑娘的芳心。

蒙面姑娘为了考验阿姆斯特朗对自己的爱情，无中生有地制造了绑架事端，使阿姆斯特朗处于两难选择的矛盾中，而她在旁边则静观其变，通过阿姆斯特朗的抉择来断定他对自己是否是真心，姑娘真是用心良苦啊！

可见，有时候通过一些"无中生有"的办法，我们能收到一些意想不到的效果。下面是战争中一个无中生有的故事：

18 世纪初，俄国和瑞典为了争夺波罗的海的制海权双方大打出手爆发了大规模的战争。第一次进攻，瑞典遭受了失败的打击，之后经过精心的准备，集结了强大的海军和陆军，向俄国发动了第二次进攻。

瑞典这次的进攻来势十分迅猛，很快就在俄国的沿海一带登陆。当时，俄国沿海地区的兵力十分薄弱，所以被瑞典军逼得一再后退。这一结果导致俄国的军民都人心浮动，顿时国内一片混乱。俄国统治者内部意见分歧也十分严重，有人建议俄国军队放弃沿海要地和正在修建的防御工程，撤退到俄国腹地后再作进一步的打算。

在俄国面临如此危急时刻，彼得大帝表现出惊人的冷静。他深知瑞典国王查理十二及瑞典军队的将领，做事情都十分谨慎，优柔寡断，缺乏果敢的精神和坚定的意志。如果对瑞典人的这一弱点好好利用，俄国就能转危为安。

经过深思熟虑之后，彼得大帝派遣一批紧急信使携带着他的亲笔命令奔赴各地。他的这些命令都要求各地的指挥官立即派兵支援沿海地区。事实上，彼得大帝信中提及的这些援军根本就不存在，即便是有也是远水解不了近渴。负责护送国王亲笔命令的使者有的故意稀里糊涂地乱跑，粗心大意暴露了自己的身份，结果被瑞典军队发现抓了起来，随之身上国王亲笔命令信件也被搜出。瑞典将领对彼得大帝的亲笔命令十分在意，认为俄国人隐瞒了自己的真正实力，俄国军队之所以不加以顽强抵抗退出沿海地区，是因为他们有着更深的阴谋。瑞典高层在这种思想的支配下，决定放弃已经占有的俄国沿海地区，迅速撤出并回到了本国。

彼得大帝掌握了敌人的弱点以一纸书信吓退了瑞典军对，不费一枪一炮就解除了瑞典军对俄国沿海一带的围困，保住了新都彼得格勒和战略设施工程，使俄国渡过了难关。

"无中生有"是三十六计中的一条妙计，在历史上被人们多次使用，使用范围包括军事、政治以及社会生活等各个领域。

这条计策主要指的是，在和敌人的斗争中，用假象蒙蔽敌人，却不能是完全地弄虚作假，要真真假假，虚虚实实。真假互存。用各种假象掩盖真相，给敌人造成错觉。在敌人晕头转向的时候抓住时机打击敌人，方能获胜。这条计策大体有三种含义：

以假乱真。在对方实力较强我方较弱的情况下，我方不能坐以待毙，要想办法使对方思想发生混乱，做法就是捏造谣言，编造不存在的事情制造混乱。这样能使我方转危为安，进而可以战胜敌人。

虚实转换。一定要用假面目面对敌人。把不存在的东西编造成存在的。如果敌人的警戒心特别强，通过细致调查有可能发现我方的可疑之处。我们就要在暗处把假的换成真的。这样在敌人认为是假象的情况下，实际我们已经换成真的。完全可以扰乱敌人的思路，让他们被我们牵着走。

以真乱真。《韩非子·说林》中讲道："巧诈不如拙诚。"意思就是不论多么巧妙的谎言、表象都会被发现蛛丝马迹，无法继续隐藏。所以，用另一个不相干的表象掩饰想要掩盖的真相，还不如直接显示出笨拙的诚实。向敌人展示出来一个真相，隐藏另一个真相。这个隐藏的真相往往会很难被发现。例如：战国时期的张仪，为了让楚怀王与齐国断交，提出来可以割地六百里给楚国。楚国答应之后与齐国断交。索要耕地，但是张仪却矢口否认，只说答应割六里而不是六百里。楚怀王认为自己被愚弄了，大怒发兵攻打秦国，结果反而又被攻占了很多土地。张仪在这件事情里应用的手段就是典型的"无中生有"。

"无中生有"里包含着一定的哲学道理。老子在《道德经》里提到："天下万物生于有，有生于无。"在老子看来，"有"与"无"这两个概念是相辅相成的，没有"有"，也就不会有"无"，没有"无"，也不会有"有"。哲学家们认为，从无到有，可以说是事物发展变化的一个过程，二者是可以相互转化的。在"无中生有"之计中，这里的"有"指的是"真"、是"实"，"无"指的是"假"，是"虚"。"无中生有"就是说以假的现象来隐藏真实的一种意图。这条计谋使用的关键在于有和无之间的变化，虚和实的结合。如果只是一味地使用假象，敌人会容易察觉；如果只显露出真相，毫不掩饰，更不容易制服敌人。所以使用这条计谋的时候要注意以下几点：

　　第一，巧妙用计，注意保密。"无中生有"在使用的时候可以大体分为两阶段，第一阶段，要施出骗局。第二阶段，是发动进攻。第一阶段是前提，成功的几率直接影响到第二阶段，也就是最后结果的成败。所以，第一阶段实施欺骗的时候，一定要做得十分谨慎和完善，滴水不漏。否则出现差错被敌人发现空子，很容易将计就计反过来制服我们自己，这样是很危险的。

　　第二，要把握对方的心理，寻找最恰当的时机。这条计策的关键就要明确掌握对方的心理动态，然后我方根据对方的心理动态采取相应的行动。这要求我们在使用这条计策之前要明确对方的形势，准确分析，预测对方可能做出的反应，从而制定出相对应的完整策略。敌方中计以后，我们就要抓住最恰当的时机，在敌人准备最不足，反抗力最弱的时期突击，一举获胜。"无中生有"除了在军事领域经常被人们使用之外，在政治、外交、经济、社会生活等方面也常常会被人们使用。在古代的官场上，互相包庇互相倾轧的情况很严重。例如秦桧陷害岳飞，用"莫须有"的罪名，其实就是"无中生有"计谋的应用。一方因为权力相争要谋害另一方，就会编造罪名，借此除掉对手。在现代经济领域，企业家们之间也经常会使用这个计谋，来给自己制造机会，增强竞争力，增加消费者。从而实现自己的商业利益目的。但是，在平时与人交往过程中，一定要注意这条计策的使用范围，捏造谣言打击别人这种行为毕竟不可取。而且如果严重影响到别人的声誉，甚至需要负法律责任。

实战 ② 里根因势取利赚声誉

里根是美国历史上年龄最大的总统。由于年纪过大，他的体力和精力都受到了限制。有一天，他在办公室办公的时候感觉到身体很疲惫。就撕下了几张纸，随手画了 7 幅草图。分别叫做"牛仔"、"马"、"英国绅士"、"中国师爷"、"日本武士"、"法国富翁"、"法国幽默大师"。里根不是职业画师，他的画画水平只是一般而已。但是这几幅画画得诙谐幽默，很是生动。尤其是"牛仔"和"马"这两幅画，里根自己越看越喜欢。就是右下角写上了自己的名字——理查德·里根总统。里根的助手们见到这少见的一幕，纷纷赞叹不已。里根心里不免被奉承的飘飘然，同时心里想出一个主意。命人把这几幅画送到拍卖行进行拍卖。

他的画很快被收藏家用一万美元的价格买走了。人们都明白，收藏家看中的不是这几幅画本身，而是里根总统的签名和收藏价值。里根总统收到这笔钱后，打电话给美国残疾人协会，表示要把卖画的一万美元捐助给残疾人协会。这一举动很快被无孔不入的记者注意到，于是第二天，这条新闻就刊登在了美国各大报纸上。

画这几幅画本就是里根总统的无心之举，信手涂鸦。如果他只是想把这些画随手一放或者扔掉，那根本就没有后面记者们大做文章的这条新闻。里根总统的做法其实就是因势取利，他先卖掉了自己的画，又把卖画的钱捐给伤残人协会。这就是顺水推舟的做法。

因势取利，就是看准敌人在战争或是商业活动中出现的纰漏，趁虚而入，抓住对方弱点，获利或者取胜这样一个策略。

作为一种趁机获利的策略，因势取利运用得当的话会很高明。这条计策在历代政治家和军事家中很受欢迎，因为它收效很大成功率较高。

"因势取利"的"势"指的是有空隙，相对来说薄弱的地方。在主要目标明确不受影响的情况下，抓住时机利用小部分力量很隐秘地发动攻击，这样会很意外地获得原本没有预料到的收获。这就叫做"因势取利"。这条计谋使用的方式主要是和平获取。大致分为两种形式：

第一，乘隙获利。不管敌人出现的漏洞有多小，也要见缝插针地加以利用。做到有隙必乘。我方和他方在交战的时候，事先都会进行很严密的部署。所以双方都很难出现大纰漏，即使有的话也会及时地被发现改正。但是小纰漏却很难避免。这个时候我们就要抓住机会，利用好这些小纰漏，制定相应的对策，大做文章，迅速行动，取得胜利。

第二，微利必得。有一些很微小的利益也不能轻易地放弃。在敌我争斗激烈的过程中，不能忽视任何一点，任何一场很小的胜利都有可能改变大局。全局的胜利不是靠某一场胜利得来的，而是靠很多场小胜利得来的。要重视哪怕是微小的胜利，"微利必取"，才能赢取最后全局的胜利，获得"大利"。

具备这种"时"和"势"的时候，才能为"取利"创造有利时机。"因势"，有时候需要安静地等待时机，有时候则需要主动地去制造机会，也就是造势。为"取利"创造有利条件，时机顺畅的情况下再取利，成功率会大大增加。

还有一点需要我们明白，"因势取利"并不是说只要我们肯等，机会就一定会来。而是需要我们主动地去寻找对方的漏洞，使出计谋使对方再出现漏洞并且加以利用，从而让取利变得轻松。在运用这条计谋时，要注意以下几点：

第一，要注意此计运用的条件。就像我们之前提过的，这条计策的核心之处在于"因势"。只有在顺利、顺便、顺手的情况下才能运用这条计策。如果时机不合适，取之并不顺手，就不应该用这条计策，而应该放弃另选其他方法。如果强行使用，不但会徒劳无功，说不定还会影响原有的目标。

第二，应该分清主次目标。必须在不影响最大目标的情况下，我们才能运用这条计策。假如因小失大，那才是丢了西瓜拣芝麻。得不偿失，万万不可取。

第三，要把握敌情，准确判断。我们在因势取利的过程中，要注意判断，因势的"势"究竟是敌人有意留下引我们上钩的破绽还是无意为之。所以看到时机的时候不要着急扑上去，要先仔细观察，再采取行动。

"因势取利"在古往今来的应用十分广泛。例如在商业领域，企业家在经营过程中，降低价格控制成本，甚至减少利润，就眼前利益来看，似乎对企业收益的好处不大。但是从企业长远发展来说，获得的经济效益却是十分可观的。比如世界上著名的连锁超市之一——沃尔玛。也是奉行这种"微利"的策略。每天都会进行低价和平价的销售。才会在全球范围内立足，并且受到广泛欢迎。但是当今社会生活中，有些人运用这条计策捞小便宜，甚至没有公德心。为了自己的私欲不计后果。这样是不可取的。我们在使用这条计策的同时，一定要记住不可因小失大，那样会得不偿失。

第五章　李代桃僵，暗渡陈仓

——以部分牺牲换取整体胜利

利益太多时，就会发生冲突，这时候就得学会取舍，所谓"鱼与熊掌不可兼得"。在大局面前要敢于果断放弃小利益、眼前利益，把眼光放长远，争取更大回报。

【经典今解】

势必有损，损阴以益阳。

当局势随着发展，到必须有损伤的时候，应当牺牲局部顾全大局。

这条计策出自《乐府诗集·鸡鸣》："桃生露井上，李树生桃旁。虫来啮桃根，李树代桃僵。树木身相代，兄弟还相忘？"李代桃僵原指一棵李树代替桃树遭受虫蛀，用来比喻兄弟之间的友情。后来泛指互相帮助，替人受过等行为。

两军交战时，会出现对峙的情况。这种情况下，不论是在政治还是商业竞争中，两方通常都难以获胜。这时就需要付出一定的代价，或者做出一些牺牲。原则就是"两利相权取其重，两害相权取其轻"。一定要保全大局，牺牲微小的利益。保全长远而牺牲眼前，保全大局牺牲小利益。所以，李代桃僵实际上是一种舍小保大的计谋。

不难看出，"李"是要被牺牲的一方，"桃"是被保全的一方。所以"李"和"桃"之间要具备内部的联系，否则也无法完成替代任务。一定要注意的是"李"轻"桃"重。不能反向替代，更不能顾此失彼。"李"这个角色具有悲剧色彩，如果想避免"代桃僵"，就要注意以下三条原则：一是非己之过不要揽；二是是非之地不要留；三是不白之冤不要忍。

"李代桃僵"有五种含义：

（1）丢车保帅。在下象棋的时候，保帅是最重要的，为此不仅可以丢掉兵卒，连最有攻击力的车在必要时候都可以丢弃。这个方法在军事、政治、经济等各个领域应用广泛。

（2）弃子争先。围棋里，有一个要诀叫做"逢危须弃"。弃子从表面上看似乎是有所损失，但是纵观全局，却有利于保持优势。这个方法同样具有适用性和普遍性。

（3）忍痛割爱。壁虎在遇到危险被捉住的时候，会用力挣脱挣断尾巴然后逃命，挣断尾巴肯定是痛苦的，但是这样做的结果是会换来活命的机会。所以人在必要的时候，也是必须要学会忍痛割爱的。

（4）抓替罪羊。自己犯罪之后，反而冤枉别人，把罪名强加到别人头上。这样一来自己就可以逍遥法外。这种手段十分阴险。

（5）代人受过。与自己关系十分密切的人遭受灾难的时候，自己愿意主动替他承担责任，这是替人受过主动献身的行为。

李代桃僵中的"僵"，有扑到的意思。这条计策在军事上的用意是，敌我双方势均力敌之时，我方用小的代价和付出换取大的胜利。这就是象棋中常说的"舍车保帅"战术。

战国时期，匈奴好战，不断骚扰赵国北部。赵王为了保边境安宁，派大将李牧镇守雁门关。雁门关位于山西省代县城西北约 20 公里处，又称西陉关。地理位置十分重要，是阻挡匈奴进犯的重要防关。所以自古就有"天下九塞，雁门为首"的说法。赵王给李牧施压，让他专心对抗匈奴。不仅将北部边境军事全部交给了李牧，连雁门关一带的地方事务也一并交给他处置。李牧上任之后，除了按照传统训练士兵，还学习匈奴人的做法，宰杀牛羊犒劳士兵，积极操练兵马，并且训练士兵骑马射箭，对表现优异的士兵予以奖励。李牧对将士的奖励十分丰厚，所以将士们士气大振，齐声求战，愿意为国家卖力效劳。同时李牧命人在边疆修筑了烽火台，派精兵严加看守随时报警，又派出很多密探去侦察敌人战况。

但是李牧却不下令出战，只命令士兵严密防守，甚至还下达命令："匈奴骑兵来时，要迅速进堡自守，有敢出去捕杀匈奴骑兵者斩首。"将士们尽管感到迷惑不解，但是只能听从命令。在接下来的一段时间，每当匈奴入境侵犯的时候，烽火台立刻有警报传出，李牧便命令将士收拾屋子躲入后方，不正面迎战。这样过了几年时间，匈奴虽然屡屡侵犯，但是一无所获。同时认为李牧胆小不敢应战。匈奴人这样想，连边关将士们也这么认为。消息传到了赵王那里，赵王愤愤不平，谴责李牧令他出战。但是李牧坚持之前的做法，就是不出战。赵王忍无可忍，免掉李牧的官职，另派一名大将来守卫雁门关，与匈奴对抗。新将领接令上任，刚来到雁门关便把李牧之前制定的规定全部废除，在匈奴下一次侵犯的时候领兵出击，结果因为不熟悉匈奴的作战方法，损失惨重。赵王听闻后无奈，只能再次起用李牧，并且不再命令李牧按自己的要求出战。

李牧回到边疆之后，继续照旧防守。一切都同以前一样。慢慢的，匈奴认为李牧就是一个胆小怯战的人，完全不把他放在眼里。李牧则抓紧训练，就这样又过了几年，赵军的训练看到了成果，士兵们士气高昂，更加强壮。公元前250年，李牧认为时机已经成熟，就选出来1300辆战车，1500匹战马和5万勇士出战，还有擅长射箭的10万名士兵。开始秘密的练习如何破解匈奴的进攻。同时不忘派出少量的兵马护着老百姓出去放牧，引诱匈奴入侵。

匈奴派出小部分士兵前往打探虚实，刚与赵兵交战，赵兵遍假装败退丢弃牲畜逃跑。匈奴人俘虏了牛羊牲畜满载而归。匈奴单于得知消息后得意洋洋，确认李牧胆小怯懦，赵军更是不堪一击。便调动大批兵马入侵赵国边境，准备大肆进攻。李牧获知敌情之后严阵以待，在匈奴前来的路上设下三路奇兵，等待匈奴自投罗网。匈奴大军冒冒失失地冲进了赵军的包围圈，赵军等待多时，立刻一拥而上将匈奴大军分割成几处，逐个围歼。赵军经过了这几年的养精蓄锐，早已经摩拳擦掌跃跃欲试。李牧一声令下，令他们如猛虎下山一般杀入敌群，直杀得血流成河。匈奴人一向不将赵军放在眼里，只想着尽快俘获牛羊牲畜回去宰杀享受。突然遭受了赵军如此猛烈的攻击，仓皇地抱头鼠窜，阵脚大乱。

但是李牧早已命人截住了匈奴骑兵的退路。并且命令军中击鼓用来鼓舞士气，赵军是杀得气势汹汹，匈奴主帅一看赵军攻势凶猛。不管部下死活，自己掉头就跑。主帅逃跑，匈奴大军群龙无首，更加混乱，士卒们各顾各的逃命。李牧趁机带兵掩杀，杀敌无数。这一场战争，匈奴伤亡十几万骑兵。匈奴单于带兵远遁，十多年不敢侵犯边境。赵国北方边境终于得到安宁。李牧用很小的损失换取了整体的胜利。这就是"李代桃僵"使用最成功的典范。

示之以动，利其静而有主，益动而哭。

指的是故意暴露我方行踪，牵制住敌人，让敌人在某个特定地点守住。然后我方绕到敌人的后方发动突袭，攻其不备，出奇制胜。

这条计策的全名是"明修栈道，暗渡陈仓"。陈仓，古县名，位于今陕西宝鸡市东。"明修栈道，暗渡陈仓"原意是指楚汉相争之时，韩信运用过的一个计谋。公元前 206 年，刘邦派韩信攻打秦将章邯。韩信大张旗鼓地带领数万名士兵去修复从汉中到关中的山间栈道，表现出打回关中的意思。实际上这只是为了麻痹章邯而做出的假象。章邯中计，在栈道经过的地区埋伏了重兵，准备拦截韩信。谁知韩信却暗中从陈仓小路杀了出来，章邯慌忙应战，自然落败。这条计策不适合两方当面交战时使用，应当是我方不便正面交战，又有可"渡"之路的情况下使用。

"明修栈道"表面上做给别人看的。用来吸引住敌人的注意力牵制住敌人的力量。"暗渡陈仓"才是我们所要表达的真实意图。栈道要修得光明正大，一定要让敌人注意到。陈仓要渡在暗处，掩人耳目。只有把这一明一暗做到了，才能保证行动的成功。

这条计策有三种含义：

（1）以迂为直。修好的栈道附近如果有敌人埋伏，那么我们通过栈道进攻敌人也是一条捷径。但是不能硬碰硬，应当在修栈道的同时偷袭敌人。这样虽然有曲折走了弯路，但是会收到出奇制胜的效果。

（2）以明隐暗。明里一套是假，暗里一套是真。两套方法要同时使用才有效果。而且使用的时候要注意用明的一套掩盖暗的一套。

（3）以正蔽奇。《史记》卷八二说："兵以正合，以奇胜。"当兵打仗，获胜靠的是奇兵。"正"是用兵的平常方法，"奇"是用兵的变法。为了迷惑敌人，需要打破正常思维定势，用公开的常法掩盖变法。

暗渡陈仓，意思是采取正面的佯攻，敌人被吸引被牵制住在某个地点固守时，我军派出士兵在暗处偷袭敌人。"明修栈道，暗渡陈仓"，是古代战争史上著名的成功战例。

秦朝末年，统治者昏庸，群雄并起，一致反秦。时楚怀王发布诏令，宣称："谁先攻入关中，谁就做关中王。"结果是刘邦率先攻入咸阳。这引起了项羽的不满。论实力和战功来说，项羽无疑是最强的。巨鹿一战，项羽摧毁了秦军主力，但是刘邦却趁着楚军与秦军交战之际，攻入咸阳，立下了灭秦之功，夺得了头功。而且刘邦进入关中之后，收尽秦王宫的财宝和美女，屯兵在函谷关，阻挡项羽入关。项羽大怒，攻陷关隘，杀奔咸阳。刘邦因为实力远不如项羽，便实行缓兵之计，亲自赴鸿门，向项羽赔罪。鸿门宴上，项庄舞剑意在沛公，欲刺死刘邦。

但是项羽却给刘邦留下了一条性命。刘邦自知此次脱险是因为项羽心软，边与项羽商量天下大计。项羽自立为西楚霸王，定都彭城 (今江苏徐州)，统辖梁、楚九郡，他恃强凌弱，"计功割地"，分封了18位诸侯王。项羽心里明白不可轻视刘邦，便故意把当时最偏僻的巴 (今四川东部、重庆西部) 蜀 (今四川中部) 和汉中 (今陕西西南) 三郡分给了刘邦，封刘邦为汉王，以汉中的南郑 (今陕西汉中) 为都城。项羽又把关中 (今陕西一带) 划做三部分，分给秦朝的降将章邯、司马欣和董翳三人，其实这分明就是用来阻塞刘邦的出路，防备其带兵出中原，向东发展。刘邦心里恼恨，但是考虑到与项羽兵力的差距，也只能快快率兵入蜀。

刘邦身边有一个谋臣叫做张良。在回封地的途中，谋臣张良对刘邦提出建议，将入蜀的几百里栈道全部烧毁，表示无东顾之意，这样既可以消除项羽的猜忌，同时也可防备其他人 (主要指三秦王) 的袭击。之后，就可以养精蓄锐积蓄实力了。刘邦听从张良的建议，将沿途六百里的栈道全部烧掉。进入汉中以后，励精图治等待时机。拜名不见经传的韩信为大将，操练军马，为争霸中原作准备。这样过了几年，汉军兵强马壮士气大盛。恰巧这时，齐王田荣叛乱，项羽忙于镇压，无暇顾及其他。刘邦认为时机已经成熟，便与韩信谋划出关策略。

其实韩信心里早已经谋划了一切。他首先命令樊哙、周勃、夏侯婴等人率领几百名人马，去修复栈道，表面上看起来是要从栈道出击直取咸阳的样子。镇守关中的雍王章邯听闻消息后嘲笑刘邦说："当初烧了栈道，结果自己断绝了出路。现在只派几百人去修复，何年何月才能完成？"但是对韩信有所顾忌，便问下属韩信是一个什么样的人。得知韩信曾受过胯下之辱，章邯便认定韩信不会是个有作为的人。更是不加理会，没有戒备。而在此刻，韩信的计划正在顺利实施着，他派几百人修复栈道只是为了吸引章邯的注意力，自己暗中率汉军主力沿小路向西北前进，在没人注意到的情况下渡过渭水，以迅雷不及掩耳之势，袭击陈仓 (今陕西宝鸡东)。章邯只是在提防韩信出关，已经从西部调走了大批兵马，三秦后方依然是空虚。陈仓守将无论如何也想不到汉兵竟然会从天而降，猝不及防，很快就被汉军攻破城池。陈仓是军事重镇，囤积有大量的粮草。就这样陷入了刘邦之手。韩信率领汉兵袭取这一要地，既可以获得充足的粮草补充，又能够以侧翼直接威胁咸阳等地区。

章邯恍然大悟，明白上了韩信的当，后悔不迭，立刻亲率军队赶到陈仓去抵御汉军。汉军这几年抓紧训练，士气很足，锐不可当，竟然将章邯军杀得大败。章邯也是有名的大将，但是此刻深感回天乏力。只能率残兵逃亡雍都废丘 (今陕西兴平县东南)。章邯见形势紧急，派人向司马欣、董翳求援，可是这两个人听说韩信用兵如神，汉军如此勇猛，竟不敢轻易出动，皆不发援兵。章邯无奈之下只能下令关闭城门死命坚守。韩信这时也没有坐以待毙骄傲自满，而是兵分两路，自己亲率一路围攻废丘，命周勃、灌婴率领另一部分军马去攻咸阳，也等于是封住章邯东逃的退路。废丘城背临渭水，易守难攻。韩信久攻不下，观地形想出了一个法子。就是到渭水下游截流，引渭水淹了废丘城。章邯苦不堪言，只能率兵从北门突围，企图抢攻，结果汉军趁势蜂拥而入，攻入了废丘。章邯战败，丢了城池，前无去路，后有追兵，本想拼死一战或许有一线希望，结果却是惨败。他自知无法脱险，便在绝望中拔剑自刎了。司马欣、董翳两人听闻章邯死讯，也就先后投降了。

前后不到三个月的时间里，关中就变成了刘邦的地盘。关中地区富饶且有地形优势，进可攻，退可守。刘邦依据着这样一块宝地，算是具备了与项羽角逐天下的实力。韩信带领士兵从汉中进入关中的整个过战略过程，被人们称为"明修栈道，暗渡陈仓"，后来这种战术也被很多军事家引用，成为了一种出奇制胜的妙策。

【案例解析】

实战 ❶　羽绒服市场上的大战

2000 年的时候，中国羽绒服市场开始起步，市场潜力巨大。但是同期的保暖衣市场却不太平，商家之间恶性竞争，使一场保暖内衣的价格竞争变成了保暖内衣价格一降再降的恶性循环。很多商家无利可图，便退出保暖衣行业另寻出路。据中华信息中心统计，自 1996 年开始，中国羽绒服每年的销售额同比增长 20% 甚至更多。1998 年亚洲金融风暴，很多行业销售额不景气，羽绒服行业仍然比 1997 年同比增长了 11.2%。于是，一些曾经在保暖内衣行业大展身手的企业纷纷转行到羽绒服生产。其中有两大企业比较有名，分别是南极人、北极绒。这两大企业的加入，使羽绒服市场的竞争更加激烈起来。

在这之前，羽绒服市场一直保持着一种格局，就是"一只狼领着一群羊"。这群羊，自然就是若干知名或者不知名的大中企业，而这只狼，就是波司登。长期以来，波司登一直在羽绒服市场保持领先地位。2000 年全国羽绒服市场前十名品牌中，波司登以 26.7% 的市场占有率和 39.71% 的市场销售份额连续 6 年保持行业第一的地位，剩下 70% 左右的市场，则由其他 2000 多家羽绒服生产企业瓜分，平均每家的占有率不到 0.35%。在这样的大格局下，南极人和北极绒似乎成为羊群中的两只羊几率更大一些。

但是，南极人董事长张玉祥和北极绒董事长吴一鸣都是很有雄心的人，他们既然挤进了这个圈子，就想做出点成绩来。首先发动攻击的是张玉祥。

2001 年 3 月下旬，北京国际服装博览会上，南极人隆重推出了羽绒服真冰发布会和冰上时装秀。此举可谓大手笔。这场活动接连举行了数天，每一天的花费都近百万。如此高调的亮相，引来了媒体和业内的诸多关注，众人都意识到这个冬天的羽绒服市场将会不平常。相比起南极人的声势浩大，北极绒董事长吴一鸣表面上很平静，背地里其实早有打算。他把宣传和竞争先放一旁，最先关注的是羽绒服的保暖性。之前中国羽绒服市场普遍是以鸭绒为填充物，而吴一鸣决定以鹅绒代替鸭绒，在 2001 年冬的羽绒服市场出其不意地大干一场。

吴一鸣在进军羽绒服市场之前，就对近两年的羽绒服市场做了详细的调查，然后惊奇地发现，外国羽绒服或者高档的羽绒制品大部分使用的都是鹅绒，而中国的羽绒服基本上用的是鸭绒。吴一鸣自然要解决这个让他自己都感觉疑惑的问题，经过细致调查，又请教了很多的专家，得出了结论：鹅绒明显要好于鸭绒。这可以从两个方面来讲：其一，鹅绒要比鸭绒绒朵大，更为蓬松，弹性更大，所以鹅绒的保暖功能要比鸭绒出色一些。其二，鹅绒更为绿色环保。鸭子身上有一种腥臊味，加工鸭绒需要使用化学品除臭。而鹅因为是草食动物，并且通体雪白，所以不存在这些问题。

但是国内市场普遍采用鸭绒而不是鹅绒的原因也很简单，大概有几点：首先，价格因素，鸭绒的价格要远远低于鹅绒的价格，用鸭绒成本低。其次，风险因素。在业内，用鸭绒制作羽绒服已经成为习惯，采用鹅绒能否得到消费者的认可是个未知数。还有一个原因，市场因素。国内的羽绒服市场一直是波司登占据头狼的位置，波司登的用料和标准已经成为了国内羽绒服市场的标志和衡量标准。所以很久以来，所有厂家只会在面料上、款式上和含绒率上做做文章，但是对于鹅绒和鸭绒的比较选择，却纷纷视而不见，或者说不敢尝试。这正好给北极绒提供了机会。吴一鸣为了在 2001 年的羽绒服市场上打一场胜仗，就拟定了一系列的计划。为了出奇制胜，吴一鸣决定采用"明修栈道，暗渡陈仓"之计。

他们首先对外高调表达了拼抢今冬羽绒服市场的决心，并宣布买下东北一家鸭场，为大规模的生产做好原料准备。而且他们还宣布第一年计划销量为 100 万件左右。他们当年冬天生产的羽绒服价格将比波司登还高出 60%，如此大的举动，如此大的气魄，迷惑了不少人，甚至包括业内人士都十分肯定地认为北极绒将大规模生产羽绒服，拼抢羽绒服市场。但是谁都不会想到，北极绒将会以鹅绒代替鸭绒。与此同时，北极绒开始不动声色地从四处搜购鹅绒，然而，天下没有不透风的墙，收购鹅绒这件事不知怎么地就传了出去。对此，吴一鸣非常坦然地承认收购鹅绒，但不是做羽绒服，是为了做被子。

进入到 8 月份之后，天气还很热。但是各大厂商对于羽绒服市场的争夺已经开始打响了。波司登一如之前的霸主政策，砸下 1.8 亿做广告。大街小巷，无论是商场里、展会上，还是火车站、飞机场，随处可见波司登的品牌名字。南极人也不甘示弱，斥巨资买下了中央电视台黄金时段，为南极人羽绒服做广告。吴一鸣却按兵不动。他在等机会，因为他知道，越是早亮底牌，越是对自己不利。到了 9 月份，大多数羽绒服生产企业已进完鸭绒原料并开始了生产。北极绒的广告终于"姗姗来迟"，同南极人一样，也是播放在中央电视台黄金时段，但是广告刚一播放，就令所有同行大为震惊："到底是鹅好，还是鸭好？"主持人话音刚落，抢答的小男孩就开始兴奋地讲解鹅绒优于鸭绒的地方。最后一句话更是成为了日后的名言——"地球人都知道啊!"

北极绒的这则鹅绒羽绒服广告无异于一颗重磅炸弹，不仅投向了广大消费者，更是投向了业内同行。一时间这则消息登上了诸多报纸的封面，成为了 9 月份的热点经济新闻。整个羽绒服行业都快要炸开了。9 月 6 日，羽绒工业协会与羽绒服装协会召开新闻发布会，想要为这样一场"鹅鸭之争"平息争端。可是现场专家之间却展开了激烈争论，讨论的结果毫无意义，争端却没有解决。一些企业沉不住气，想要到北京阻止北极绒继续发布广告，却没有丝毫用场。9月10日，某企业在安徽打出整版平面广告，称自己羽绒服是鹅绒的，搭车北极绒。事情进行到这里，不仅仅是一场市场里的企业竞争了，已经上升成为行业之间的利益争端。多数同行还是坚决反对北极绒的做法。羽绒协会找到国家工商局，要求停播北极绒的广告，理由是不正当竞争。

10月15日，"全国羽绒服市场如何面对消费者高层研讨会"在北京召开。大会上，吴一鸣为自己的行为做了辩解，但是同行中大部分人却表示不谅解。这个时候，戏剧性的一幕出现了。波司登的董事长高德康指出鹅绒优于鸭绒是行业公开的秘密，还表示北极绒的做法其实是对行业进步做了有力的推动。同时，他还宣布当年冬天波司登品牌的羽绒服全部采用鹅绒。高德康的表态令与会者们目瞪口呆，谁也想不明白这到底是怎么一回事，包括吴一鸣。

实际上在9月份北极绒的广告刚出来的时候，波司登就意识到了事情的严重性。高德康不愧是业内领袖，他立刻下令改变策略，停止所有的鸭绒生产，暗中开始收购鹅绒。到了10月份的时候，波司登的鸭绒就已经全部换成了鹅绒。有了波司登的加盟，吴一鸣终于可以硬气了。在这一年的市场争夺战中，许多公司的销售率惨跌，只有往年的20%至30%，损失惨重。而北极绒的库存几近为零，圆满完成100万件的销售目标。

在这场商场战争中，吴一鸣得胜的招数是明里收购鸭厂，制造舆论，迷惑别人，而暗中则用鹅绒代替鸭绒，奇袭羽绒市场，改变了整个羽绒市场只有鸭绒的市场格局，使得北极绒企业旗开得胜，大获其利。这个精彩的例子中，前者是"明修"、后者是"暗渡"，两者完美结合，最终取得了完美的胜利。

"暗渡陈仓"的全称是"明修栈道，暗渡陈仓"，这是大将军韩信创造出来的一种非常规用兵方法。韩信就是用这种方法杀出汉中，奠定了大汉王朝的军事基础。由于韩信的成功使用，这条计策成为了三十六计之一，很多后世兵法家也学习使用。并有过很多次成功的战例，被古今中外很多军事家推崇。

这条计策的主要内容是：当敌方戒备严密的时候，我方如果一时之间难以突破，就需要转变思维，用正面佯攻吸引敌人的注意力，牵制住敌人的主力，而暗地里则派出一支部队迂回敌后，进行突袭这条计策的核心是表里不一，用明处的行动掩盖暗处的真实目的，主要有三种表现形式：

其一，从路线来说，此计可以看做是一种迂回进攻敌人的方式。如果敌人戒备森严防守很严密的话，我方很难一击突破。这种情况下，我方可以暗中出一队奇兵绕到敌人后方，躲开敌人的防御线。然后乘机发动进攻。

其二，从技巧来说，这是一种突袭的战术。如果对方实力非常强大，我方取胜把握不大，便可以采用一明一暗相结合的方法去对付敌人。明处的行动要大张旗鼓，把敌人的注意力吸引过来，暗处则要很隐秘地进行，在敌人丝毫没有防备的情况下进行突袭。

其三，从战法来说，这是一种非常规的作战方式。在作战方面，原本应当有一定的规律法则，但是这条计策却是讲要出奇制胜，在表面上中规中矩地作战，让敌人有误会没有过多疑虑，这就是为了掩盖在暗处使用的非常规作战方法。

这条计策成功的关键，就在于"明修""暗渡"能否配合到天衣无缝。"暗渡陈仓"里讲究的是"暗"，但是如果"明"没有做成功，这条计策也是不可能完全成功的。这跟"声东击西"倒是有相似之处，都要有迷惑敌人隐藏真实进攻目标的行为，但是这两条计策又有不同。"声东击西"里，"击西"是实际行动，"声东"只是为了隐藏实际目的而做出的隐藏性非实际行动。而"暗渡陈仓","暗渡"和"陈仓"这两个都是实际行动,所以相比较之下,"暗渡陈仓"更为复杂,所以在运用的时候,要注意以下几点:

第一,以明掩暗,绝非虚张声势。"暗渡陈仓"究竟能否成功在很大程度上取决于"明修栈道"是否做到了真正吸引了敌人的注意力和牵制敌人。所以"明修"一定要讲究技巧,千万不能只做样子,如果连我方自己都不重视,怎么可能骗得过敌人。

第二,出奇制胜,选择恰当时机。这条计策运用的时机最好是两方对峙之时,双方都难以突破,做出明示引对方注意,暗中打击敌人。如果对方实力弱小,我方可以一击制胜,就没有必要大费周章的用这条计策了。因为这条计策运用起来相对复杂,稍有不慎运用不当,还会有不好的影响。另外要注意选择突破点,所谓"出奇制胜",必须让对方觉得大吃一惊乱了阵脚,如果对方有所警觉,那就应该更换办法。

"暗渡陈仓"在现代生活中也经常被人们使用,可以广泛地应用在包括军事、政治、商场、职场各个方面。在商场竞争中,如果遇到对方是实力雄厚的大企业,我方可以故意暴露一些行动,暗地里去准备另一个活动,在对方警惕性不高没有防备的情况下更容易突然抢占市场。在为人处世方面,如果你在做一件很重要的事情,担心被人泄露机密,就可以先制造一种假象,掩盖事情本身,最终也可以达到目的。这条计策在使用的时候要注意使用对象,并且考虑好后果。对于关系亲密的朋友或者亲人,使用起来要更加慎重。

实战 2　哈勒尔李代桃僵战宝洁

20 世纪 60 年代，美国经济高度繁荣，成为了许多年轻人心目中可以实现梦想的神奇土地。威尔逊·哈勒尔正是这样一位抱着"美国梦"的英国人。哈勒尔很有商业头脑，他来到美国不久，就注意到了清洁市场的潜力很大，于是购买了一家制造清洁液的小公司，开始生产一种名字叫做"配方 409"的清洁喷液。这种清洁液做得十分成功，到了 1967 年，"配方 409"不仅占领美国几乎 50%的清洁喷液市场，而且还获得专卖权。公司的效益越来越好，哈勒尔十分高兴。

但是随着"配方 409"在美国市场的水涨船高，引起了同行业其他公司的不满。美国"家用品之王"的宝洁公司决定正式跟哈勒尔争夺市场。宝洁公司是一家历史悠久实力雄厚的知名大企业，公司旗下的产品遍布世界各地，享誉全球，例如"象牙肥皂"、"佳洁士"、"飘柔"等等。因此宝洁公司刚开始并不把哈勒尔放在眼里，也万万没有想到哈勒尔竟然能把一种名不见经传的清洁液推广得如此成功，赢得了众多消费者的青睐。

宝洁公司的高层人士渐渐意识到了哈勒尔的威胁。深感如果不立刻采取措施，无异于放任竞争对手变强，终有一天会影响到保洁公司的利益。因此在召开紧急会议之后，公司决定投资研制一种新的清洁液，在各方面超过"配方 409"，以抢夺市场份额。打败哈勒尔。这对哈勒尔来说绝对不是一个好消息，因为他自己明白，从资金、技术、投入来说，自己都不是宝洁公司的对手。

因为宝洁公司新推出的"新奇"清洁液，从命名、包装、宣传等各个方面都做到了最好，投入高额资金来打造这一新产品。然后宝洁公司还在美国很多城市做了市场调研，用很多种方式调查了"新奇"的前景，然后调查的结果是，这种产品在丹佛市的销售最为成功。所以保洁公司决定把丹佛市作为第一个测试的市场。

紧接着，保洁公司投入大批资金用来给"新奇"做宣传，凭借着"宝洁"的招牌，请来大牌明星做广告，大街小巷里，电视上、报纸上铺天盖地全是"新奇"的广告，宝洁高层们很有信心地相信，自己稳操胜券。

一时间，美国的清洁市场风云变幻。越来越多的现象表明，"配方 409"清洁喷液的前景越来越不容乐观。威尔逊·哈勒尔心里明白，不采取相应对策，自己的产品会快就会被踢出清洁市场，那么他的公司就会垮掉。自己也会面临破产的困境。哈勒尔开始思考对策，他观察形势，认为宝洁公司这一次打的竞争战是从研发到包装到营销的全面战役。如果硬碰硬，且不说结果如何，这样做本就不是明智之举。

哈勒尔冷静地分析了双方的特点。他认为保洁公司虽然规模庞大历史悠久，但同时也有行动不会很迅捷很有效地被执行这样的缺点。而自己的公司虽然资金、品牌、规模都与保洁公司难以并肩，但是小公司的优势就是灵活迅速。而且哈勒尔还分析，保洁公司会因为过度自信，不把自己放在眼里，因此他决定利用对方疏漏，开始采取行动。

在商场竞争中，情报的作用很大，俗话说，商场如战场。为了知已知彼，哈勒尔派出了专门的侦察人员，到处搜集宝洁的情报。并且对"配方 409"的包装、配方也进行了改进。后来他得知，宝洁公司的第一个市场测试地是丹佛市的时候，哈勒尔决定舍小为大，暂时退出丹佛市。这时候，哈勒尔就充分利用了小公司的优势，快速、迅捷地将"配方 409"从丹佛市撤走。但是并没有大张旗鼓，为了不引起保洁公司的警惕，停止促销和广告，停止供货这些工作哈勒尔都是在暗处悄悄进行的。

"配方409"撤出之后，丹佛市的清洁液市场中，"新奇"一时之间成为了畅销货。宝洁的产品试销工作者将丹佛的市场信息反馈到了保洁公司，保洁公司的高层们沾沾自喜，立刻决定投放更多的"新奇"清洁液到丹佛市，企图全面地垄断丹佛市的清洁液市场。

丹佛市里的"新奇"清洁液越来越畅销，而"配方409"则几乎销声匿迹。这时候，保洁公司的高层们认为，"配方409"清洁喷液已经退出丹佛市场了，哈勒尔也不足为患了。殊不知，他们高兴得太早了。哈勒尔见到时机已经成熟，果断地开始降价出售"配方409"，展开了对宝洁公司的报复行为。他把一磅重的清洁液定价为之前的一半，远远低于"新奇"现在的价格，当"配方409"用新的价格重上柜台的时候，保洁公司的高层们才明白，哈勒尔一直在等待机会。

哈勒尔的突然反击令宝洁公司感到束手无策。哈勒尔又紧接着利用广告宣传，在优惠期内，消费者可以再享受五折的优惠。如此一来，哈勒尔留在丹佛市的货物被一扫而空，很多家庭一次性采购了半年用量的清洁液。因为"配方409"的质量不比"新奇"差太多，但是价格非常便宜。丹佛市的居民自然择优买之。一连好几天的时间里，很多居民进入超市购买"配方409"，但是选择宝洁"新奇"的人越来越少。

这样的局面导致保洁公司大量囤货。为了改变现状，保洁公司也跟着降价，但是时机已经错过了，因为大部分居民已经囤了足够多的清洁液，不需要再购买。"新奇"的销售量越来越低，宝洁总部没有办法，只能把货架上的货物撤回了总部。

宝洁公司高层们的信心受挫，内部开始对"新奇"事件进行了激烈讨论。新产品刚刚上市就遭到滞销，众人议论之后得出结果，认为"新奇"是个错误的销售产品。决定撤销"新奇"的生产和销售计划。这一场竞争，哈勒尔险胜。在这之后，"配方409"在美国打开了知名度，名气越来越大。哈勒尔也成为了著名的销售大师。

在这场战争中，威尔逊·哈勒尔运用的正是"李代桃僵"。面对有备而来的宝洁公司，哈勒尔明白自己公司的实力不足以在与对方的竞争中取得优势。正面硬碰硬地开展竞争，吃亏的只能是自己。在这种情况下，哈勒尔及时制定出了"李代桃僵"的策略，以退为进。保洁公司推出新产品大肆推广的时候，哈勒尔果断中止了自己公司的一切促销活动。当宝洁公司沾沾自喜认为胜券在握的时候，哈勒尔又开始了一场降价大战。宝洁的存货多、市场份额大这些优点在这个时候反而成为了失败的主要原因。哈勒尔虽然降低了很多价格，对自己也有损失，但是提高了销售量和知名度，而且狠狠打击了宝洁公司。最终算是以小的损失获得到了大局胜利。因此从结果看来，哈勒尔发起的降价战术是十分明智的。

商业竞争斗智斗勇，对于实力不是很强的竞争者来说，在面对强劲的对手的时候，感觉难以取胜，就应当适当退让，以退为进。牺牲小利益保全整体利益。蒙蔽对手的同时提高自己的实力，从而获胜。这就是"李代桃僵"在商场里的灵活运用。

"李代桃僵"原意是指李树代替桃树受罪被虫咬，比喻兄弟之间的相互爱护和互相帮助。后来被应用到军事、政治等领域，指的是在敌强我弱的情况下，牺牲局部的利益以换取全局利益。渐渐成为三十六计中有名的一计，古往今来被很多人成功使用。

这条计策主要讲的是趋利避害。在面对比自己强大很多的敌人的时候，牺牲在所难免。就要从大局上来权衡，"两利相权取其重，两害相权取其轻"，选择性地牺牲局部利益。这条计策主要有两种表现形式：

其一，舍小保大。在权衡利益的重要关口，要被迫做出抉择的时候。一定要以大局为重，做长远打算。用损失的小部分利益来保住全局的整体利益。在瞬息万变的战场斗争中，想全身而退还获得胜利是不可能的，获胜必然会付出代价，只不过付出的代价有大小之分。

其二，寻找替代品。自己处在困境的时候，如果无法想到解决办法，就找机会将困难转移到其他地方。这样就可以为自己摆脱困境找到机会。

"李代桃僵"这条计策还运用了我国古代的阴阳学说中的相生相克、相互转化的道理。阴与阳，强与弱，本身是相对立的两个面。但是在一定条件下可以互相转化。斗争形势复杂多样，势均力敌或者敌人优势的情况很常见，所以"李代桃僵"之计正是一种以舍弃弱小作为代价，转变不利的形势，争取获得最后胜利的计谋。

在"李代桃僵"中，"李"代表的是要作出牺牲的一方，"桃"代表的是被保全的一方。这条计策的关键之处在于"代"字。"代"的方法巧不巧妙，直接影响到全局成败。如果想不出差错的完成"代"。就要准确地把握好"李"和"桃"直接的内在联系。这就需要我们注意以下几点：

第一，主次分明，不可顾此失彼。在"李代桃僵"之计中，"李"是局部利益，是代替"桃"牺牲掉的一方，"桃"是整体利益。所以相比较看来，牺牲掉的"李"应当比"桃"轻，较之次要一些。主次要分明，千万不可以反向替代，更不可以顾此失彼。

第二，轻重缓急，把握运用此计的时机。双方势均力敌或者敌我实力有差别的时候，我方取胜困难，必须要做出一些妥协和牺牲的时候，就可以运用这条计策来保全大局。敌弱我强之际，就不必大费周章了，无谓的牺牲毫无意义。

第三，拿捏分寸，小舍而大得。"李代桃僵"是要我们牺牲局部利益，保全整体利益。这个局部的牺牲就是我们赢取整体胜利所付出的代价。既然牺牲无法避免，那我们就应当使牺牲缩减到最小。用最小的付出获得最大的收获。一定要权衡利弊，仔细思考。

在现代社会中，"李代桃僵"的应用也不少见。在军事、政治、外交、商场、职场、生活等各个领域都很常见。在政治领域里，聪明的外交家们懂得用很小的代价换取大的政治利益。在经济领域，有些企业在经营过程中，遇到的困难需要牺牲一部分小利益，这种情况下，"舍小就大"就成为必要的权衡与取舍了。在日常生活与人打交道的时候，不要为小利而沾沾自喜，也不要因为小的损失而闷闷不乐，不要只从表面上看成败得失，应该从实际出发，总揽全局以观成败。不要因为点滴的小利益与人闹得不可开交，实在是没有必要。应当放宽心胸。进退自如，考虑长远利益。这样才能获得最终的胜利。

第六章 隔岸观火，巧获信任
——站到"取利渔翁"的位置

起火的时候，人的第一反应是救火。可是在没有弄清楚形势的时候，贸然救火或许会给自己带来极大的危险，这时候不妨采取隔岸观火的方式静观形势变化。另外，要想让别人相信自己，就必须用友好来争取信任，"笑"就是个绝好的办法。

【经典今解】

阳乖序乱，阴以待逆。暴戾恣睢，其势自毙。顺以动豫，豫顺以动。

在敌人内部矛盾激化、分崩离析之时，我方应静待敌方形势的恶化。届时，敌人横暴凶残，相互仇杀，必将自取灭亡。我方要采取顺应的态度，然后相机行事，坐收渔人之利。

这条计策的原意是坐在河边看河的对面失火。比喻看到别人遇到困难的时候，选择袖手旁观，然后待其自毙后从中获利。

要想使用这条计策，必须有几个条件：一是要有"火"，"火"指的就是敌方出现秩序混乱的局面；二是要有"岸"。即是在河对面，观火无风险。如果自己不方便出战的时候，就可以采用"观"的态度。"观"的办法有很多样：①袖手旁观；②静而暗观；③退而远观；④顺而动观。

这条计策的含义包括以下几种：

（1）先为不可胜。《孙子兵法》说："昔之善战者，先为不可胜，以待敌之可胜。"意思就是，"火"在烧得旺盛的时候，千万不可以急于向前，否则很有可能引火烧身。应当站在"隔岸"，确保自己安全的时候观察"火"的动向。这样等到时机成熟再采取行动，就必定能一举成功。

（2）坐山观虎斗。一般来说，外部矛盾加剧反而会使内部矛盾缓和，外部矛盾缓和会导致内部矛盾加剧。如果遇到两方相争之时，可以在一旁静观其变，让他们互相拼力撕咬，两败俱伤。

（3）坐收渔利。"观火"不是最主要的目的，只是为了观察如何方便取利。有句话是"鹬蚌相争，渔翁得利"。我们要像渔翁一样观察得失，找准时机取利。

"坐山观虎斗"，"黄鹤楼上看翻船"其实跟隔岸观火都是一个意思。敌人内部如果产生矛盾，出现分裂，这时候我方不可冒进，要静止不前，继续看他们互相制约互相残杀，等到力量都被削弱了，甚至会自行瓦解。

东汉末年，正是群雄逐鹿的时候。河北豪雄袁绍在官渡（今河南中牟东北）与曹操展开了决战。决战的结果是袁军失败。袁绍狼狈逃窜回去后，竟然悲愤交加，没过多久吐血身亡。袁绍有三个儿子，分别是袁谭、袁熙、袁尚。这三个儿子为了争权斗势互不相让。曹操想趁机发兵，本以为三兄弟会各自为营不欲结盟。谁知道袁氏三兄弟面对着曹操大军压境，竟然能够摒弃前嫌，共同抵抗曹军。建安八年（公元203年），曹操派兵围攻黎阳（今河南省浚县）。袁氏兄弟战败，连夜逃往冀州。曹操一路追击，想一举拿下邺县，扫平河北。

但是曹操的谋士郭嘉制止了曹操，提出建议说，这几兄弟直接存在严重的内部矛盾，因为继承人的问题。现在能够一致对外，是因为大兵压境，一旦外力撤出，他们必定还是要起纷争。所以，我们倒不如省下兵力，暂时不攻打冀州，先等他们内部争端扩大，损失力量，我们再出兵，趁势夺取冀州。曹操思索片刻，认为言之有理。便撤军改道，进军荆州。

如郭嘉所料，曹操退兵之后不久，袁谭、袁尚两人见对外矛盾缓和，立刻兵戎相见。袁谭实力稍差，节节败退，一直被袁尚逼到了平原。袁谭大怒之下，竟然向曹操求助。曹操欣然接受，前往攻打冀州。袁尚闻讯回救冀州，却被曹军打得落花流水。无奈之下，袁尚狼狈不堪地投奔了袁熙。而在这个时候，袁谭居然背叛了曹操，趁着曹操攻打冀州无暇顾及的时候招揽袁尚那边投降的士兵，趁虚袭取了甘陵、安平、渤海、河间等地。曹操听说这个消息之后大为震惊，同时愤怒不已。掉头进攻，最后袁谭兵败被杀。曹操最终平定了青、冀、并三州。

袁尚、袁熙感觉穷途末路，却又不甘心投降，便率领余部数千兵马，去投奔辽东太守公孙康。曹营里的诸位将士想要一鼓作气，追杀袁尚、袁熙。曹操却大笑道，不用我们出兵，公孙康会将二袁的头送上门来的。公孙康听说了二袁要来投降，心中不禁疑惑。袁家父子夺取辽东的野心众人皆知，如此前来投靠自己，实属万不得已。但是留他们下来，必有后患。再者，收他们过来，势必会得罪曹操。思考良久，认为收留二人有害无利。于是设下伏兵，埋伏在二袁前来拜见的途中，然后擒获之后割下二人首级，派人送到了曹操营中。曹操得意地向众人解释，公孙康此人很多疑。而且向来害怕袁家人进犯。如果二袁上门，他必定猜疑。我如果用兵攻打，他们说不定会合作对抗，如果我退兵，他们之间才会矛盾重重容不下对方。众将听了之后无不称赞曹操料事如神。

【案例解析】

实战 ① 复印机厂巧妙渔利

"隔岸观火"是一种先发制人的策略。相比较其他策略而言，风险较小，成功率比较高。这条计策如果在商场中应用的话，应当注意自己不要盲目地卷入多方竞争之中，一定要静观其变，坐收渔人之利。对方的竞争越激烈，对于我方来说就越有利。我方需要做的就是根据形势的发展随时做好准备，或者煽风点火或者静观其变，等到形势对我方有利的时候，就及时出手，抢占市场，战胜对手。在现代商业战争中，诸如此类的例子有很多。

20 世纪 80 年代，日本富士现代用品公司的业务代表藤野先生要与东南亚某国的泰恒公司签订一个有关进口日本某型复印机的合同。这个国家刚刚结束战乱，开始经济发展，因此复印机对他们来说还是新鲜的事物，由此来说，复印机在这个国家必定有着十分广阔的市场前景。如此这次谈判能够成功，在这个国家打开复印机市场，对富士公司来说也是有很重要的意义。藤野出发之前，老板再三嘱咐："只许成功，不许失败！"

刚下飞机走出机场，藤野先生就感觉到有些不对劲。因为他并没有看到泰恒公司派来接机的员工。按照常理来说，两国的公司要签约，两方都应该十分地慎重而且客气。藤野先生十分看重这次签约，加上临行前老板的嘱托，还有富士公司的前途，不能有差错。所以泰恒公司的做法令人感到奇怪。藤野先生敏感地意识到了什么，他急忙拦下一辆出租车，赶往泰恒公司。

在泰恒公司的会议室里，泰恒公司的老板态度冷淡地向藤野先生表示，他们公司有了新的打算，不准备签订这份合同了。情况突然发生变化，真是令藤野先生措手不及。泰恒公司突然中途毁约，使藤野先生非常沮丧和愤怒，但是他当时最想弄明白的是，到底是什么原因造成了这样的结果。目前最重要的是要查清真相，搞明白泰恒公司毁约的来龙去脉，然后想办法解决眼前面临的问题。

藤野先生仔细分析，认为泰恒公司不可能无缘无故地毁约，他们肯定是有了更合适的合作对象。而目前来说，复印机技术在日本最为先进，所以泰恒公司的新合作对象很有可能就是日本的某家公司。而泰恒公司刚刚决定引进复印机，不可能因为一点儿小便宜就这样违背信誉，所以对手公司开出的条件肯定很有诱惑力，才能使泰恒公司这样中途毁约。于是藤野先生将这件事情报告给了日本富士公司的总部，请总部查清楚这件事情。

总部很快调查清楚，日本真的有一家公司在暗中搭上了泰恒公司。并且承诺会用低于富士公司的价格向泰恒公司提供一批 B 型的复印机，性能更加先进。泰恒公司一听对方这样说，立刻改变主意，拒绝与富士公司签订合同。

藤野先生弄明白了这件事情之后，就开始策划起来应对方案。他立刻请公司的人帮忙联系到复印机的厂家，取得了 B 型复印机在这个国家的经销权。然后藤野先生又来到泰恒公司，找到泰恒公司总裁，很直接地开门说："总裁先生，冒昧前来打扰，这次主要是想与您谈一谈关于 B 型复印机的进口问题。我们发现，这个型号的复印机确实比其他机器优越，所以，我们决定仍然与贵公司合作，向贵公司提供 B 型复印机。而且我想告诉总裁先生的是，我们能提供给贵公司的产品比其他公司给的价格要低 3 成！"泰恒公司的老板大吃一惊，心里感叹藤野先生的办事效率。自己是做生意的，生意人永远追求的是利益最大化。既然藤野先生给出的价格如此优惠，富士公司表现出的又很有诚意，泰恒公司老板自然却之不恭了。因此泰恒公司老板立刻换上一副不一样的表情，热情地跟藤野先生握手，互相表示合作愉快，然后成交了1500台复印机。

合同签好之后，藤野先生立刻返回日本。联系到B型复印机的生产厂家，跟对方老板说，富士公司已经拿到了合同，所以想来请老板将B型复印机的经销权交给富士公司。其实在不久之前，富士公司派人来联系这家工厂的时候，这家工厂的老板就在心里暗暗地琢磨起来，后来得知富士公司在与另外一家公司争夺复印机客户和东南亚的独立营销权。这家工厂的老板表面上不动声色，心里却打起了如意算盘，觉得大赚一笔的机会来了。所以在富士公司专门派人来商谈这件事情的时候，公司老板犹犹豫豫，就是不予表态，他这样解释：自己比较重视信誉。在富士公司来之前他就已经与其他公司达成了协议，所以不能与富士公司签约。这个老板这么做的原因很显然就是想让富士公司再抬高价格，自己可以获得更高的利益。

藤野先生明白了复印机厂老板的意思。他思考之后表示，愿意再提升10%的价格，但是要求把B型复印机的辅助材料和设备的经销权同样要交给富士公司。厂家用各种无关紧要的理由进行了一番讨价还价，然后终于跟富士公司签了合同。复印机厂老板稳稳地大赚了一笔。

复印机厂老板的做法其实就是隔岸观火。实际上就是静观两虎争斗，坐收渔人之利。所有的企业永远会以盈利为最终目的，赚钱的方法有很多，"静观其变""以治待乱"就是其中一种。躲起来看别人因为争夺某些利益而展开激烈的竞争，静观事态发展，等看到合适的时机，立刻采取行动，就可以很快实现自己的目的。暂时的退避并不代表真的与世无争，相反，真正聪明的竞争者不会一味地明里争抢，那是好斗的莽夫才有的行为。做事情之前要学会先观察，观察变化，然后思考，考虑对策，最后决定好了才能动手，然后以巧取胜。

在上面的故事里，这个复印机厂家能够成功赚钱的原因在于，他用比较高的价格跟富士公司签订了协议，获得了很高的利润。是因为他很巧妙地运用了"隔岸观火"的谈判技巧。富士公司刚开始派人来调查的时候，复印机厂家老板并没有一点都不考虑，盲目地就听从富士公司并且签订协议。而是猜测富士公司的反应，然后进行秘密的调查，然后发现富士公司在与竞争对手进行竞争。所以厂家老板并没有急于卖出复印机签订协议，而是坐山观虎斗，任由富士公司与另一家展开激烈的竞争，然后厂家老板趁机抬高价格，同时厂家老板又在侧面煽风点火，提出一些对自己有利的条款逼富士公司同意。对于富士公司来说，要保住那片难得的市场就必须跟这个复印机厂家合作，所以被迫抬高价格也是没有办法的。厂家老板最后用自己期待的价格签下了协议，从而达到了坐收渔人之利的目的。

"隔岸观火"从字面上的意思来看，类似于"坐山观虎斗""黄鹤楼上看翻船"。被归类在三十六计里，然后此计又被赋予了新的内涵，它并不仅仅是指消极地等待，更是强调要蛰伏待机，一旦时机成熟，就要主动出击，获取胜利。"隔岸观火"是一种顺势而为的高超计谋，所以在历史上经常被人们运用于军事、政治等各个领域，而且成功率极高。

这条计策是讲当敌人内部出现分裂、矛盾激化、相互倾轧的势头时，我们一定要沉住气，冷静观察思考。切不可操之过急，猛地去攻击对方，以免促成对方联手对付自己。正确的方法应当是静观其变，任由他们自相残杀互相削弱，然后他们的力量在互相折损后会变得脆弱不堪，我方趁势出击，轻松获胜。此计大致有两种表现形式：

其一，袖手旁观，等待合适时机出击。当敌人内部产生矛盾或者敌人与第三方因为某种原因而发生矛盾时，我方不要急着采取行动，应该保持冷静，坐观鹬蚌相争，然后我们就可以做那个坐收渔利的渔翁。这样做的好处是可以用最小的代价获取最大的利益。

其二，借机点火，制造乱局，以乱取利。如果敌方内部或者敌人与第三方发生的矛盾不足以"起火"时，我方可以看准时机，帮他们把"火"点起来。并且煽风点火，使对方相残，对方倾轧、争斗越是激烈，削弱得越严重，就越对我方有利。这么做的好处是可以大大缩短获胜的时间。

在运用这条计谋的时候，有两个必要的先决条件。一是必须有"火"可以观。"火"指的就是敌方内部产生的矛盾或者敌方与第三方产生的矛盾。二是要有"岸"可以隔。所谓的"岸"，不仅是指能让自己远离是非但是可以观察到情况的地方，也指能够将自己置身事外的客观条件。既可以指时间、地域，也可以指某种利益、认知观念等等。有无"岸"的区别很大，有"岸"可以"避火"，无"岸"则容易惹火"烧身"。而"观火"也有很多种方式，大致分为四种：一是袖手旁观式。敌方火势正旺，我方既不帮忙灭火，也不煽风点火，只在一旁做旁观者。二是退而远观式。如果敌方的熊熊大火，可能会伤及我方，我方就应该远远地退开，站在远处观望，首先应当确保的是自身安全和切身利益不受损害。三是静而暗观式。敌方起火之后，我方保持安静。这样敌方无法看透我方的态度。这样也较利于我方暗中采取行动。四是顺而动观式。假如因为某种原因，我方无法独善其身，那么我方就在行动中观火，根据敌方火势的强或者弱，调整我方的行动，决定或进或退，顺而动观，以收渔利。

"隔岸观火"作为一种谋略，可以说是十分的高明。从古至今，这条计策被人们使用过很多次，成功率非常高。辩证法认为，矛盾是普遍存在的。矛盾存在于一切事物的发展过程中。矛盾有内部矛盾和外部矛盾之分，而且还可以划分为主要矛盾和次要矛盾。"隔岸观火"之计，就是用一些办法使敌我之间的矛盾转化为次要矛盾，主要矛盾就变成了敌方内部矛盾，等到敌方内部因为内部矛盾而变得实力被消耗、削弱时，我方就要抓紧机会出击，消灭对方。"隔岸观火"之计中，当敌人的主要矛盾是"火"时，我方应当隔岸从容"观之"，任由敌方消耗、瓦解，此计的发展后果会是这样：当"火"摧毁了敌方主要力量时，我方趁机进攻，这个时候的主要矛盾又变成了敌我之间的矛盾。敌我双方矛盾的主次变化，其实是根据敌我双方实力的变化而定的。

这条计谋是一种趁势而为的策略。胜败的关键在于"势"，指机会、实力对比、客观条件等。所以，我们在使用"隔岸观火"之计时，需要注意以下几个问题：

第一，不可以急功近利，以免引火烧身。《孙子兵法》中说："昔之善战者，先为不可胜，以待敌之可胜。"意思是说，会用兵的人，不一定是要正面抗击硬碰硬地去战斗，而是要保证自己不会被打败，然后找机会去打败敌人。

敌人内部"火"起的时候，切不可贪图小利而冒险去靠近，以免引火上身。应当先"隔岸"观察"火"的动向，观察"火势"的凶猛，在心里分析各种利害关系，等到敌方因"火"遭受到损失而损害到实力的时候，再采取行动去进攻。这样做可以保证自身的安全，又能以较小的代价取得成功。

第二，抓住时机，果断行动。"隔岸观火"是一种策略，一种为达到目标而使用的方法，不是最终的目的。最终的目的是战胜对方，获取胜利。当听到敌人内部矛盾被激化，互相作战时，我方应该保持冷静，按兵不动，密切关注对方形势，待到时机成熟，果断出击。时机稍纵即逝，如果错过了机会，达不成目标，那么这条计策的使用就是失败的。

第三，对敌人内部矛盾判断要准确。敌方"火"起之后，火势如何，渐强还是渐弱，这需要准确的把握。我方采取行动的关键，是要根据"火"创造出的条件如何来决定。如果对方的"火"起只是表面现象，那么在遭遇外部进攻的时候，会暂时联手对付我方，就是将内部矛盾转化为双方矛盾。这样我方的处境就会很危险。另外，还要注意分析，对方"起火"是不是用来掩人耳目带有欺骗性的。

俗话说：两虎相斗，必有一伤。"隔岸观火"之计就是要你坐山观虎斗，两方必定会两败俱伤，最起码一方会惨败。等到这之后，我方再站出来收拾残局。

"隔岸观火"在政治领域、经济领域乃至社会生活的各个方面都经常被应用到。在政治层面来说，当政敌因为某些问题陷入困境的时候，我方应当保持静默。等到对手内外交困、岌岌可危之时，我方便可以趁机出手，打败对手，获取政治利益。在商战领域，企业经营者面对着国内外纷杂的竞争局面，不应该盲目地卷人其中，而应该作壁上观，任由其他竞争者相争，在别人斗得两败俱伤之时，果断采取行动，以资金、技术或者人力等优势大举抢占市场，夺取最终的胜利。

实战 ② 　商鞅妙计打败魏国

在战国时期，诸侯之间相互征伐，战争不休。各国为了变强纷纷变法改制。最先走上变法道路的是魏国。魏文侯是一代明主，善于起用人才，在位期间，重用李悝、吴起、西门豹等人变法，改革内政，使得魏国成为战国初期天下最强大的诸侯国。吴起是当时天下最著名的将领，据相传，他"平生与诸侯大战七十六，全胜六十四，其余均解"。

他在魏国做将军时，建立了严格的"魏武卒"选拔制度，为魏国创建了一支当时天下独一无二的最彪悍、最精锐的步战士兵。魏国靠着这样一支精锐部队，南北征战，开拓僵土千里。秦国的函谷关、河西 (今山西、陕西间黄河南段以西地区) 千里之地，就是在这一时期，落入魏国手里。河西之地对秦国来说非常重要，落入魏国之手，秦人自己东进中原毫无可能，而且还时时处于魏国雄兵的威慑之下。这样的局面让秦人感觉到无法接受，但是因为实力相差实在过于悬殊，在之后几十年的数次征战中，秦人始终没有办法取得进步。但是到了秦献公年间，秦国经过改革，国力逐渐变强大。

秦献公二十一年 (公元前 364 年) 的时候，献公亲自率 20 万大军，攻入魏的河东，在石门 (今山西运城县西南) 大败魏军，杀魏军 6 万余人，并且收回了被魏人占领的函谷关。过了两年，秦献公又率兵在少梁 (今陕西韩城西南) 大败魏军。并且俘虏了魏相公叔痤，攻取了庞城 (今韩城东南)。秦献公打算乘胜攻取河西，但是长久征战，粮草供应不足，加上魏国又搬来赵国当援兵。秦献公只能退兵，但是不久之后，秦献公就去世了，秦国收复河西的雄心化为了泡影。

秦献公去世之后，子嬴渠梁继位，也就是秦孝公。秦孝公深感秦国贫弱，"诸侯卑秦，丑莫大焉"，乃颁布"求贤令"，立志要让秦国变强。这时候有一个卫国人来到了秦国，名字叫商鞅。他掀起了新一轮变法图强的高潮。经过两次变法之后，秦国国家富庶，民风朴实，路不拾遗，秦国百姓勇于公战，耻于私斗，秦的国力之强逐渐凌驾于东方六国之上。

秦孝公十年（公元前352年），魏大将庞涓带领国家主力军力讨伐韩国，齐国派出孙膑前往援助韩国。结果庞涓中计死于马陵道，魏军大败。至此，魏国的势力一落千丈。秦孝公趁机命令商鞅为大将，率兵5万攻打魏国，夺取秦国故土河西之地，秦国大军调动引起了魏国河西守将的高度重视，他立刻将消息传给安邑（魏国都，在今山西夏县）。魏国公子昂认为，自己与商鞅相熟，便自告奋勇地领军前往，想与秦国讲和。魏惠王命公子昂为将，率军5万增援河西。此时商鞅率领秦军长驱直入，直抵魏国吴城（今山西平陆）城下。

吴城，地势险要，守卫坚固，正面进攻很难奏效。商鞅苦苦思索攻城之计。恰在这时，商鞅得知公子昂率领魏军赶到吴城。商鞅顿时计上心来。他马上修书一封，命人送进吴城。在信中说，虽然现在我们各为其主，但考虑到我们过去的交情还有两国人民的安定，还是两国罢兵，订立和约为好。他还建议约定时间会谈议和大事。信送出之后，商鞅立刻主动撤兵，命令秦军前锋立即撤回。公子昂看完来信，又见秦军退兵，心里确信不疑，非常高兴，马上回信约定会谈日期。

商鞅见他已钻入了圈套，立刻吩咐部下暗地在会谈之地设下埋伏。到了会谈的那一天，公子昂带了300名随从以及乐手到达约定地点，而商鞅带的人更少，还都没有带武器，公子昂更加相信了商鞅的诚意。两人先是互叙旧情，然后表达出了双方意欲交好的诚意。然后商鞅提出要设宴款待公子昂，公子昂兴致勃勃地应邀前往，酒过三巡之后，忽然听到一声炮响，然后秦国的伏兵包围过来将公子昂和随从 300 名全部扣下，商鞅命令秦兵换上魏国人的衣衫，装作是与会归来，骗开了吴城城门，占领吴城。接着，商鞅率兵直逼魏国国都安邑。魏惠王只好向秦国求和，并且割让了河西一带。河西之地，在半个世纪之后，重新回归秦国怀抱，商鞅因功被封为侯，封邑商，号商君。魏国则迁都大梁，再无争霸中原的实力。

这就是一个典型的巧获信任的例子。在使用这一计时，通常是取得对方的信任，让其放松心理防范。而使用的手段则各种各样，可以是主动向对方服软。等到时机成熟，对方完全放弃防备的时候，立刻出招，让对手措手不及。

巧获信任这一计，掌握和使用的方法主要有几个方面：

第一，以多示人。在面对强劲的对手时，你可以表现出一副谦恭敦厚、不谙世事的傻瓜样，凡事唯唯诺诺，不置可否，以虚意的真诚悄悄感动对方。人在放松心理防范的情况下就会很自然地对别人产生一种信任感，而这种信任感正是他迈进你计划的第一步。你心里其实有着自己的盘算。在对手彻底放松的时候，也就是他最脆弱的时候，突然亮出你的手段来，就算是强大的老虎也被你牢牢吃定了。

第二，外柔内刚。"笑"是人与人之间最能拉近距离的柔性因子，柔中有刚，才是取胜之道。在与对手博弈的过程中学会韬光养晦，收敛锋芒，表现出自己的弱势和不足来，让对方获得心理上的优越感，从而获得等待的时间。有了等待的时间，就一定能找到合适的进攻时机，出其不意攻其不备。

第三，虚意顺从。有时候，你在遭受重创后，就会实力大减，甚至是面临覆灭的境地。这个时候，你需要做的不是拼个鱼死网破，而是要转换思路，谋求更长远的未来。"留得青山在不怕没柴烧"，先暂时屈服于别人这并不是什么难事，只要你在其中不断寻找机会，虽然一切听从别人，但你是在等待顺势而起的机会。一旦机会来临，就算是别人阻拦，也是没有用的。

运用此计的关键是要会善于获得信任。要让对方感受到你的真诚，以便更好地隐藏你的目的。获取信任最好的办法就是向别人微笑，但要注意的是，在笑的过程中，一定要把控好你笑的幅度和分寸，笑得太过分就会让人产生怀疑，笑得过于含蓄，别人又感觉不到你的诚意，不会对你放下警惕。因此把握好笑的度很重要。

"巧获信任"这一计其实是刚柔相济的一种策略。《道德经》中讲："有无相生，难易相成，长短相形，高下相倾，声音相和，前后相随，恒也。"其意思是说不论双方有多么对立，但他们之间依然存在着相互的依存和融合。就像是"有"之于"无"，"难"之于"易"，"长"之于"短"，"高"之于"下"，没有事物的一个方面就无所谓另一个方面，一枚硬币没有正面也就谈不上反面。这个世界上也不存在纯粹的柔弱和纯粹的刚强，它们之间是相互依存对立的。

此计策与其他计策相比，要更容易成功一些。因为你的谋略是隐藏在笑容之下的。伸手不打笑脸人，人在感受笑容时，心里自然无法抗拒接受美好。在笑容面前，人们身心舒畅，会不经意放松警惕，给人以可乘之机。

在现代社会中，进行商业谈判时，双方都会因为利益的不同，立场的不同，相互争执，据理力争，但是在谈判之前或者谈判之后，谈判高手都会刻意营造出友善、和谐的气氛，以此来显示己方有解决问题的诚意。进行商业谈判时，谈判双方的合作都是基于共同的利益之上的，双方可能完全不信任对方，但在合作的时候，仍然会以微笑和友善对待对方，用己方的微笑诚意来博得对方的好感，等对方放松警惕之后，就会暗中策划于己有利的事情，从而收获巨大的利益。

实战 ③ "隔岸观火"，免除人际尴尬

在《红楼梦》地四十六回中，王熙凤因邢夫人叫她，她不知道何事，于是穿戴一番，坐车过来。邢夫人将房中丫头们打发出去，悄悄地对王熙凤说："今天叫你来不为别的，我这里有一件为难的事情，老爷托我，我不得主意，所以先和你商量商量：老爷啊看上了老太太屋里的鸳鸯了，要收在自己房中，叫我和老太太去讨。我想这倒是常有的事情，就怕老太太不给。你可有法子办这件事吗？"

王熙凤怎么也没想到婆婆竟然把如此尴尬的事情推给自己。一方面婆婆交办的事情不好推托，另一方面鸳鸯是老太太屋里最好的丫头，跟着老太太多年，深得老太太的信任，如果插手此事，势必会得罪老太太，这可不得了。凤姐想了想，决定采取"隔岸观火"的态度，避免自己介入这件尴尬的事情当中。于是王熙凤笑着对邢夫人说："依我看，还是不去碰这个钉子的好。谁都知道，鸳鸯对老太太是多么重要，老太太离了鸳鸯，饭也吃不下去，哪里会舍得呢？太太别恼，我是不敢去的。如今老爷也上了年纪，行事不免有点儿背晦，太太劝劝才是。比不上年轻的时候，做这些事无碍。如今兄弟、侄儿、儿子、孙子一大群，若这事情闹起来，还怎么见人呢？"王熙凤的这番话想打消了邢夫人帮助贾赦占有鸳鸯的念头。

然而，一向禀性愚弱、只知奉承贾赦以自保的邢夫人哪里明白这些，王熙凤一再劝她别去碰钉子，没想到邢夫人却让王熙凤先碰了钉子。邢夫人道："别人三妻四妾的也不少，偏偏咱们家就使不得了？我劝了老爷也未必会依我，我叫你过来，无非是商量商量，你倒好先派了一篇的不是！也有叫你去

的理？自然是我说去。你倒说我不劝！你难道还不知道老爷的性子，劝不成，肯定就先和我闹起来了。"

邢夫人话都说到这份儿上了，如果王熙凤劝下去，婆婆就会对自己这个儿媳妇产生看法，连忙将话锋一转说道："太太这话说的极是。我才活了多大，能知道什么轻重？想来在自己父母面前，别说是一个丫头了，就是要一个大活宝贝，不给老爷给谁呢？我呢这就过去先哄着老太太，等太太过去，我借故出来，顺便把屋里的丫头也支开，太太好和老太太说这件事，如果给了那更好，若不给，也没什么妨碍，众人也都不知道。"

王熙凤的一番话，不仅使自己巧妙脱身，而且还为邢夫人出谋划策了。邢夫人见王熙凤这么说，便又欢喜起来，说道："正是这个话了。那你先过去，别漏什么风声，我吃了晚饭就过去。"

王熙凤心里暗想："鸳鸯平素是个极有心胸的丫头，即便老太太同意，鸳鸯也保不准会愿意。我先过去，太太随后过去，若是老太太同意了，便也没什么事了；倘若老太太不同意，太太是个多疑的人，势必会怀疑我走漏了风声。那时太太见应了我刚才说的话，怕是会恼羞成怒，拿我出气，倒是没意思了。倒不如我和太太一起过去，不论老太太同意不同意，都不会怀疑在我身上了。"王熙凤这么想的确很周全，既避免了贾母怀疑她与邢夫人合谋，又避免了邢夫人怀疑她从中作梗。于是王熙凤对邢夫人撒谎道："我刚过来的时候，恰巧舅母那边送来了两笼子鹌鹑，我吩咐她们给炸好了，原本是要赶着老太太晚饭时送过去的。我刚才进太太大门时，看见小子们正抬车呢，说：'太太的车拔了缝，拿去收拾去了。'不如这会子太太坐我的车，咱们一起过去倒好。"邢夫人见王熙凤说的也有道理，于是便命人来换了衣裳。凤姐忙着服侍了一会，婆媳两人坐车向老太太这边行来。到了贾母住的门口，凤姐又说："太太到老太太这里，我要是跟着一起进去，老太太问我过来做什么，我也不好回答，不如太太先进去，我换了衣裳再来。"

邢夫人一想凤姐说的也在理，于是邢夫人先去见老太太了。邢夫人哪里知道，王熙凤这一出以换衣裳为借口正是逃出了"火场"，退到远处远远观望去了。

邢夫人先去老太太说了一会儿闲话，然后借故去鸳鸯房里向鸳鸯说明了原委，结果碰了一鼻子灰。鸳鸯最后哭闹着来到贾母身旁，表示了就是死也绝不离开老太太的决心。贾母得知邢夫人此次来的真实意图，气得浑身哆嗦，把在场的人劈头就是一顿好骂："我统共剩了这么一个可靠的人，你们还要想法设法来算计！表面上孝顺，暗地里都在盘算我！如今就剩下这么个丫头了，见我待她好了，你们自然气不过，想弄开了她，好摆弄我！"邢夫人被贾母骂得满脸通红，浑身不自在起来。随后，王熙凤终于出现了，贾母只是随便责怪了她几句，王熙凤便用几句好听的话哄了贾母一遭，哄得老太太便没了脾气。贾赦见要丫鬟不成，无可奈何，只得在外头花五百两银子买了一个十七岁的女孩收在了屋里。

如今纷繁复杂的人际关系，让人觉得懊恼头疼，不知道如何即把事情办的圆满，又不使自己陷入僵局。"隔岸观火"这一计谋，就是指对于自己没有利害关系的事情最好不要去过问，以免遭遇尴尬的境遇，非但吃力不讨好，还惹了一身的麻烦。因此，当你碰到非常棘手的问题的时候，就要采取"隔岸观火"的态度，不插手为妙。

第七章 | 打草惊蛇，调虎离山

——避开优势，寻找弱点突破

古语云：虎落平阳被犬欺。老虎离开自己地盘，连狗都可以欺负它。所谓调虎离山大抵就要达到这样的效果。使对手离开其处于优势的地方，或是让对手处于对他不利的形势下，将其一举歼灭。而打草惊蛇，也是利用对手的弱点进行攻击，这样方能取胜于战事。

【经典今解】

疑以叩实，察而后动；复者，阴之谋也。

发现可疑情况就要弄清实情，只有在侦察清楚以后才能行动；反复了解和分析敌方的情况，是发现阴谋的重要方法。

此计出自唐朝段成式的《酉阳杂俎》，原文写的是王鲁为当涂县令，贪赃敛财，经常搜刮民财，而当地的百姓只递状控告了他的一名手下受贿。见到状纸，王鲁十分惊骇，害怕自己的罪行也被揭发出来，便不禁在状纸上批注了"汝虽打草，吾已惊蛇"八个字。后来，这八个字被简化为"打草惊蛇"这个成语。

作为一条计谋，"打草惊蛇"是指在敌情尚未明确或者敌情略有可疑时，可先试探进攻敌方周围事物，引诱敌人自乱阵脚暴露自身真实情况。使用此计必先多方侦察、探听虚实，然后采用必要行动，以免落入敌方设置的圈套中。

要想运用此计，必先了解"草"和"蛇"各是何物。虽然，"草"和"蛇"代表不同的事物，但是两者却联系紧密。"草"展示人前，而"蛇"藏匿于其中。即有任何风吹"草"动，蛇都能感应。由此可见，"草"是指敌人，"蛇"是指敌人本身。两者之间互有联系，所以打草必然惊蛇。"兔死狐悲，物伤其类"这一成语表达的就是这个意思。

本计有以下三种含义：

（1）打草惊出蛇。即间接引诱法，也做投石问路、引蛇出洞。由于蛇藏匿于草中，较为隐秘，稍不注意就会咬人一口。要想避免被蛇咬，必先在进行中打草，使其失去隐蔽性，暴露在众目睽睽之下，轻而易举便能将其消灭。

（2）打草惊走蛇。即间接驱敌法。若用棍子击打草中之蛇，蛇有可能随棍而上。然而间接击打草丛吓跑蛇，不直接与之对抗则是一种有效无害的方法。

（3）打草惊蛇。即间接警告法。"草"与"蛇"是两个联系紧密的事物，如果草受到打击，蛇一定会感到恐惧，这样就会起到警告的作用。

春秋时期，百里奚、蹇叔等贤臣为秦穆公所用，通过革新政事，发展农业，在秦国国势日渐强大之后，其便有了称雄天下的野心。若要东出中原，就要取道晋国。为了解决晋国之阻，秦穆公扶持公子重耳回国即位，是为晋文公。其在位期间一直与秦国交好。在城濮之战中，秦国也出兵帮助晋国打败楚国,从而奠定了其中原霸主的地位。

公元前630年,由于郑国对晋不忠,晋文公决定和秦穆公一起发兵讨伐。秦晋两军分别驻扎于汜南 (今河南中牟县南) 和函陵 (今河南新郑县),对郑国形成两路夹攻之势,形势十分危急。紧要关头,上大夫佚之狐建议派遣烛之武出使秦国以退秦兵,郑文公应允。烛之武面见秦穆公之后,分析各国情势,认为此战利晋而不利秦。烛之武的一番雄辩让秦穆公幡然醒悟,立即决定撤回军队,并与郑国结盟,同时留下杞子、逢孙、扬孙三位大夫帮助郑国守城。晋国得知此事后,全臣不满,晋大夫狐偃等人甚至建议发兵秦国,但晋文公碍于两国邦交,只得退兵郑国。此事过后,秦晋两国关系大不如前。

公元前628年,在晋郑两国国君去世后,秦穆公得到留守郑国的秦大夫杞子等人的密报,趁此机会偷袭郑国,且有他们作内应,定可灭郑。秦穆公早就有野心,也认为此机难得,便召集众臣商议。可上大夫蹇叔却认为秦国离郑国甚远,大张旗鼓攻打,郑国得息后并会做好应战准备。岂料秦穆公决心已定,不听劝阻,更命百里奚的儿子孟明视、蹇叔的儿子西乞术和白乙丙等人为将,率军出征。蹇叔在军队出征前悲痛万分,认为儿子远征郑国,晋军必埋伏崤山,在那里伏击,转告儿子他只有到崤山去收尸了。在滑国 (今河南偃师县),孟明视等人率领秦军,遇到一个郑国名叫弦高的生意人。在得知秦国将要攻打郑国的消息后,弦高就假扮成郑国使者,利用进献四张熟牛皮、十二头肥牛给秦军的机会,在孟明视等将士面前表露出郑国已得知秦军来战的消息。得知机密泄露的孟明视,大吃一惊,进退两难,犹豫不决。此时,郑国国君也已经收到弦高派人送来的密报。郑国国君立即命人准备迎战,同时也赶走了秦国奸细。孟明视率军赶到郑国后,发现攻城无望,一是杞子、逢孙、扬孙已被驱逐,二是郑国境内守备森严,只得率师回朝。由于不想无功而返,秦军便在回途中灭掉了滑国。

　　此时，秦国远袭郑国的消息传到了晋国，晋襄公震怒之下决定痛击秦兵。崤山是秦军回朝的必经之地，晋国派遣重兵在此设下埋伏，专等秦军前来。秦军经过长途跋涉，终于抵达崤山。经过来回千里奔袭，士气低落的秦国军队，不仅疲惫不堪，也毫无防范。这天中午，人疲马乏的秦军刚到达崤山谷口，突然就遭到了晋军小股部队的伏击。恼羞成怒的孟明视下令大军进行追击。这小股晋军在被秦军追到山间险要处，突然就消失不见了。由于此地山高路窄，草深林密孟明视一见自知形势不妙，只得提醒将士提高警惕。

　　而就在此时，雷鼓震天，精力充沛的晋军争先恐后地杀向秦军。秦军节节败退，很快溃不成军，同时晋国不费吹灰之力便俘虏了孟明视、西乞术、白乙丙三员大将。这就是我国古代历史上最为著名的"崤之战"。秦军不识敌情，冲动妄为，"打草惊蛇"，最终惨败。当然，作为谋略，军事上有时也可故意"打草惊蛇"而让敌军自乱阵脚，以此来获得战斗的胜利。

　　待天以困之，用人以诱之。往蹇来返。

　　等待自然条件对敌人不利时再去围困敌人，用人为的假象去诱惑敌人。向前进攻有危险，那就想办法让敌人反过来攻我。

　　老虎作为兽中之王，善于占据有利地形，时常横行无忌，实难捕获。若能引诱老虎离开其盘踞之地，定能轻易将其捕捉，所谓"虎落平原被犬欺"正是调虎离山的原意。

　　就其引申意来看，调虎离山中的"虎"是指敌人，"山"是指有利于敌人的优势条件或者占据的优势地形。要让敌人丧失有利条件，或者离开优势地形，进而施行攻击和包围，都可作为调虎离山。

　　在两军对峙时，占据有利地形，便能攻守兼备。所以，想要一举歼灭敌人，万不可硬碰盘踞在有利地形上的敌人，而是使其离开自己的优势地位。

"调虎离山"意在调动敌人，以便消灭。而其中的"调"字则是重中之重。面对敌人一定要淡定处置，因地制宜，若要"调"得精妙，则以下几种方式：

（1）以虚乱之。强调用虚实手法迷惑敌人，使敌人判断失误，有如迷途羔羊，不知真假，趁机引诱敌人离开自己的优势地形。

（2）以智激之。强调以智谋激怒敌人，愤怒之下难保理智，定会轻举妄动，露出破绽。

（3）以利诱之。则是可以投其所好，以敌人的喜好作为恩惠诱骗敌人，使其不知不觉中放弃自己的优势条件。

（4）以害驱之。在敌人内部或者外部制造祸害，使其产生恐惧，其为了自保定会选择逃离。

（5）以理晓之。遇到较为明智的敌人，就可以晓之以利害，劝其自动退让。不动干戈实乃上上策。

调虎离山作为一种军事谋略，核心在一"调"字。在敌人抢先占据了有利条件，且防范严密的情况下，我方应该设计相诱，将敌人引诱出坚固的据点，或者将其诱入对我方有利的地区，方能取胜。

东汉末年，群雄并起，各据一方。在当时，有两股势力控制着长江和淮河流域；一是会稽太守孙策，另一个则是庐江太守刘勋。长江以南诸郡由孙策占据，而刘勋则雄踞长江以北。由于当时袁术野心甚大，不仅权倾朝野还想称帝，结果引发各诸侯的不满。孙策觉得跟随袁术难有作为，便赴江东自创基业。凭借一批贤臣良将的辅助，孙策在江东势力逐渐强大。袁术死后，朝野一片混乱，袁术旧有的文臣武将不是另寻门路，就是自立门户。

其中长史杨弘和大将张勋察觉孙策在江东势力渐大，打算率众前去投靠。

可此事不巧被庐江太守刘勋得知，他立刻命人前去截击，俘虏了前去投靠孙策的一班大臣。自此以后，袁术旧时的一些大臣因惧怕刘勋的势力，只得投奔于他。借此机会刘勋不仅使自身势力大增，同时也严重威胁了孙策的势力。孙策对刘勋这样的做法非常不满，久而久之便有了除掉刘勋，吞并其属地的想法。但考虑到自己目前的势力还不足以和刘勋对抗，而且庐江郡所处之地易守难攻，南临长江，峡窄涧深，北有淮水，道路阻隔，所以，孙策只能选择暂时隐忍，静待时机，暗暗充实自身势力。

不久之后，孙策联手周瑜，极大地发展了自身势力。慢慢的，孙策便开始筹谋如何消灭刘勋，吞并庐江郡。一次在召集群臣商讨灭刘之策时，周瑜提出刘勋久居江北，定熟悉周边地形，如果攻打刘勋，其势必具有优势条件。所以要消灭刘勋这只虎，必先将其调离江北，来一招调虎离山。随后他将自己的调虎离山之计全盘托于孙策。

孙策根据周瑜的计策，了解到刘勋此人不仅毫无见地，且极其狭隘，贪爱财宝不说，还夜郎自大。不仅让人给他送去一份厚礼，并且还亲自修书一封。在信中大肆将刘勋吹捧了一番，不仅称刘勋威名远扬，声威四方，并表示自己要与刘勋交好。同时，孙策还在信中向刘勋示弱，谎称自己势单力薄无法应对上缭经常派兵到江南之地的侵扰，恳请刘勋发兵降服上缭，定当对他心悦诚服，感激不尽。孙策不遗余力的讨好，让刘勋十分得意。

对于上缭一带，十刘勋早就觊觎已久，此地不仅十分富庶且资源丰富，而如今的孙策这般无能，也解除了自己出兵后腹背受敌的危险，于是决定发兵上缭。对于发兵上缭一事，刘勋的部下个个都胸有成竹。却只有文官刘晔一人极力劝阻，他劝谏刘勋："上缭虽小，但城坚池深，易守难攻，定会久攻不下。臣担心孙策使用的是调虎离山之计，好让他趁虚偷袭。"此时的刘勋已经极度自信，刚愎自用的他无法听进任何劝谏，又沉迷于孙策的美言和厚礼之中。遂不顾下属的肝胆忠言，决意出兵攻城。

几万兵马在刘勋的带领下不辞辛劳，日夜奔袭。一到上缭，刘勋立即命令军士进行攻城。在刘勋看来，上缭城小，且夕可破，却没料到上缭的顽强抵抗，不仅让自己兵马损失惨重，而且上缭依旧固若金汤。与此同时，孙策却忙于攻打庐江郡的部署。趁着刘勋出兵，庐江守备空虚，与周瑜一起两路夹击，水陆并进，势如破竹地杀进了皖城 (今安徽怀宁)，顺利地攻下庐江。控制庐江后，孙策又乘胜追击，率领大军向刘勋大军后方杀去。

然而刘勋正在指挥攻打上缭，而这座城池仍然久攻不下，正在焦急之时，却突然听说，孙策已取庐江，方知自己已经中计。而孙策又率大军杀到，这让刘勋措手不及，此时后悔，为时晚矣。刘勋手下的将士们在得知老巢已被孙策攻占时，立刻军心大乱，毫无抵抗之力。两军刚一开打，刘勋的军队便被打得溃不成军。想起刘晔当时的劝谏，悔之莫及。在孙策大军的步步紧逼之下，万般无奈的刘勋只得选择渡江投奔了曹操。经此一战后，孙策实力大增，整个江东都基本处在他的控制之下，这为日后吴国的建立奠定了基础。

【案例解析】

实战 1　知县用计巧破案

河南临漳县发生了一起凶杀案，知县姚柬之就利用"打草惊蛇"破了这起案件。当时，一名姚姓妇女在丈夫出远门时惨死家中。现场没有留下任何作案痕迹，而作案手段又极其残忍，衙差们经过几日苦查均无任何发现。

正当公差对此事一筹莫展之时，案发当日姚氏邻居的情况引起了姚柬之的注意。案发当日正是县试前夜，而姚氏的邻居杨某刚好是县试第一名，可在复试那天，杨某却请了病假。姚柬之觉得事有蹊跷，就命人把杨某带来问话。对答之间，姚柬之发现杨某的神色较为慌张，但回答却毫无破绽。如此这般，越发让姚柬之觉得杨某甚是可疑。

由于杨某回家途中定要经过一座城隍庙，姚柬之便与之谈到天黑，才将其放回。夜黑风高，伸手不见五指，而被风吹响的树叶让杨某胆战心惊。走到城隍庙时，突然一个人影飘了过来，长发飘飘，满身血污，乍一看真是吓人。杨某以为这是被他杀死的姚氏来索命了，瞬间被吓得两腿一软，跪在地上磕头求饶，言语中将整个杀人经过完完整整地说了出来。

杨某话音刚落，突然大片火把就亮了起来，一群衙役一哄而上将杨某按在了地上，并大喊："姚大人已经等候多时了！"杨某这才明白，这个冤魂索命原来是县令玩的把戏，只得低头认罪。

古语有云：不做亏心事，不怕鬼叫门。杨某这只"蛇"杀害了姚氏本就心虚，原以为装病躲避就可逃避惩罚，而姚柬之却要人假扮成"冤魂"姚氏，以此作为打草的棍子，以杨某最害怕的事情刺激他，惊起而打之，一招致命，可谓手段高明。

在本实例中，杨某一开始并没有暴露自己的真实情况，而是隐藏得很好，而姚柬之经过详细分析，发现了他是这条蛇，但是要明确蛇之所在就要打草，打草惊蛇是为打蛇作准备。但是如果打蛇的工具没有准备好，或者地形不利，这时候纵然已经发现了蛇也不能打草。所以，在没有证据证明杨某就是杀人凶手而他又具有嫌疑时，切不可轻举妄动。姚柬之故意使用拖延法，一边命人速速办妥"打蛇"准备，一边与杨某周旋，尽量拖延。正所谓，敌意不明或者敌情尚未完全暴露，万不可轻敌冒进，待查清敌情和敌意后再采取相应的对策。

对于隐蔽的杨某，姚柬之采取了"打草惊蛇"中的两个诱敌方法。首先，发现其形迹可疑时，没有轻举妄动，以免杨某发现他的意图而采取主动，而是反复地侦察敌情，也就是在谈话中旁敲侧击，让其露出破绽。通过试探杨某内在虚实，探明杨某意图之所在，使其内心惊讶不已，直至完全掌握他的行动。

其次，利用道具进行"打草"，引蛇出动，设下埋伏，使杨某受到惊慌暴露出自己曾经犯下的罪行，有理有据将他拿下。

在本计谋中，这个"草"代指与敌人联系紧密的人或事，"蛇"就是敌人本身。而"打草"为的是"惊蛇"，"惊蛇"则是为"驱蛇"或者"打蛇"，也就是将敌人消灭干净。

实战 ② 　拿破仑大败俄奥联军

1805 年 11 月，俄奥联军被法军击败后，撤退到奥洛穆茨地区，并且向普鲁士请求增援。经过休整和增援，俄奥联军底气十足。同时，拿破仑接到普鲁士国王发出的最后通告：一个月内，法军不从奥地利撤兵，普鲁士就加入战斗对法宣战。拿破仑感到形势十分严峻，如果一个月内不彻底击败俄奥联军，随着普鲁士的加入，法国失败的可能性将增强。但是只有俄奥联军进行主动攻击，法国才可取胜。

实力大增的俄奥联军在是否主动进攻上分为两派：一派是反对派，以联军总司令、俄国老将库图佐夫为代表。认为当时没有必要与法军决战，普鲁士加入后，定会取得胜利；而主战派则是以沙皇和联军总参谋长魏洛尔为代表，他们认为联军实力大增，而法军势单力薄，定可击败拿破仑。

经过一番分析，拿破仑认为要想进行决战，就必须使俄奥联军中的主战派占据上风，既然这样，利用引蛇出洞的策略，就可以提前结束战争。因此，拿破仑将军队中的一部分进行撤离，并故意放出法军兵力单薄、准备撤退的流言。与此同时，拿破仑还派遣自己的侍从去俄奥联军军营进行停战谈判。拿破仑一连串的动作让沙皇对流言信以为真，还特派侍卫道戈路柯夫回访，一睹虚实。

为了让沙皇彻底相信，拿破仑为道戈路柯夫准备了一出好戏。在交谈中，拿破仑总是摆出一副力不从心的样子，表示自己最近心力不济，军队问题重重。随后又强打精神，摆出一副很要面子，不能丢弃国王风范的样子。有时还会显得自己信心不足，谈话窘态频出，以真假虚实，打消道戈路柯夫的各种疑虑。真如拿破仑所料，道戈路柯夫如实汇报了所见所闻。这也使得沙皇更加确信，没有普鲁士加入，一旦开战，拿破仑必败。于是，沙皇主战派说服了他人，这正合了拿破仑的意，引蛇出洞之计大功告成。

在本实例中，拿破仑虽然使用的是引蛇出洞，但也属于"打草惊蛇"这条计谋的范畴。他巧妙得算准了敌人的心理，利用心理战术打赢了一场心理战。在大型战争中，战斗双方必然都很紧张，肯定时刻关注着时局的变化。因为任何一个细节的改变都会影响战争最后的走向。为了赢得战争或是保险起见，双方都会紧盯彼此，并会根据对方策略的变化而改变自己的应对策略。拿破仑正是利用了"打草惊蛇"中敌人小心谨慎的心理，打了沙皇侍卫这棵"草"，"惊"了俄奥联军这条蛇，让他们对此反应过度，从而为法军提供了机会，并最终创造了战胜对方的条件。

拿破仑主动利用自身的变化试探着在引发对方关注的同时，作出相反的判断，敌人是否作出错误的判断完全取决于自己的主动变化是否真的能让他们相信，从而引诱敌人判断失误后，采取措施，一举歼灭。

但需要注意的是，"蛇"藏匿于草中，我们"打草"的目的是"惊蛇"。在"打草"之前，我们就必须分析蛇所在的大致位置，并且把两者之间的联系考虑在内，如果"打草"不能"惊蛇"，那么所采取的一切都是没用的。

同时，拿破仑在使用这条计谋时，明确了自己的目标，"草"是沙皇，而"蛇"是俄奥联军，这就必须分清主次，不能顾此失彼，要明确最终目的是让俄奥联军出战，赢得战争。

实战 3　华尔克的计谋

19 个世纪 40 年代末，由于加利福尼亚州发现了金矿，消息一出，美国本土掀起了一阵黄金热。当时，不仅是美国本土，还包括许多外国人尤其是欧洲人都选择到美洲淘金。由于当时美国的铁路并不发达，想去加利福尼亚淘金的人通常只能选择轮船，不仅时间太久，而必须从南美的最南端绕道。

而商人范德比则看到了另一条生财之道。为了此事，他到尼加拉瓜与尼加拉瓜总统进行商谈，并且签订一项航海协议。协议内容为范德比可在尼加拉瓜开辟一条贯穿全国的航线，而范德比有权征收过往船只的"过路费"。开通航线后，几年的时间，范德比就赚得盆满钵满。

而另一个名叫华尔克的商人非常眼红范德比的生意。一直想找机会接手范德比的生意。华尔克经过分析，觉得对付范德比这个久经商场的老手，必须使出一招调虎离山：必须设法让范德比离开尼加拉瓜，这样自己才有机会。华尔克收买了范德比的私人医生，并且让医生告诉范德比他的心脏不好，需要到国外修养半年，否则很难医治。而事业有成的范德比平时就比较注重养生，立刻听取医生的劝说，去了巴黎休养。

等范德比一离开，华尔克就立马采取了行动，几百名荷枪实弹的士兵在他的带领下，登陆了尼加拉瓜，并强攻了尼加拉瓜总统府。总统忍受不了残酷的现实，突然猝死。华尔克控制了尼加拉瓜后，自任军队总司令，并且扶植了一个傀儡当了总统。随后，范德比在航线上的特权被尼加拉瓜新政府宣布取消。华尔克用这样的手段夺取了范德比的"淘金捅"。

华尔克使用的"调虎离山"主要是为了调走范德比，离开他自身所处的优势地位。"虎"是指范德比，"山"是指范德比所待了几年的尼加拉瓜，而且他在此开辟了新的航海路线，和总统的关系又好，想要在此抢夺他的生意，势必难度很大，所以华尔克利用这样的策略，将范德比调离他所熟悉且具有优势的地方，从而达到霸占其生意的目的。

而实施这个计谋关键是一个"调"字，如果使用得当，"调"得精妙，定能事半功倍。而传统来说，调虎离山的目的有两个，一是为了消灭虎，二是为了占领虎山，就华尔克来说，占领虎山即范德比的生意就是他的主要目的。他利用范德比的私人医生假传消息，然后，立刻带人趁虚而入，一旦拿下"虎山"，就算"老虎"意识到了自己上当受骗，也没有办法了。所以，范德比离开了自己的老巢，失去了可以依附的优势，力量转弱，也无力再抢夺利益了。

对于范德比这样的商场老手，华尔克想调走他还必须策划一番。若是以利相诱，用范德比喜欢的东西来换，这肯定不可能，范德比不会放弃这么大一块"肥肉"，不仅换不到，说不定还会让范德比提高警惕，更加不会轻易地离开自己的地盘；若是攻击范德比在乎的东西，让其离开，似乎这样的代价实在太高，因为一旦开战，就不算私事，可能国家都要卷入，对作为商人的华尔克来说，这样实在是不划算；若是利用假传消息，让他离开，这样既避免了正面冲突，也让范德比在神不知鬼不觉中离开自己的优势地位，代价小不说，同时也能保密，正是一个好计划。

因为华尔克利用"假传消息"的主要目的是将敌人调动，给自己创造取得胜利的条件。所以当我们利用手段让敌人离开自己的优势地位时，保密就显得很重要，必须防止别人知道我们的真实企图。因为一旦机密败露，敌人坚守阵地，我们的努力就会付之东流，若是敌人将错就错，便会给我们严重的打击。

其次，在选择让虎离开的诱饵时，必须注意这个诱饵对"虎"的重要性，同时这个诱饵也是自己的利益，所以要使敌人离开，我方就必须舍弃一些利益，从战略上来说，为了获得利益付出必要的代价是可以的。但还是需要权衡得失。华尔克利用医生，只是付给医生一定的钱，就可以夺得价值上百万美元的生意，这样比较，华尔克是合算的。毕竟让范德比离开只是花了些小钱，而接手他的生意将会带来很多利益。

虽然"调虎离山"之计看上去很是简单，但是如今在政治，经济，商业上都有着广泛应用。同时，如果在商场上遇到一个强劲对手，就可使用这个计谋，以抢占对手的其他市场，攻其不备出其不意，让对手无法两全，就可以获得自己想要的利益。不过从本实例看出，华尔克使用此计抢夺了范德比的生意，有点阴险卑鄙，所以使用此计谋时很容易丢失自己的信誉，所以在警惕对手的时候，也要谨慎使用。

第八章 | 欲擒故纵，擒贼擒王
——抓住要领是取胜的关键所在

　　古人云：射人先射马，擒贼先擒王。在军事中，这些谋略不仅要活学善用，并且要想有所获得，就得学会"将欲取之，必先予之"，毕竟有舍才有得。

【经典今解】

　　逼则反兵；走则减势，紧随勿迫。累其气力，消其斗志，散而后擒，兵不血刃。需，有孚，光。

　　如果把敌人逼得无路可走，它就会拼命反扑。让敌人逃跑则可以消减它的气势。对逃跑之敌要紧紧跟随，不能过于逼迫，借以消耗其体力，瓦解其斗志。等到敌人士气低落、军心涣散时再去捕获它，这样就会避免不必要的流血牺牲。总之，不紧逼敌人，并让其相信这一点，就能赢得光明的战争结局。

　　《老子》第三十六章曾说："将欲歙之，必固张之；将欲弱之，必固强之；将欲废之，必固兴之；将欲取之，必固与之。"总之，说的就是"将欲取之，必先予之"。而此计谋运用于军事中，则有更多发挥。《鬼谷子》指出："去之者纵之，纵之者乘之。"《太平天国·文书》说："欲擒先纵，欲急姑缓，待其懈而击之，无不胜者。"这里的"欲擒故纵"，意思是指想要捉住敌人，就得事先放纵敌人。

从兵法来说，放掉敌人，祸害无数。可若是在特定的情况下，放掉敌人不仅没有损害，而且能给自己带来好处。不要在敌人失势且仍有实力的时候急于攻打，以防敌人使用鱼死网破的战术，让我方损失惨重。"穷寇莫追"大抵就是这个意思。其实应该放掉敌人，让其以为还有一丝生存的希望，在不知不觉中，彻底将其歼灭。

三国时期，诸葛亮七擒孟获就是应用欲擒故纵这个计谋。诸葛亮利用七次擒获孟获而将其放走的"纵"，来使孟获心悦诚服地服从于蜀汉，永不叛变。但是，纵放之间仍需有度，鸿门宴上项羽放走了刘邦，后来刘邦却把项羽逼死在了乌江；明朝的燕王朱棣被建文帝放走后却夺走了建文帝的皇位。纵之无度，反而便会被敌人害死。所以说，以免放掉敌人变作是放虎归山，便要在放敌之后仍需查探，不能忘记纵敌的目的是彻底消灭敌军。

运用此计要铭记以下三点：

（1）以累抓之。累是指，在纵敌之后，不要急于追赶刚刚放跑的敌人，而是要让他们持续地疲于奔命。等到敌人疲惫不堪、毫无反击之力时，自己则是以逸待劳，便能轻松将敌人擒获。

（2）以肥杀之。肥是指，把猪养肥。毕竟杀猪为的获得猪肉，如果不将猪养肥，那么杀之就毫无意义。所以，将敌人比作"猪"，如欲杀之，只能消灭少数敌人，如果养肥再杀，也就是等其朋党网络建成，一并除之。但是这个养肥的过程需要极高的耐力。这一策略宜用于宿敌和潜在敌人。。

(3) 吹大扎之。吹大是指，将气球吹大，也就是要将敌人捧上高位再令其跌至谷底。待到气球吹大而扎之，其威力才会显示出来，震耳声响中定会将敌人歼灭。也就是让其身败名裂。应对位高权重者可使用本法。

其实在欲擒故纵中，其中的"擒"和"纵"是互为矛盾的，作为军事计谋而言，"擒"是指想达到的目的，"纵"是指达到目的的办法。其实古人所说的"穷寇莫追"并不是不追，关键是看怎么追。不能逼急敌人，也不能放虎归山留后患，所以纵只是缓兵之计，在敌人失去斗志，且无心应战之时，便可趁虚而入，一举消灭敌军。

三国鼎立，蜀汉雄霸一方之后，诸葛亮誓师北伐。可正在这时，孟获带兵十万在西南夷起兵反蜀，同时降服了周边郡县。为了扫除北伐的后患，诸葛亮决定出兵西南，平定叛乱。公元225年，西南三郡很快被南下的蜀汉大军征服。不久，随着蜀军的不断深入，在泸水 (今金沙江) 附近，诸葛亮率领的蜀汉大军主动发起进攻，先是击败了三洞元帅，后用重兵埋伏在山谷中，在引诱敌军出击后，在山谷中，蜀将魏延活捉了敌军首领孟获。

一般说来，如果擒获敌军首领，必然使敌军士气低落，军心不稳，如若全力追击，定能大败敌军。但是诸葛亮却有另一番打算，由于孟获的声望在西南地区影响颇大，若是能让他自动放弃抵抗，主动投降，西南才能真正地稳定下来。否则，西南地区仍会叛乱不断，难以安心。于是，诸葛亮以释放孟获来劝其投降。而孟获却不以为然，决定再与蜀军决战一场，并告之诸葛亮自己肯定赢得了。孟获在回营时，撤走所有的渡河船只，并且派人把守河岸，以防蜀军进攻。诸葛亮得知后，查看孟获的守卫，立刻命将士们从敌军疏漏的下游偷渡去了孟获的敌营，并把孟获的粮仓捣毁一空。得悉此事后，孟获决定严惩将士，没想到却引起了士兵们的不满，纷纷决意到蜀军投降，并趁孟获不备，将其一道捆绑送到蜀军。孟获仍然很不服气，诸葛亮见状又把他给放了。

回到营中的孟获心生一计，让自己的弟弟孟优带着满车金银珠宝、珍贵古玩等去蜀营假意投诚，其实是要弟弟和随行的将士一起来个里应外合，攻陷蜀营。诸葛亮见状便命令蜀军配合行事，以一招计中计再次抓获了孟获。三次被抓的经历让孟获觉得颜面无存，于是便利用重金笼络了十万兵马，准备四战蜀军。可第四次孟获同样又中了诸葛亮的圈套，大败而归，自己也第五次被擒。被擒之后，诸葛亮见其仍不服气，又一次放了他。而这一次，孟获听从了弟弟的建议，利用岩洞中的恶劣环境，与秃龙洞洞主朵思大王一起据兵不出。以为利用南方温湿的气候可逼走蜀军。可没想到，诸葛亮从本地人中获得了秘方，不仅消除了蜀军的不适，又一次大败孟获，活捉了他。五次被抓后的孟获依旧不服，并和诸葛亮打赌，如果蜀军在具有天险的银坑山擒获他，他便心服口服，永不叛乱。这次诸葛亮不仅放了孟获还放了孟优以及朵思大王等人。

在这第六次的决战中，先是孟获的妻子祝融夫人所使的飞刀计被诸葛亮识破，后又用计谋化解了木鹿大王真兽阵，最后大军攻破了孟获的老窝。就在形势危急的时刻，孟获决意假装投降，并打算面见诸葛亮时将其刺杀。然后孟获的把戏依旧没骗得了诸葛亮，再一次全军大败。孟获见状便愤恨大喊，自己是来送死，而不是被抓捕，如果第七次依旧被抓，就永不再反。见此阵仗，诸葛亮又放回了孟获。对于第七次来战的孟获，诸葛亮只用了一招诈降，来一个火烧藤甲兵。孟获又一次被抓获了。在孟获第七次被擒获时，他不仅对诸葛亮的不杀之恩表示感谢，同时也立誓蜀军永不叛乱。西南夷在此之后便安定本分，再无战事。

摧其坚，夺其魁，以解其体。龙战于野，其道穷也。

摧毁敌人的主力，擒住它的首领，就可以瓦解它的整体力量。就好像龙离开大海到陆地作战而面临绝境一样。

"擒贼擒王"出自诗句"挽弓当挽强，用箭当用长。射人先射马，擒贼先擒王。"这是唐代杜甫的《前出塞》：讲述了在军事作战中，必须抓住首要事物。如首先消灭敌人的将领或是核心人物，以此让敌军军心不稳，达到击溃敌军的目的。

同时此计也表示可以集中我方的优势力量，以此歼灭敌人的生力军。这也体现了哲学中矛盾的观点，在此计中"王"指的是主要矛盾（或矛盾的主要方面）。这主要矛盾是指在所有矛盾中处于支配和领导地位的矛盾，只要主要矛盾得到解决，那么其他矛盾也就可以随之解决了。也可以认为，解决实际问题中，关键部分对事情起决定性的作用。由此可见，擒贼擒王最主要的就是抓住主要矛盾。

此计包含以下三种含义：

（1）擒其首领。众所周知，首领对一个组织而言是多么重要，不仅引导着组织的发展，同时对组织也起着协调的作用。如果首领不在，就会引发组织的混乱，军心不稳，组织有如无头之蝇。对此，要想迅速瓦解敌军，就要想方设法除去首领。

（2）击打要害。古语有云："蛇打七寸"。因为七寸是蛇最致命的地方，其心脏之所在，如果蛇的被打碎，那蛇必死无疑。换言之，对于自己所做之事，都要抓住主要方面，抓住要害和关键的地方，这样不仅能解决事宜，同时还具有事半功倍的效果。

（3）提纲挈领。提纲挈领主要是指主管事件的关键部分，由此就能带动其他事情的发展，就像理顺貂皮大衣的皮毛一样，只要把衣服摊开，抓住领子一抖就行。"挈领"也可比喻成抓住领子。如果做事盲目，不懂抓住关键，那么就会有事倍功半的效果。

"擒贼擒王"这条计谋如果使用于军事，则是指主要擒获敌军核心首领，或是政要、重要人物，就能打败敌军的谋略。擒获敌军核心人物，扰乱敌人军心，让其自乱阵脚，我方一击便会溃不成军。

唐朝后期曾爆发安史之乱，起初安禄山因为战事常胜而气焰异常嚣张。一日，勇将尹子奇受安禄山之子安庆绪的指派率军 10 万攻打睢阳。眼见敌人来势汹汹，守城御史中丞张巡决定以守代攻。尹子奇率领敌兵攻城二十几次，依然毫无所获。攻城一天，将士们都很劳累，尹子奇便决定收兵扎营休息。可刚到晚上敌军想要休息时，却听见城门内大喊杀敌之声，以为张巡要守城士兵进行夜攻。尹子奇便命令将士整装待发，准备于唐军决战一场。可等了一会，就听见鼓声不见人。整整一夜，都是这样的情况。

尹子奇的将士们被活生生地折腾了一宿，就在将士们个个疲惫不堪，倒地就睡之时，突然一声炮响，张巡率领着城中士兵冲出城门厮杀而来。敌军见状，立刻乱作一团。张巡带领士兵们一鼓作气，冲进敌营，砍杀了敌军五十名将士，和上千名士兵，敌军立刻溃不成军。混战中，张巡命令部下捉拿敌军首领尹子奇，可将士们与尹子奇素未谋面，压根不认识，加之现在又是混战中，更加无法辨别。张巡见状便让士兵向敌军射去削尖的秸秆。不少敌军将士在中箭后发现居然是秸秆制成的，便以为唐军武器匮乏，连秸秆都用上了，立刻拥上前向尹子奇报告此事。由此一来，唐军在混乱之中辨识出了敌军首领，张巡立即命令弓箭手放真箭，尹子奇的左眼被射中。敌军将士们看到首领被射中，立刻阵脚大乱，和血流不止的尹子奇一起抱头鼠窜，逃命去了。

【案例解析】

实战① 苏无名 "欲擒故纵" 抓盗贼

武则天十分宠爱自己的女儿太平公主，她赐给了太平公主好多好多珍宝玩物，价值几千两黄金。然而在某一年年底的时候，这批宝物竟然神不知鬼不觉地被盗了。太平公主急忙向武则天禀告了此事，武则天当即大怒，召来洛阳的长史说："朕限你三日时间破案，若三日之内抓不住盗贼，就问你死罪!"

洛阳长史十分慌张，急忙前去拜见以聪敏机智而闻名乡里的苏无名，并请求苏无名帮助破案。苏无名说："帮你破案是没问题的，不过我有一个条件，那就是您要先领我面见陛下，到那时我再说出我的计策。"

于是，洛阳长史把苏无名带到了武则天面前。武则天问苏无名："你有什么把握能破此案?"苏无名不紧不慢地回答："如果要想破此案，请陛下不要着急，这件事只需要耐心等待，就能一举成功。此外，要把参与抓捕盗贼的吏卒，全部归我调遣。这样我一定为陛下捉来盗贼。"武则天答应了苏无名的全部要求。

苏无名立即吩咐手下的吏卒缓慢办理抓捕盗贼的事情，改变朝廷之前大招旗鼓的做法。等到了寒食节这一天，苏无名把手下吏卒召集起来说："你们分批守候在东门和北门。当看到一群身穿孝服的胡人就暗中跟着他们，等他们上坟的时候要仔细观察他们上坟的情况。如果他们来到一座新坟跟前，上坟的时候不哭也没有悲伤的表情，下跪也不庄重，那么你们就立即上前抓捕他们。"吏卒们按照苏无名的安排，出外巡查，分别守候在东门和北门。一切如苏无名所说的，就在那伙穿孝服上坟的胡人挖出来的棺材里发现了丢失的珍奇异宝。

武则天对苏无名的才能颇为赏识，十分想知道苏无名是如何破案的。苏无名说道："上次长史大人带我进宫面见陛下的时候，我看见一伙胡人正抬着棺材出殡。我观察他们的神情，并不像是刚刚失去亲人朋友，于是我便怀疑他们在棺材里装的并不是死人，很有可能装的就是丢失的奇珍异宝。我估计他们一定会把棺材埋在城外，等风声过后再取出来运走。于是我故意缓慢办理此案，心想等到寒食节这一天，他们觉得风声不紧了借着节日一定会以上坟的名义运走珍宝。这正是我当时建议不要心急也不要大张旗鼓破此案的目的。不急于抓捕盗贼并不是不管不问，而是让他们放心挖坟开棺。等到他们取出罪证之后，再把他们绳之以法。"

武则天听完苏无名欲擒故纵的计策，连声叫好，不仅赐给了苏无名很多金帛，还让他做了官。

实战 2 刘秀 "擒贼先擒王"

西汉后期，也就是公元 23 年，王莽率领数十万大军包围了昆阳。刘秀奉命突围出城，到各地去召集援军。刘秀不负重望，终于突围出城，当他率召集的援军再次回到昆阳时，王莽的大军已经将昆阳围得水泄不通。刘秀带来的援军数量有限，即使加上昆阳城中守城的部队，也难以与王莽庞大的军队相比，完全处于劣势。如果盲目地与王莽军队展开战斗，刘秀的军队无异于以卵击石、飞蛾扑火、自取灭亡。经过反复思量，刘秀制定出擒贼先擒王的作战方案：从援军中抽调出一部分精壮的士兵组成敢死队，对王莽的统帅部中营发起进攻，随后大队人马接上，捣毁王莽军队的指挥中枢，使敌军处于混乱之中，然后通知守城部队立即出击给予配合，这样就造成了内外夹攻的局面，对敌军无异于沉重的打击。

向敌军进攻的时刻到了。刘秀亲自率领三千名敢死队队员从昆阳城东迂回到城西，来到了王莽中营的附近，出其不意发动了猛攻。王莽军队的统帅王邑和王寻被这突如其来的猛攻打懵了，一时之间弄不清刘秀这支部队的数量和意图，于是命令各营将士不需擅自行动。安顿各营中将士，王邑和王寻亲自率领一万多人马前来迎战，原以为这些人马足以对付刘秀的军队了。岂料刘秀率领的敢死队像飓风一样猛烈，向他们直扑过来，刀劈枪挑，勇不可挡。王莽的其他部队因没有接到出击的命令，只得在原地待命，眼睁睁地看着刘秀的军队把中营士兵打得四散溃逃。在此次混战中，王寻被杀，王邑逃跑。王莽军队因失去了统帅顿时变得混乱不堪。

这时，昆阳城中的守军接到命令，立即打开城门，一起冲了出来，与援军相配合内外夹攻王莽军队。王莽军队见大势已去，仓皇都向江边逃窜。敌军在抢渡过江时，正遇上江水暴涨，掉进江水淹死者不计其数。王邑只带几千残兵败将丧魂落魄地逃回了洛阳。

擒贼先擒王的计策如今在社会中已经得到了广泛的应用，包括政治、军事、经济和文化生活等方面。

实战❸　一个主意价值千金

美国某公司经理休瓦曾经遇到过这样一件事。一天，一个自称是医生的人来到他的办公室，并告诉他自己拥有一条经营秘诀。休瓦普听完此人所说的话，很不耐烦地对他说道："我管理这家公司这么多年，关于经营并没有发现有任何秘诀，作为一名医生，我还是希望你做好自己的工作，认真负责地给自己的病人治病去吧。"

医生依然没有想要离开的意思，并回答说："我是医生，但我与给人治病的医生不同，我只给有病的公司开药方。您遇到我，可算作是您的幸运。不妨就听我讲个两句？"休瓦普无奈地看着眼前这个来历不明的医生，他的一番话也勾起了自己的好奇心，只见医生说道："请您列出每天您必须干的6件事情，并按照轻重缓急排序，然后完成之后，其余的事情则交由其他人来做。"休瓦普不由一笑："这就是经营管理的秘诀？"医生并没有理会他，继续道："如果您在实践中觉得毫无用处，那就当我没说过；如果觉得很有效果，那就根据其对你工作帮助来付钱。"

听完这句话，休瓦普有点吃惊，医生的言之凿凿让他决定试一试，结果他的工作取得了不小的成果。于是，在那一年的圣诞节，休瓦亲自写了一封感谢信给那位医生，随信送上的还有一张 2.5 万美元的支票。由此看出，医生的秘诀在休瓦普眼里值 2.5 万美元。其实就这个秘方来说他的要领就是"把持大权，分散小权"，其实也是指工作的核心就是几个关键的工作内容，只要将这些做好，就能带动其他工作的开展。所以，这几件核心工作决定着其他工作的成果。这便是擒贼擒王计谋中的"提纲挈领"。

在此实例中，那个价值 2.5 万美元的点子就是"擒贼擒王"中的抓住关键，解决重点。对于任何事物来说，他都有一个关键点，而所有事物的突破口就是这个关键点。对于经营管理工作而言，只要把控了这个关键点，所有遇到的问题都可以轻松地解决。就像人们常说"打蛇打七寸"，之所以这么说，是因为这七寸正是蛇致命的地方，对于任何事，或是人而言，无论他多么狡猾还是多么厉害，只要紧紧抓住这个关键点，就能解决所有问题。

"擒贼擒王"是中华民族智慧的结晶，它不仅是一个名言警句，同时也是一个计谋。在商业领域中，可以通过挖墙脚、猎头的方式，将其他公司的杰出人才为我所用，在社会生活中，无论是工作还是学习，不要鼠目寸光目光短浅，把主要精力浪费在毫无意义的事情上，而是要注意对你形成威胁和挑战的对手身上，战胜他们，其他人就会不战自退了。

第九章 借鸡生蛋，抛砖引玉

——为钓大鱼要舍得投放鱼饵

在遇到一些困难的时候，尽可能地利用身边一切条件，向别人借用力量，让自己的事业再次出现繁荣景象。而抛砖引玉则是需要人们在为获大利时必须舍以小利，要学会"将欲取之，必先予之"。两者都表明要达到自己所要的目的，就必须学会舍弃。

【经典今解】

有用者，不可借；不能用者，求借。借不能用者而用之，匪我求童蒙，童蒙求我。

有作为的，不求助于人；无所作为的，求助于人。利用无所作为的并顺势控制它，不是我受别人支配，而是我支配别人。

在常人遭受到失败后，一般都是两种态度；一是从此信心不再，丧失生活的希望，从此了却残生；二是积极乐观，不断付出努力，为成功创造机会。这个计谋显然属于后者。现在就其引申意义来看，在政治、经济、生活、文化等领域依然被广泛应用。

但是需要注意的是，要想使用借鸡生蛋这条计谋，前提是，一定要借到有增值能力的"鸡"，若是借来的鸡都不生蛋，产生不了任何增值效果，那借鸡就无从谈起。

主要借鸡的方法有以下几种：

(1) 拣。对于别人不要的东西，就是废弃之物。如果对我方有利，捡起来加以利用也不是不行的，毕竟要想获得成功，就得舍弃面子问题。

(2) 偷。这里并不是指偷窃物件，而是指偷师学艺，把敌人身上觉得有用的东西，偷学过来，供自己使用，借此让自己取得成功。

(3) 换。以小恩小惠等好处引诱别人，通过利益换得"尸"的使用权，让别人自愿将条件供你使用。

战国后期，秦国通过大大小小的兼并战争，建立起大一统的封建帝国。建制后，秦王自封"始皇帝"，以表示自己秦朝开国第一位皇帝。实现大一统之后，秦始皇不仅大兴土木，还创办了一系列的标准，例如统一度量衡，对内严格统治，对外武力征服，初期，秦朝在他的治理下生产得到了发展，国力强大。由于秦始皇长期推行暴政，民怨愤起，百姓生活日益困难，社会矛盾日益激化。宦官赵高为保自己的利益，在秦始皇死后，与李斯合谋，陷害忠良，拥立不学无术的胡亥即位，称秦二世。秦二世不仅继续推行暴政，还变本加厉。在他的统治下，宦官专权，奸臣当道，民不聊生，阶级矛盾空前激化。当时，十名百姓中就有五个想造反，而之前被秦朝灭亡的国家也在蠢蠢欲动，伺机复国。

秦二世元年 (公元前 209 年)，贫民陈胜、吴广受朝廷征发，带领 900 名贫苦农民赶去戍守渔阳 (今北京密云)。当时正值雨季，由于连日大雨将道路冲毁，使得这些民众无法赶路，也没办法在预定时间赶到渔阳。而秦朝对此有法律规定，如果不能按时到达指定戍守地点，斩立决。身为屯长的陈胜、吴广明白，就算他们紧赶慢赶到了渔阳，也会因为所有延误被斩杀。与其去送死，不如搏一搏，为自己找条生路。由于随行戍卒大部分都有这样的想法，可陈胜又考虑到自己地位低下，不能说服众人。

当时秦始皇的长子扶苏和楚将项燕颇受世人爱戴和尊重，为了得到大家的拥护，陈胜决定以这两人的名义举兵起义。不仅如此，还为了利用当时人们的愚昧无知为自己造势。他们用朱砂在丝帛写上"陈胜王"并放进一条鱼的肚子里，并假装钓到大鱼，请士卒杀来吃，结果士卒剖开鱼肚发现了写着"陈胜王"的丝帛，顿时大惊，并在私下迅速传开，认为陈胜不是普通人，将会在未来称王称霸。同时，吴广在夜深人静的时候，打着灯笼到破庙里学野兽大叫"大楚兴，陈胜王"，第二天，士兵们都表示听到了夜晚的叫声，颇感奇怪。更加相信陈胜是上天派来拯救大家的。陈胜、吴广觉得时机成熟，万事俱备只欠东风。

于是，陈胜、吴广趁着押解他们的将尉喝醉时，骗他们说自己要逃走，将尉大怒，拔剑欲杀之。陈胜吴广见状，合力将他们杀死。之后，陈胜立刻召集戍卒，告诉他们到渔阳是死，不去也是死，不如一起反抗，为自己寻求一条活路。尤其是"王侯将相，宁有种乎？"激励了这群手无寸铁的农民。于是，戍卒们纷纷揭竿而起，以"伐无道，诛暴秦"为口号，推举陈胜为将军，吴广为都尉，举兵起义，不久就攻占了大泽乡，后天下义士纷纷响应，揭开了农民起义的新篇章。

类以诱之，击蒙也。

用类似的东西诱惑敌人，使敌人懵懵懂懂地上当受骗。

此计出自《传灯录》中唐朝诗人常建以诗会友的故事。据传唐代诗人常建对赵嘏的才华非常佩服。一日，常建听闻赵嘏要到苏州灵岩寺游玩，为求两句好诗，常建便提前在寺中一个非常显眼的地方题了一首诗的前两句。果然赵嘏看到后，提笔补上了所缺的后两句，完成了这首诗。自然，通过赵嘏的续写，这首诗的造诣有所提高，后人将常建这样的做法称为"抛砖引玉"。而想要顺利实施此计，就得投其所好，以利诱之。

正如《孙子兵法》所说："故迂其途，而诱之以利，后人发，先人至。""抛砖引玉"中的"抛砖"，就是充分发掘敌人的喜好，利用敌人贪婪的本性，以一些小小的恩惠为代价，诱其慢慢上钩，渐渐"引玉"进来。就如钓鱼，以小虫为代价，来钓上一条大鱼。虽然付出小小代价，但是却能获得很多好处；虽然做出了小小的牺牲，但是却获得较大的成功。从这个角度来说，"抛砖引玉"就是一个先付出，后收获的策略。

"抛砖引玉"中的"砖"，可以是"真砖"即实际的好处，也可以是"假砖"即一种虚情假意。同时，抛的讲究也很多，包括明着抛、暗地里抛、就近抛、往远抛等。但是运用此计时必须明白，所要引的"玉"的价值是否比抛出的"砖"价值大，要不然就是白白牺牲。

本计的含义如下：

（1）以小引大。为了获得敌方较大利益，我方先以小恩小惠进行引诱，在敌方上钩后，不仅可以获得敌方较大利益，我方之前所提供的小利益也可以保全。

（2）以小换大。则与之前不同，是指我方用小小的代价与敌方进行交易，以失去一些小利益获得我方认为的较大的利益，也可以称之为"吃小亏，占大便宜"。

（3）以小抵大。是要我方进行必要的牺牲，必须用较小的代价使敌方受到较大的损失，虽然双方都遭受了损失，但我方的损失要比敌方小得多。

在军事中运用此计，就必先利用与敌方所拥有的相似的事物去引诱、哄骗敌人，让其在不知不觉中落入陷阱，然后借此击败敌人。在这个计策里，"抛砖引玉"中的"砖"和"玉"比喻都比较形象，从字面上就可以比较出"砖"较为廉价，"玉"较为贵重。所以，"砖"，一般指代较小的利益；"玉"，则是指较大的成功，是想要达到的目的。"抛砖"，是实现目标的手段，"引玉"，是想获得的好处。

公元前700年，楚国在攻下绞国时就使用过"抛砖引玉"这个策略。当时，楚国大军集结在绞国(今湖北郧县西北)城外，气势很盛的楚军让绞国决意避其锋芒，死守不出。而绞国地处险要地势，易守难攻。楚军强攻多次依旧无法拿下城池。一个月后，两军仍然相持不下。楚国大夫屈瑕查看了大军当时的状态，详细分析了当时形势，建议楚王智取绞国。

随后，他向楚王进献了一条诱敌之计，表示两军相持阶段，以利诱之方可破敌。目前，绞国已经被围困了一个月，城内必定缺乏物资，例如薪柴，如果我们派士兵假扮樵夫，上山砍柴，他们看见没有楚军，定会抢夺。前几次就让他们得逞，以此来放松他们的警惕，等时机成熟，我们就可以派人进行埋伏绞国出城抢夺薪柴的军队，然后就可攻破绞城，一举歼灭。

为了打消楚王的疑虑，屈瑕分析道："绞国虽然谨慎，但也是小国之城，目光短浅，少有谋略。见有利可取，定当上钩。"随后，楚王听取了屈瑕的建议，派人假扮樵夫，上山砍柴。绞国听说有樵夫砍柴，立刻让人探明是否有楚军随后。探子回报说，那些人都是自由行动，身边并无楚军。绞侯立刻派人准备，等待樵夫出山时，突袭樵夫，抢夺薪柴。这次行动非常顺利，收获不小。一连几天都是如此。绞国士兵渐渐放弃了警惕，出城抢夺之人越来越多。楚军见到时机成熟，决定立刻收网。就在第六天，楚军又派了很多士兵出去假扮樵夫，绞国士兵见到这些人和前几天一样，身边没有楚军保护，就立即实施抢夺。假扮"樵夫"的楚军，见到绞国士兵来了，立刻假装害怕逃走，并将绞国士兵引进了楚军的埋伏圈。绞国士兵眼见自己就要得手，可突然楚军大喊着厮杀出来，绞国士兵无法抵挡只得慌忙撤退，而又被楚军断了去路，全军伤亡惨重。楚军利用这个机会大举攻城，绞国得知中计，也为时晚矣，只得缴械投降。

【案例解析】

实战 **1** 借别人花店为自己赢得机会

李妍出生在山东省的农村。在她初中毕业后，家里因为贫穷，再也无力供养她上学，她只好辍学在家了。在家里，她不能帮上父母什么忙，只能跟着父母一起下地种田。但是种田下地这些事情对于一个刚上过初中的女孩子来说，显得劳累又辛苦。李妍对于这样的日子感到非常失望，她不想就这样白白地耗费时间，她想到外地去打工。

外出打工，父母亲都有些担心，一个女孩子一个人外出，谁都不会放心。但是李妍的决心很大，她不久前才在中央电视台看到《红旗渠的故事》，她被故事中那种艰苦奋斗的精神打动了，决定外出闯出一片天下。父母也拗不过她，只好让她出去闯一闯。

按照李妍的打算，她准备先去安阳看看《红旗渠故事》中的红旗渠，正是因为这个故事才让她鼓起奋斗的勇气的，她顺道一定要去看看。完了之后，她再转车去北京，在北京打工闯天下。

临走前父母亲给她凑了 800 元钱，让她路上花销，她揣着这些钱兴冲冲地赶到古城安阳。谁知出门不顺，她来到安阳的第二天，钱包就被偷了。那一瞬间，第一次出门远行的李妍眼泪哗哗地流了下来，要知道她是第一次来安阳，在安阳这个地方她可是举目无亲，连一个认识的人都没有啊！本来她想打电话向家里求援，可一想到爸妈当初就不同意她到处乱跑，临走时那 800

元钱还是凑的，现在给爸妈说还不知道爸妈怎么训斥她呢。

李妍回到10元钱一宿的旅馆，她翻来覆去睡不着，心里反复琢磨着下一步该怎么办。现在没有钱，反正北京是去不成了，不如就先在安阳落脚，找个包吃包住的地方再说。第二天早上一大早李妍就起床了，她用仅剩的3元钱买了一份早点。吃饱了，感觉有了精神，她就开始就四处寻找哪里用人。

没想到她的运气竟然出奇地好，没有找多长时间，当她找到一家鲜花店时，这家鲜花店正需要人手，女老板看她也挺精明能干，于是收留了她，管吃管住，而且还有500元工资。此时的李妍心中说不出有多激动，从小就喜欢各种花花草草的她，现在终于可以和花草打交道了。李妍在花店里不仅虚心向比她早来的姐妹们学习鲜花护理、插花艺术，而且还暗中观察女老板的经营之道。

李妍在花店一干就是半年，没有想到的是，在安阳从事鲜花服务的店铺如雨后春笋般地在大街小巷冒出，大大小小的花店遍布各处。各家鲜花店为了争取顾客不断进行价格竞争，曾经辉煌一时的扑鼻香鲜花店举步维艰。

又过了半年，因为利润太低，女老板实在是经营不下去了，花店倒闭了。没有领到分文工资的李妍看老板也不容易，她并不想为难老板，因为当初在她流落安阳、身无分文的时候是女老板非常热情地收留了她。

花店倒闭的当天晚上，李妍躺在床上久久不能入睡，她始终想不明白一个曾经如此辉煌的鲜花店，怎么说倒闭就倒闭了呢？到底是哪里出了问题？她想到，首先可能是市场饱和、供大于求，竞争激烈，这导致扑鼻香鲜花店利润微薄、经营困难。其次是女老板把摊子铺得太大了，造成入不敷出。如果女老板能把供应花店的花卉苗圃卖掉，直接去批发市场批发花木出售，最起码不至于亏损。女老板雇用的服务员也太多，如果把鲜花店的8名服务员，换成钟点工，在生意忙时可以按小时付报酬，没有生意时也不用养着他们，岂不节约一大笔开支？如此一来，扑鼻香鲜花店起死回生应该是不成问题的。想到这里的时候，李妍感到一阵兴奋。她立刻找到女老板，希望能从女老板手中接手这个花店。女老板也无心经营了，看李妍是个干事业的人，便对她说：“我把花店转让给你，就当是给你付清了拖欠的 6 个月工资，希望你能做得比我好。”

李妍接手鲜花店后，只找了一个以前和自己要好的姐妹给自己打工。她骑着一辆自行车，不管烈日酷暑，每天骑车上百公里到郊区找货源，最后终于以较理想的价格和郊区的一些鲜花种植基地谈好了具体的价格。事实证明，扑鼻香鲜花店的客户资源确实是一笔不菲的资产。李妍刚把花店整顿起来，转眼就到了国庆节，安阳市各大单位庆贺节日时都需要摆放鲜花装饰，以前与扑鼻香建立合作关系的老客户，纷纷前来订货，李妍一下子忙不过来了，她紧急招聘了 10 名钟点工，又从市场上雇了 6 辆货车到市郊拉送鲜花，整个国庆节下来，她轻轻松松赚了 2 万多元。

鲜花店就这样开了起来，李妍的事业算是有了一个好的开头。有一天，一位老顾客在买花木时对李妍说：“唉，这花好看是好看，就是不好伺候，你看在你们这里这花木都水灵灵的，可买回家没几天就蔫了。”说者无心，听者有意。李妍突然想到，确实是这样，许多人想养花，但是都不懂得如何护花，一些很名贵的花卉由于买花的人根本不懂得如何养护，买回家没多久就死了。如此一来，许多买花者的积极性就会受到阻碍，花店的生意就会冷淡。那为何不为顾客提供“免费花木护理服务”呢？这样既可以帮助买花的人解决养花的后顾之忧，又能提高自身的竞争力。

想到这里，李妍立马行动起来。她随即聘请了一位有经验的养花工，每天固定时段义务为扑鼻香花店的客户提供免费花木护理知识讲解。这一项措施推出后，受到了很多养花户的欢迎，来她这买花的人一下子就多了起来，没过多久营业额就翻了两番。

开花店一年下来，李妍轻轻松松赢利 7 多万元。她私下算了一笔账，仅"扑鼻香鲜花店"以前的客户资源就给她带来了不菲的收益。看来她当初"借鸡生蛋"这一着棋真是走对了。

借鸡生蛋，顾名思义，就是要借别人的力量来实现自己的目的。当你自己的力量不足以完成一件事情时，寻找能够给你提供便捷平台的人就是一种极好的策略。比如做生意，你空手赤拳怎么做生意？如果能够借用别人的门店，借用别人的客户资源，你的生意就会好做很多。有了一个基本的平台，起码你不用为没有客户发愁。

实战 2　　"借鸡生蛋"创办自己的事业

俗话说得好，"近水楼台先得月，向阳花木易逢春。"在 20 世纪 90 年代初，有一家大型的影视公司到一所学校去招收业务人员，每月的工资仅仅只有 300 元。当时还在就读大二的一名学生肖青，利用自己是学生会主席职务率先掌握了这一消息，连忙怀揣着招聘海报前去该影视公司应聘。

一个月后，前来应聘的 30 名学生中，这家影视公司只留下两名，其中一名就是肖青。当时这家影视公司分配给肖青的工作内容到本地一家电视台销售一个以旋律为主的一个节目广告，肖青不怕困难，不辞辛苦，在工作岗位上兢兢业业，一个月下来，竟然销售给了好几个客户。到第二年初的时候，肖青一个人基本上就能够完成公司 1/3 的营业额，约 150 万元。

对于自己初次的推销经验，肖青很喜欢讲给别人听。那时候肖青的主要工作已经转向商业广告方面，而当地正刚好修建起来的新商业街就是一个很好的新市场。肖青很看好这片市场，于是立马就去这个路段去搞销售。为了提高成功的几率，他一家家拜访，不厌其烦地给每个客户讲解自己所做广告的优势地位。很多客户也都被他的执着和敬业感动，更主要的是相信肖青所做广告的优势，于是都和他达成了购买意向。

几年之后，肖青不再满足仅仅做销售了。他开始涉足广告的全程方案制作。要知道广告方案的制作过程需要非常多的知识，肖青就边做边学，不久之后他就十分熟练地开始制作广告了。在制作广告的过程中，肖青不但自己当导演，自己写广告剧本，自己想创意，还尝试自己去拍，最后完成自己再去卖广告。

凭着自己的奋斗不息的专业精神，之后肖青被提升为这家公司的副总经理，相当于这家公司的二把手。

但是生性好强的肖青并没有一直想给别人打工。在被公司提升为副总的不久，肖青就开始雄心勃勃地自己创业；这年七月，肖青和几个朋友一起合资注册了一家文化传播公司，当时注册资金是100万。其中一个合伙人，在几年之后，成为了他们公司最为骨干的力量。

作为我国最早一批大学生创业者，肖青自己手里其实并没有什么资金。那么他注册公司那100万注册资金是哪里来的呢？这笔巨额注册资金难道是从天而降还是另有其他隐情？其实，这100万的注册资金，肖青得来并没有费什么功夫。他只不过是充分利用了下自己那机智而又充满智慧的商业头脑，把握住一次机会巧妙"借鸡生蛋"罢了。正是这次的借鸡生蛋，让肖青快速积累了最初创业的资本。

当时，香港旗下的一家集团公司为了整合各地旗下品牌，决定出资100万元让肖青去组建一家文化传播公司。新组建的这家公司定位是一家以创业为主的广告代理公司。公司成立之后，肖青那时刚刚从学校毕业，仅仅只有

24 岁，但是他在商场中，一切言谈举止及谈判风格，俨然是一位老练成熟的公司老板。

当然，这个时候的肖青只是拥有公司的管理权而已，因为在公司中没有自己的资金，所有的事情还不得不依附于集团公司。但肖青也有自己的野心，为了从管理权转变到所有权，肖青再次动用自己的智慧完成了又一次的"借鸡生蛋"策略，最终通过"还款"、"购买股份"等方式让这家文化传播公司成为了自己的公司。

正式成为"肖总"的肖青，并没有被这样的成功冲昏了头脑，他开始马不停蹄地为自己的公司四处打拼。之后，肖青与一位志同道合的朋友一起合作出资成立了一家广告设计公司。这个公司在后来的运作过程中取得了很大的成功，这样的成功其实很大一部分体现了两位合伙人卓越的商业远见和经营智慧。此时，有一个地级市正在大肆进行市政建设，肖青和自己的合伙人得知这个消息后，很想参与这个项目，一举拿下这个市的广告设计方案。一次偶然的机会，他们受到某城市策划案的启发，于是完美策划出了自己的策划方案。拿着策划好的方案，肖青利用自己曾经做销售的能力和水平终于说服了市政府的有关领导，一举拿下了这个城市的灯光设计工程。

以某大型城市的灯光改造工程的模式来说服这个负责此项目的市政府领导，让他们在繁华的商业街建立起灯箱广告，这样既美观也会吸金，其实这个过程中花费的成本只有百万元，但最终的收益却是六七百万。事实上，在这个项目操作的过程中，肖青和他的合伙人没有投入自己的一分钱。

整个工程需要使用 700 个灯箱，前期的制作费是当地市政府的财政拨款。这样一来，肖青他们根本不用出一分钱，而是借政府的钱，来为政府做需要的产品。等到所有的灯箱制作完成后，肖青再用自己制定的价格让市政府买回去。这样一来，很大的利润就落在了肖青他们手上，而他自己都没出一分钱。这个项目运作过程中需要的钱不过是向政府借来的，这用肖青的话来说就是"我来的时候带着自己的创意和能力，走的时候我口袋里装满了钱。"这种借鸡生蛋的策略为肖青赚足了企业运营的资本。

市政府的这一项目让肖青取得了创业之后的第一桶金，同时也使肖青创造了白手起家的商业奇迹。而此时的肖青仅仅才二十几岁。

在这家广告公司运作成功之后，肖青立即把业务的重心转到文化传播公司上，并开始专心经营这个公司。几年之后，这家文化传播公司在运作上也取得了很大的成功。

肖青"借鸡生蛋"策略无疑是成功的。这一成功同时也离不开他睿智的头脑和过人的胆识。能够充分利用"天时、地利、人和"，借助优越的时机优势等，借助别人看不到的机会，或者笼络一些在审会上有一定地位的资深人士，借用他们的资本呢，帮助自己达成自己的目标。

实战3　小铜牌获得大收益

1957年，世界食品博览会在美国芝加哥举行，为了扩大自己公司的影响力，很多食品企业纷纷参加。作为罐头公司的一名经理，汉斯绝对不会放弃如此好的宣传机会，于是他便向主办方在展厅里申请了一个位置。然而在这次的博览会上，名气较大的食品被安排在了显眼位置，而汉斯这家毫无知名度的罐头公司只被主办方安排在了展厅角落的阁楼里。

面对这样的情况，汉斯不由得大吃一惊，这里别说难找了，就连向顾客推荐产品的机会都没有。汉斯抱着一线希望找到主办方，希望能换一个位置。但是汉斯的要求遭到了主办方的拒绝，理由是已经没有位置了。的确，如此好的一个机会，别说是汉斯对此有所期待，其他公司肯定也暗中使劲，希望能在这次的博览会上一展风采。随着博览会举办日期的临近，汉斯依旧毫无挽回办法。

食品博览会开幕那天，各家公司使出浑身解数进行产品宣传。不是将产品摆放在显眼处，就是派职员打扮得花枝招展热情地给顾客介绍产品。顾客们面对展厅内琳琅满目的产品，议论纷纷，不是赞叹，就是发表观点。汉斯看着人头攒动的展厅，而自己的柜台由于太过偏僻，几乎没有顾客前来，心里十分焦急。难道自己筹备很久的成果无法在这里展示？同时也无法对投入巨大的公司进行交代。经过一番思索，在经历了两天无人问津的情况后，汉斯想出了一个妙计。

第三天，在展厅的很多地方出现了许多精致的小铜牌。上面还有提示语：如果捡到这个小铜牌，便可去阁楼上汉斯公司柜台领取小礼品。这些小铜牌的出现，引起了很多人的关注，一是好奇，二是可以领取礼品。突然之间，汉斯门可罗雀的柜台边挤满了人。为此，主办方还加固了阁楼的楼梯，以防出现危险。就从小铜牌出现之日起，汉斯的小阁楼展厅挤满了人，很多听说此事的人也纷至踏来。就算之后小铜牌消失后，依然有很多人前来汉斯的展柜。人们对此事津津乐道，乐此不疲。记者们也针对小铜牌的创意对汉斯进行了采访报道。通过人群和媒体传播，汉斯公司大知名度大大提高。就凭借小铜牌的创意，汉斯公司在展会上大赚了一笔。

为了改变自己展柜面临的窘境，汉斯便精心策划了这枚神秘的小铜牌，想以此来博得人们的关注，他成功地做到了。熬夜制出这样精致的小铜牌，并将其撒在顾客众多的展厅里，利用小铜牌充当指路人，将顾客成功地引到自己的柜台前。这使用的正是"抛砖引玉"的计谋。抛撒在展厅里的小铜牌这就是抛"砖"。相较于汉斯的目的而言，小铜牌不值钱，小礼品也不值钱，但是这些可以帮助他达到自己的目的，能有向顾客宣传产品的机会，提高公司的知名度，以小搏大，就是一种"抛砖引玉"。

"抛砖引玉"讲究的就是在生活中，想要有回报，就必先有所付出这个道理。这条计谋在商业领域中应用十分广泛。为了获取利益，商家在进行宣传时就必须让消费者先尝到甜头，以小搏大，扩大自己的影响力。其中的"砖"是指企业经营主或是商家付出的代价，而"玉"就是他们想获得的利益。现如今，企业经营的好坏，声誉很重要。良好的声誉便是成功的一半，业绩自然不会差。恰当地使用"抛砖引玉"的计谋，以小易换大，先提高知名度，不仅可以美化公司在消费者心中的形象，而且还可以获得巨大的收益。使用这个计谋的关键点就是要会"算计"，不仅会算计，还得算得准，怎么样才能抛出一块砖，换到一块玉，不能亏本。要是算计得不准，就会以玉换砖，最后导致自己血本无归，那就麻烦了。

用一块砖引来一块玉，这个计谋在一定程度上也比喻用简单的、浅薄的观点引出别人成熟而很有建树的见解。在这个实例中，用不值钱的小铜牌换得了巨大的销售额，也达到了自己宣传的目的。这只是展现了"抛砖引玉"计谋的一方面。这就像抛砖引玉中所说的，用"砖"引"玉"。用自己身边没有价值的东西，去引诱敌人，换取敌人身边有价值的东西，以此对敌方的虚实进行探明，以便做好歼灭敌人的准备。

另外，还有用"砖"抵"玉"。我方手里只有"砖"，而想要的却是敌方手里的"玉"。而敌人的"玉"明显价值远远超过我方。这时，就应该利用敌人的具体情况制订一个周密的计划，以"砖"的代价获取敌方的"玉'，即使我方有所损失，但依然获得了成功，毕竟敌方的"玉"乃是我方需要的。

最后，还有用"砖"易"玉"。遇到敌方手里有我方想要的"玉"时，就一定要先摸清敌方的底，有可能敌方并不知道"玉"的价值，或是还没发现，这时，我方便设计一个机会，利用不值钱的"砖"去获得敌方手里的"玉"。这好像就是用鱼饵钓大鱼，鱼的价值要远远超过不值钱的鱼饵。

对于抛砖引玉的高成功率来说，它主要是在敌我双方之间打了一个心理战，充分攻击了敌人的心理弱点。人活于世，总有弱点，毕竟人无完人。比如自私自利、贪生怕死、爱贪小便宜等。大多数人在面对诱惑时，都可能会动摇，尤其是在面对巨大的诱惑，唾手可得，定会把持不住。在"抛砖引玉"中，就是利用人们的这个心理弱点，虚实结合，牺牲蝇头小利是虚，其实是为了获得更大的利益而已。抛砖的人虚张声势，而拾砖的人见利忘义，不能明辨是非，不明真假，也就在不知不觉中落入了敌人的圈套。

在这个实例中，铜牌换来了关注，那么"抛砖"是否能引来"玉"，关键在如何选择"砖"和抛"砖"的技巧。第一，这块"砖"一定要是能够让敌人产生兴趣的，能够吸引敌人关注的，让敌人在一时之间分不清是"玉"是"砖"；第二，在运用此计谋时，还要因地制宜，具体问题具体分析，制订出一个符合当时环境形势的能骗取敌人信任的计划，以此判断在抛出一块"砖"的时候能不能获得一块"玉"，要不然得不到敌人的玉不说，自己还损失了一块砖。而且，还必须得注意，砖的价值要远远小于玉，若是两者一样，或是砖的价值大于玉，往往就得不偿失。毕竟抛砖引玉表达的就是以蝇头小利获得丰厚利益的意思。一般只有当玉的价值远远大于砖的时候，抛出砖才是值得的，毕竟要舍弃的砖也是代表一部分利益的。如果得到的利益远小于付出的代价，那就变成"抛玉引砖"，这样的情况就是完败于敌人。

目前，在现实生活中，这条计谋也被广泛用于各个领域中，包括经济、政治、生活、文化等。从政治的角度而言，某些政治人物可以利用"抛砖引玉"来充实自身的实力，壮大自己的势力，同时也会为实现自己的某个目标，牺牲自己的部分利益，换取其他政治人员的支持。而在经济领域，企业经营主在面对激烈的市场竞争时，都必须明确，如果想要有所获得，就必须有所付出。有的时候，某些利益的牺牲是为了获得更大的利益和成功。在生活中，最简单的"抛砖引玉"就是，商家为了多赚利润，采用买一赠一，或是打折销售的方式来进行促销，不仅可以吸引消费者，提高知名度，还可赚得巨额利润。

第十章 | 关门捉贼，釜底抽薪
——在有利情况下要争取完胜

古人云："扬汤止沸，不如釜底抽薪"。在解决问题的过程中，要学会抓住事情的主要矛盾，从根本上解决问题。不能浮于表面，看不到问题的本质。同时，也要学会把握时机，利用自身的各种条件，善于筹谋，争取完全的胜利。

【经典今解】

小敌困之。剥，不利有攸往。

对于弱小之敌，应包围起来歼灭。小股敌人力量虽弱，但行动灵活，不宜穷追不舍。

从此计的字面意思来看，是指在有窃贼入室偷盗时，为避免其逃跑而关门将其提住。而运用于军事中，关门捉贼一般泛指在主动权在我方手上时，如遇较为危险的敌人时，就要先断其后路，形成包围，一举消灭。

在此计谋中，"关门捉贼"的"贼"是指数量不多且变化多端的小队敌人。如果对其进行穷追猛打，其要么藏匿无踪，要么鱼死网破。如果能使敌人落入圈套，用"门"将其关住，对他形成包围之势，定能将其消灭。

　　古代兵法对关门捉贼之计研究很多。如《孙子兵法·谋攻》说："故用兵之法，十则围之，五则攻之，倍则分之。"其大意是指：关于用兵的法则大致有以下内容，如果兵力是敌人的十倍，就包围敌人歼之；如果兵力是敌人的五倍就主动进攻敌人；如果只有敌人兵力的一倍，就选择分散敌人。而兵书《尉缭子·制谈》说："一夫仗剑于市，万人无不避之者。臣谓非一人之独勇，万人皆不有也，何则？必死与必生固不侔也。"文章大致是说：一个持刀暴徒冲入集市，很多人都要躲着他。我认为不是大家没他厉害。那为什么会这样躲着他呢？是因为一个不想活命和大家都想活命，本来就不一样。就像孙子说的道理就是"关门捉贼"；而尉缭子说的众人与亡命之徒，道理是一样的。

　　此计谋中涉及到两个动作"关"和"捉"。想要运用此计，就必然先"关"后"捉"。"关""捉"各有数法。"关"则有早关、晚关、急关、缓关之分。"捉"则有疲捉、困捉、惊捉等。运用哪种办法，则要视具体情况而定。

　　施行此计要注意以下三点：

　　（1）以弱关之。能围困住的都不是强兵，所以"关门"所捉的都是弱敌。如果关的是强敌，则可能会遇到殊死抵抗，会遭到意外的损失。所以，一定要摸清敌人的底细，才能选择是否使用此计谋。

　　（2）关紧大门。如果把"贼"关在屋子里，他一定会采取措施反抗，大门就是首要目标，如果大门在关键时刻关不紧，让敌人在关键时刻破门而出，则会导致自己的失败。

　　（3）瞅准时机。在此计谋中，不管是"关门"还是"捉贼"都有一个时机问题，就如《兵法圆机》中说："盖早发敌逸，犹迟发失时。"如果"关门"早了，很容易让敌人逃走，要是犹豫不决"关门"晚了，又会错失时机。所以时机对于"关门"和"捉贼"而言，是影响取胜的关键条件之一。

面对小股敌人，利用"关门捉贼"可以采取两面夹攻，四门包围的战术来达到歼灭敌人的目的。要是让敌人侥幸逃脱，形势就会变得复杂。如果上前追敌，一方面是怕敌人以死相拼，二是怕敌人这是诱敌深入的战术。"关门捉贼"的贼，同时也指一些小股军队，他们善于偷袭，并且行踪不定，难以推测。他们虽然人数不多，但是极具破坏力，我方稍有不注意，便会来我方捣乱，以此迷惑我方。对于这样的"贼"切不可让其逃跑，一定要关门打狗，全力歼之。如果说，此计谋要是用得好，也可以对付敌方主力部队，聚而歼之。

战国末期，秦赵两国交战。在长平（今山西高平北）处，秦军遭遇阻碍。赵国大将廉颇奉命坚守长平，而当时秦国军事强大，廉颇见状觉得不能和秦国硬拼，便指挥守军坚守岗位，以守代攻。四个月后，两军依旧相持不下，秦国依旧没能攻下长平。为了化解当时的困境，范雎建议秦王使用离间计，让赵王与廉颇产生隔阂，怀疑廉颇坚守不战的用意，这样便会换人守城。赵王果然中计，调走廉颇，派赵括代长平指挥战事。到长平之后的赵括第一件事就是改变廉颇的战术，觉得赵军应该主动出击才能结束两方僵持的局面。

为了使赵括判断错误，秦将白起在之前的交战中，故意放水，让赵括小赢几场，尝尝甜头。果然，赵括中计，得意忘形地派人给秦军下了战书，这正是秦国需要的。对决前一天，他派出几支队伍在赵军前来的路上埋伏，以切断赵军的后路。第二天，赵括亲自率领 40 万军队前来决战。由于前几次交战，赵国都赢，赵括面对着这群"手下败将"好不得意，他哪里知道那正是敌人使用的计谋？秦军在决战中假装大败，散兵一路撤退，而赵括带人一直追到秦国军营。此时，秦军偃旗息鼓，避不交战，赵括带军攻打了几日都没拿下，正打算撤军回营时，突然听闻：秦军已经攻占了自己的大本营，同时还切断了粮道。

此时的赵军已经全部陷入了秦军的包围圈。这一困就是 46 天，由于缺少补给，赵军内部只得互相残杀。赵括一心想要突围。但是在秦军严密的部署下，一直突围失败，最后，赵括死在秦军箭下，赵军也溃不成军。只可惜 40 万大军全军覆没，这个只会"纸上谈兵"的赵括，面对真正的战场，毫无用兵之法，此战大败后，赵国实力大不如前。

不敌其力，而消其势，兑下乾上之象。

不直接面对敌人的锋芒，而是间接地瓦解敌人的气势。也就是说用以柔克刚的办法转弱为强。

此计谋出自北齐魏牧所写的梁朝文中的两句"抽薪止沸，剪草除根"。釜底抽薪指要想使锅里的热水立刻冷却下来的最好办法，就是把锅下的柴火抽去，没有热量的提供，水自然就会凉下来，这计谋比喻从根本上解决问题。在战争军事中，此计谋是指将敌人的补给来源切断，将敌人所依附的优势条件去除掉，让敌人处于要啥没啥的状态，这样一举就可以歼灭敌人。特别是面对力量较强的敌人，不需要跟其硬拼，而是要避开他的优势和长处，想方设法使其进攻的形态变弱。在古代的军事中，如果运用此计谋，大都是破坏敌方的粮草补给。古语有云："军无粮则亡。"东汉末年，曹操因偷袭了袁绍的粮草，赢得了官渡之战，这也是历史上有名的"以少胜多"的战事。

运用此计谋需注意以下几个方面：

（1）先治其本。"标"和"本"代表着事物的两个方面。"标"是指表面现象，而"本"则是指内在本质。如果要彻底解决问题，就必须先搞清楚那个是"本"，哪个是"标"，先治本后治标才能达到目的，不可本末倒置。

（2）去其所恃。世界万物都是普遍联系的。事物的存在不仅是相互联系的，而且还相互依赖，共同发展。如果一个事物是另一个事物生存发展的依赖，那么只要除去前者，后者就会受到牵连，大受影响。

（3）攻心夺气。古语有云："夫战，勇气也。"意思就是作战靠的就是一鼓作气。实力和气势并不是相同的事物，但是气势本身对实力的发挥有着重要的影响。在不能和敌人硬拼的时候，可以利用计谋攻击他们的气势，使其气势低落，一蹶不振，从心理上瓦解敌人的斗志。

（4）以柔克刚。两强相遇，勇者胜。这要是硬拼，实力不相上下的两人肯定会两败俱伤。如果硬拼不行，会导致自己损失惨重的话，可以使用以柔克刚之计。用敌人想不到的柔和办法对付敌人，往往可以获得意外的成果。

古语有云："故以汤止沸，沸乃不止，诚知其本，则去火而已矣。"这句话明确了"釜底抽薪"的字面意思，就是指想要让已经烧开的水温度降下来，最好的办法不是往里面加冷水，而是将锅底的火灭掉。这样水温就会慢慢降下来了。釜底抽薪的关键点就是抓住事物的主要矛盾。很多情况下，能左右时局的正是敌人的短板，战场上的军师一定要瞅准时机，判断敌人弱点之所在，攻其不备出其不意，就像粮草补给一类，如有机会截取，敌人就会不战而败。

东汉末年，社会动荡，战事连连。袁绍在河北趁乱崛起。公元199年，袁绍为扩大势力，率军十万进攻许昌。那时，官渡（今河南中牟北）由曹操坚守，兵力只有三万多人。两军隔岸僵持不下。为了突破僵局，仗着兵马多的袁绍便派人攻打白马。曹操不管袁绍进攻，只是命令主力军队奔袭到延津渡口，做好渡河准备。袁绍担心两线夹攻，也率军到此阻拦曹操过河。谁知这不过是曹操掩人耳目的假动作，他突然派人杀回白马，将袁绍大将颜良斩杀，首战告捷。由于需要长期对峙，粮草便很重要。袁绍将从河北调来的粮草全部囤于距大本营 40 里外的乌巢。通过多方打探，曹操发现乌巢并没有重兵把守，便准备切断袁绍粮草，让 10 万大军陷入内乱。曹操亲自带领 5000 精兵伪装成袁绍的部下，披星戴月，赶往乌巢，准备偷袭。不仅在神不知鬼不觉中包围了袁绍的粮草库，还放了一把火烧了它。袁绍听闻，大惊失色，此时袁军内部因粮草尽失，军心不稳，正当袁绍不知所措之时，曹操带领军队全力进攻，而袁军早就丧失了战斗力，大败而逃。虽然袁绍突出重围，但从此一蹶不振。

【案例解析】

实战 *1* 三河保卫战

清军见太平天国在天京事变后内耗严重，元气大伤，决意利用此机会，乘虚而入，发起进攻。1858 年，清军主力攻下九江之后，又乘胜追击了太湖、桐城等地，而曾国藩湘军主力李续宾的前锋更是直抵三河镇。由于当时安徽省省会在庐州，而三河镇又是通往省会的咽喉，一旦被攻占，庐州必失。太平天国不想失去安徽，就必须坚守三河镇。

三河告急，太平天国将领陈玉成率部快马加鞭前去支援。虽然形势危急，但青年将领陈玉成还是想出了一招关门捉贼的军事部署。首先截断清军后路，由陈玉成率兵从后包抄，其次让守在庐州城内的吴如孝率众将士会合太平军南下，以此断绝舒城清军和李续宾的直接联系。而就在此时，太平军的后援李秀成率军前来。如此部署，不仅对清军形成了包围之势，也让李续宾成为了待宰羔羊。

11 月 3 日，清军开始连续攻占三河镇外太平军在河岸用砖砌成的九座堡垒，但其所率的军队伤亡也十分惨重。11 月 7 日，李秀成所率 10 万大军赶到三河镇外 30 里驻扎。李续宾见太平军援军已到，又不愿撤军而退，决定在三河镇与太平军决一死战。同月 14 日，太平军对李续宾大军进行两面夹攻。次日李续宾率众反击，一度冲破太平军的防守。正当激战时，突然漫天大雾，李续宾一众迷陷浓雾中，不久就被太平军歼灭。陈玉成和李秀成便合力攻打湘军大营，同时三河镇守城的太平军也杀将而出。最终，太平军一鼓作气连破湘军七座大营，湘军大败。

三河镇战役中，湘军损失惨重，被歼6000余人，包括曾国藩的弟弟曾国华等一起在内的400名文武百官。而李续宾在战败后自缢身亡。湘军统领曾国藩接战败消息后，震惊不已，万分沮丧得说："此战惨败，我湘军六千被歼，败坏大局，我军势气定不如从前。"然而，太平军凭借三河大捷重振士气。随后，太平军又乘胜追击，不仅收复失地，还解了安庆之围，扭转了被清军绞杀的被动局面。

在军事中，为了不让实力较弱的敌人逃走，可以使用包围战，或是计划从两面夹攻的办法来歼灭敌人。在这个实例中，陈玉成利用援军和守军与自己一起形成包围之势，将湘军变成瓮中之鳖，这样不仅不会使湘军有机会逃脱，而且也有利于太平军挽回劣势。

首先是"关门"，在这个实例中，陈玉成自己率人去切断了湘军的后路，然后再和其他太平军汇合，然后不断缩小包围圈，慢慢地"关门"，这样的办法让李续宾感觉插翅难飞，只能留下了决一死战。在此计谋中，想要关好门是要点技巧的：一是预先选择对我方有利的战场。有利的地理条件对战争也是有影响的，在陈玉成和李续宾的对抗中，三河镇外太平天国大本营正是有利于太平军的地方，有这样的优势，有时也可以弥补下兵力上的不足。二是诱敌入门。在此实例中，陈玉成就是将各分支军队，汇合成一支主力军，聚齐兵力，主动进攻，能取得巨大的效果。三是关紧"门"，防止敌人突围。敌人发现被包围了，肯定会选择突围逃生，此时一定要将大门关紧，让敌人无法逃脱，只能全员被歼。而陈玉成的计谋正是把这三部分紧密结合才达到了"关门捉贼"的目的。

实战 2 聪明的"三角经营"法

刘三是个商人，通过多年的经商经验，他决定自己开一家药店，药店名字就叫"刘三药店"。药店开张后，生意十分冷清，简直可以说是门可罗雀了。刘三每天起早贪黑，打开店门，可是始终很少有人问津。店面上赚不了钱，直接导致生活质量的下降继而生活上开始变得拮据。赚钱的不易，生活的艰辛，也更让刘三心中暗下决心一定要把"刘三药店"发扬光大。刘三很清楚，想要"刘三药店"发展起来，就要求新求变，可是具体如何求新求变呢，刘三并没有主意。

经过几天苦思冥想，刘三终于想到了一个办法：孤立的店面，单一的经营模式，很容易就会经营不好，没人问津，如果有三个不在同一条直线上的小店，其地理位置处于一个三角形的各个顶点之上，那么他们之间连线便可构成一个三角形。若这样的三个小店由同一个人领导，统一经营，三者之间始终保持着密切的联系，形成连锁经营的模式，假若一家店面药品短缺，只需要打一个电话，另外两家店面就会派人把短缺的药品补上。这么一来，一家店面就相当于有三家店面的效果，顾客见到药店各种药品都十分齐全和充足，心里自然就会踏实很多，暗自在心里就会对药店产生一种信赖、安全的心理，这样久而久之，药店的生意一定能够红红火火。

广开店面当然是好的，可是刘三为何一定要以三角形的架构来选择店面、开设药厂经营呢？这其中的原因主要是：药品是一种有统一质量标准的特殊产品。全市市场上售卖的药品只有价格上的差异，而质量上没什么差别。药品，必定是按照国际统一标准来生产的，是以一种最有益于人的身心健康的理念生产的。因此，这些药品，无论是在哪家药店购买，其质量都是十分安全可靠的。

人在患病的情况下，因为心理因素的关系，往往会产生一种紧迫感，都希望能在最近的药店买到自己需要的药品，早日治病，而不会去考虑，这家店面的经营者是谁，人怎么样，这家店的信誉怎么样，服务好不好，店面装修是否豪华，出入店面的经常是些什么样的人等问题。因此想要开药店，在选址方面就一定要占据地理上的绝对优势，否则就很难吸引更多的顾客。

店面以三角形的方式进行经营，那么药店覆盖的范围就变得很宽广，在这个三角区域中的消费者就处于被包围的状态，也可悲称为是"无路可走"，也就是说，这些被包围的消费者最佳的购买地域就是这三家连锁店中的任意一家。而在三角形之外，又有三个点，可以自三个方面吸引到顾客到来。这样呈三角形的三家药店有如此广大的覆盖面，生意想不好都很难。

刘三想到后立即付诸行动，自此之后，他更加勤俭持家，热情待客，慢慢积攒了一笔钱，但是仅凭手里的积蓄难以成事，于是又向朋友借了笔钱，最终在预先选好的地点购买了两家小店，同是经营药品，这么一来，刘三第一个三角形的连锁店就形成了。

几个月后，刘三惊奇地发现，他那三角经营法发挥了令人吃惊的威力。刘三发现，三角经营之法，不但实现了他原先估计好的种种设想，还具有了一个他没有预想到的优势，就是给这三家连锁药店中的一家做广告宣传，无形中也就等于给其他两家店面也做了宣传。并且，三家药店往往会同时进货，这样进货数量提高了，那么进货价格就会有更大的折扣，这样一来便降低了进货的成本。药品的成本降低了，那么刘三在药品价格的竞争中，也就能够采取更加灵活的姿态，提高自家药店的竞争力。

另外，三家店面，相互支撑，假如一家药店某种药品售完，便可从另外两家药店抽调所需药品加以支援。此后，除了十分特殊的情况之外，"刘三药店"的药品都十分齐全，很少有缺货断货的情况出现。在加上刘三调货的速度十分快速，店员们的服务态度都十分好，所以，"刘三药店"的生意越来越好。

刘三并没有因此而得到满足，他依然雄心勃勃，接着进一步发挥了他的三角形经营方法。他在原有三个药店的基础上，又开张了一家新店，这样一来，这家新开的店面与原先的两个店面又构成了一个新的三角形连锁系统。虽然新店刚开张不久，但是有另外两个老店的支援，没多久，新店也和老店一样变得很有实力，生意也十分兴隆。

此后不久，刘三根据这种三角形经营方式，发展了新的店面，不断地扩充着自己的商业版图。刘三开设的药店逐年在增加，每建立一个新店就等于扩大了一个全新的覆盖面，而在这些覆盖面里的竞争对手，另外的一些药品专卖店是很难对刘三的连锁店构成威胁，形成挑战的。

几年之后，刘三变成了当地经营药品的"药王"，积累了很多的财富。他在原先"刘三药店"的基础上，成立了刘三药品连锁商店，随即经营范围扩到了全省及周边一些省份。刘三的药店如同鸡生蛋，蛋生鸡，一家接连一家，在全省市处处有刘三的药品连锁商店。五年之后，刘三药品连锁商店在全省市一共发展到了500多家，且还有继续增加的势头。同年，刘三药品连锁商店的销售额就占据所在省份药品销售额的百分之十五。刘三从白手起家，终于创造了商业上奇迹，成为了名副其实的药品销售大王。

刘三的三角形经营方法，正是"关门捉贼"之计在经营过程中的灵活运用。刘三在初次经营药店的时候，由于店面单一，生意十分惨淡，刘三经过认真分析了药店失利的原因，总结经验，吸取教训，最终形成了一套"三角形经营法"的经营策略，就是在原有药店的基础上，新开另外两家药店，这三家药店在地理位置上构成一个三角形，彼此之间相互照应，相互支援。这样的方法付诸行动后，很快刘三就看到了效果，刘三药店的生意变得越来越好。而刘三也根据这一原理，继续发展，最终成为了当地名副其实的药品销售大王。示例中，刘三开设的三家药店，把消费者包围起来，这可称之为"关门"，三角形区域里的消费者，可比作是"贼"，刘三便是应用此种方式，关了门，也捉到了贼，最终钱财没能流失。

在经营中，在经营中，"关门捉贼"之计运用的最多也许就是这种连锁经营了。企业经营者在同一地段、同一区域，开设几家店面分开经营，而商品又息息相关，这就是连锁经营。例如：甲衣服店只出售上衣和裤子，乙店便可以出售鞋子和袜子，那么丙店就可以出售领带和胸针，丁店就出售内衣内裤，其他店面就可以出售香水等美容护肤品，等等。这几家店面都属于同一个经营者，商品之间又存在密切的联系，当消费者来某一家店面消费的时候，此店便可向顾客推荐其他店面，大家齐心协力，就会形成了一个强有力的购物圈，这样就更多地抓住了顾客，赚取利润。

这种策略其实是一种双赢的策略。商家的目的就是为了赚钱，连锁经营可以为商家迎来更多的消费者，从而获得更多的利润。而消费者的目的就是消费，购买自己喜欢的产品，连锁经营的模式既可以满足顾客的消费需要，给消费者提供更多的选择机会，还可以统筹兼顾，为消费者节省更多的宝贵时间。连锁经营，商品琳琅满目，十分齐全，消费者在购买的同时，不知不觉已经陷入了商家"关门捉贼"的陷阱，在对方控制的区域里，完成购买行为。

实战 ③ 精工表在反击中崛起

二战后的日本经济萧条，物资缺乏，可谓是民不聊生。但是诹访精工为了重振企业，恢复往日的辉煌，克服重重困难，将战争中受损的机器逐一修复，继续发展自身的手表业。经过很长一段时间的实验，他们研制出了5款女性手表，投入市场后的销量很不错。这次颇为成功的试验，让诹访精工在制表业中获得了一定的地位。五年过后，诹访精工在当时的日本本岛已经成为了一家实力较强的钟表公司。同年5月，收购了大和企业后的诹访精工迅速崛起，在日本本土钟表精准度比赛中，诹访精工推出的品牌手表连续三年夺得冠军，而这款手表也因此在市场上很畅销。诹访精工并不满足于在日本本土的成功，随着钟表产业的日益发展壮大，他们将目标锁定了钟表王国的业界翘楚瑞士。

对于瑞士，很多人首先想到的不是阿尔卑斯山，而是他的钟表产业。他的所制作的钟表无论品质和做工都堪称世界一流。由其创立的几大手表品牌，不仅世界知名度较高，而且远销世界各地。挑战如此的钟表帝国，诹访精工这样想法在当时看起来很不现实。

虽然看似机会渺茫，但是日本诹访精工企业的员工都以此激励自己，团结一致，向着钟表界最高荣誉发起挑战。尤其当第十八届奥运会将在东京举办的消息传出后，诹访精工不仅准备夺取奥运会最后的计时权，同时还要制造出精准的钟表提供给奥运会比赛计时。可之前每一届奥运会的计时权都为瑞士著名钟表品牌欧米茄所有。但诹访精工却不信邪，不仅很早就开始为奥运会做准备，同时坚信当时的钟表技术定能和瑞士一较高下。为了知己知彼，诹访精工还特地派人去慕尼黑奥运会进行考察。而考察结果也让诹访精工为之振奋，他们发现当时奥运会所用的瑞士欧米茄钟表不仅体型庞大，多为机械设计，只有为数不多的石英表。从这个状况看，诹访精工觉得自己获胜的把握又大了些。

经过艰苦不懈的努力，诹访精工拿到了东京奥运会的计时权。不仅如此，诹访精工还凭借着自主研发的适应各种赛事的计时器在东京奥运会的赛场上大放光彩。在该届奥运会的马拉松比赛中，精工计时钟表精准地定格在2:12:11:2，不仅精确地显示了运动员的成绩，也利用这个机会将精工制作推向了世界。不仅平均日差只有 0.2，而且还是世界上第一款干电池驱动的便携式石英表。很快，精工优异的表现引起了同行的注意。

同时，不仅是钟表的精准度，就连设计都是别出心裁的。精工表的旁边不仅可以显示比赛获奖者的名字和国旗，它还拥有强大的防水功能。精工企业充分利用了这次奥运会的传播优势，不仅在镜头能拍到的地方突出自己的品牌，还赞助所有的工作人员都佩戴精工设计的钟表。在强大的宣传攻势下，精工表知名度大升，而瑞士的欧米茄失去了原有的关注。

传统钟表强国瑞士对日本精工表业的崛起十分警惕，不断加大投入以维持自己所拥有的优势。向来以技术见长的传统瑞士名表，尤其是机械表，关于它的性能，误差都处于世界领先水平，连日本钟表都自愧不如。但是日本人并没有选择夺取这个优势，而且选择另辟蹊径，利用新的技术生产新的产品来获取新的优势。就比如研发的石英表而言，石英表和机械表相比，耐震性更好，而且不会因为温度造成误差，计时起来就排除了外部环境的影响。虽然瑞士机械表的工艺世界第一，但日本精工却领先一步发展其他技术，在技术革新方面，日本已经开始慢慢超越瑞士。

1968 年为了展示瑞士机械表的精湛工艺，瑞士举办了纽沙贴夫天文台的钟表比赛。但在比赛中，瑞士机械表在日本精工所生产的十五块石英表面前，全都黯然失色。比赛的结果让瑞士表业蒙上了一层阴影，直到第二年才将一份没有名次的成绩寄给日本精工。由于此次比赛，瑞士制表表现不佳，所以瑞士宣布从此停办此类比赛，日本精工终于战胜了不可一世的瑞士钟表神话。

此次竞赛失利的瑞士钟表为了一雪前耻，投入更多的精力去研制更高品质的机械表，在新的形势下，机械表已不是市场主流，但他们仍然一再地追求机械表的高精准度和高精细度，希望以此来代替其在商业化中所具有的耐震性差和成本高等缺点，如此一来，瑞士人钻进了这个牛角尖，只能越走越窄。相反，日本精工通过各种调查，明知自己很难在机械表领域超过瑞士，就迅速转化思维，研发新的产品，以市民需要为基础生产出一批更符合他们需要的手表，因此大获成功。但是对于精工企业来说，这仅仅是起点，通过不断的研发，当时精工已经成为世界表业的翘楚。强盛时期的精工，计划趁热打铁一举进军国际市场。

经过详细的规划，精工企业决定首选欧洲作为进军国际的第一站。但是欧洲市场向来是由瑞士表业垄断。但是精工利用价格优势首先抢占了中低端市场，使得瑞士表业在欧洲的市场份额慢慢被精工蚕食。除此之外，精工还不断地通过赞助赛事来推销自己的品牌。60年代末期，精工在欧洲确立了地位。70年代，顺利进军了美国市场。

在这个实例中，精工企业能完胜瑞士钟表完全是使用了"釜底抽薪"之计的结果。面对瑞士表业已经攻占的机械表领域，自知无法超越对方，于是便剑走偏锋，研究新的石英表取而代之。因为石英表颇受消费者的喜爱，久而久之便逐渐淘汰了机械表。正是由于精工企业放弃旧思维，进行全面创新，这正体现了"釜底抽薪"这一计谋在商业领域应用的精华。

在商战领域，"釜底抽薪"之计主要是将面对着强劲的竞争对手，不盲目展开竞争，要懂得避敌锋芒，用一种新的理念代替旧有的想法，用一种全新的规则打破旧有的规则，创新经营观念，开发新产品，从而使得自家的企业赢得先机，从根本上胜过对方。上个世纪60年代，日本精工表业挑战瑞士制表业即是此计典型。

运用此计谋的前提是需要发现可以使用此计，而且要会把握关键点。在这个实例中日本钟表企业使用的"釜底抽薪"的关键点是技术层面。因为不同情况的关键点是不同的，所以在这里是关于钟表技术问题。同时要注意抽薪方法的灵活使用，不能单一地局限于某一点，在实例中，日本钟表企业并没有像瑞士钟表业那样钻牛角尖，而是较为灵活地选择了另辟蹊径，进行超越。

在这个实例中，日本企业经过认真分析，总结出"薪"为何物。"釜底抽薪"的"薪"一定是可以影响事情发生的关键点，如果不能正确找出关键点，那么就很容易误入歧途，做的都是无用功。

在这个实例中，日本企业和瑞士钟表都是斗智没斗力，比的是谁的技术更精湛，所以，以技术来决定胜负，是明智的选择，既没有风险，也没有危险，所要做的就是研发技术。

"釜底抽薪"这个计谋在古代经常被军事家和政治家所利用，而现在也应用广泛，多用于商业战中。军事家们利用此计谋来打击敌人的士气，瓦解敌人的斗志；政治家们为了得到政治利益，就利用此计谋来进行政治斗争，弹劾对手。而现代社会，多使用于商场和职场。在商业领域中，并不是一般意义上的经济利益的纠缠，而是利用此计谋从根本上超越对手，将对手踢出场的争夺战。对于从根本上寻求的方法，可以是对技术层面的掌握，或是管理人事方面的应用。在人际交往中，则可以理解成，为了自己的目标得以调整，而使用某种高尚的品德或是智慧赢得别人的尊重。

第十一章 | 应时而作，分身有术
——走而示之不走的高明决策

当竞争十分激烈的时候，局势就会变得很复杂。在这种复杂的局势中，谁能因时而动，因时而作，谁就会成为最后的赢家。当时机恰当的时候你甚至可以采取分身术，给对手制造一个假象，而你却早已脱离险境，走向成功。

【经典今解】

乘其阴乱，利其弱而无主，随，以向晦入宴息。

趁敌人内部混乱之机，利用其力量虚弱而无主见的条件，迫使敌人随从我方的意志，就像人到了夜晚一定要上床休息一样。

东汉末年，战乱不断。此时的刘备也趁机起兵，不仅对黄巾起义军进行战斗，而且还与诸侯混战，后有幸得诸葛亮相助，势力逐渐强大。随后，刘备又利用时机谋夺荆州、西川两地。

因时而作是指趁着混乱、纷杂的局势得到之前想得到的利益。这个计谋主要是讲究混乱中取胜。在政治或是商业领域的竞争中，能较好帮助自己获得利益的方法就是因时而作。不仅能顺利达到目的，而且付出的代价较小。其实，混乱纷杂的场景很少能遇到，一旦遇到，就要加以利用。

要想顺利地运用此计，时局的混乱纷杂是前提。一般情况下时局"混"有两种：其一是本来时局就是混的，那么这时我方就是简单的"乱中取之"（《孙子兵法》语）；其二是时局本来是清净的，我方利用计谋让时局扑朔迷离，随后因时而动。由此可见，第二种的难度明显大于第一种，但是第二种的方式仍得到广泛应用，只要计谋实施妥当，定然能够取得成功。

因时而作，在军事中利用此计谋，是指趁着敌人混乱不堪时，趁机出击，在其措手不及的时候夺取想要的东西。尤其是在形势较为复杂的战争中，常有一方会判断不准导致决策左右摇摆，这时我方就可以趁机使计。然而，这个计谋在很多时候，都是需要主动创造条件才能使用的。

唐代开元年间，契丹地区发生叛乱，不断派兵攻打唐朝边界都城。张守珪被朝廷任命为幽州节度使，统率大军以平定边界之乱。由于契丹叛军大将可突干几次攻打幽州而未能得逞。于是，便想出派遣使者去幽州打听消息的办法。可突干交代使者一面前去假装有意投降，一面打听唐军内部的军事消息。得知此事的张守珪觉得事有蹊跷，觉得契丹叛军气势嚣张，居然派人主动求和，里面定有问题。于是，待使者来了之后，便很有礼节地招待了使者。

第二天，既然契丹想要归顺，张守珪就派大臣王悔代表朝廷到契丹营中宣布诏令，并传令王悔一定要打探到契丹内部真实的消息。王悔来到契丹营中后，受到契丹叛军大将可突干热情的招待。在酒宴上，王悔通过对契丹叛军一言一行的观察，发现契丹叛军在行动上与口头所说的毫不一致。他通过一个小兵打探到还有一人分掌契丹叛军兵权，那人便是李过折，此人与大将可突干一直有冲突，不但不服从大将可突干，而且还经常冲撞他。听闻此事后，王悔便假装自己没有听闻过此事，拜访了李过折，并且还当着李过折的面不断地夸赞可突干。李过折一听，大为恼火，不但说出是可突干之意起兵才导致契丹战事不断，民不聊生，而且还将可突干诈降一事和盘托出。这次可突干派人求和是假象，已经借兵突厥的可突干可能几日后将就再次攻打幽州。见李过折如此动气，王悔便趁机劝说他归附大唐，并坚称面对大唐强大的兵力下，可突干一定会失败。如果他帮助朝廷铲除可突干，那么朝廷一定会对他委以重用。听到王悔如此一说，李过折随即表示自己归附朝廷。随后，王悔见任务完成，便即刻告别返回幽州复命。第二天晚上，李过折悄悄带领自己的人马突袭可突干的营帐。在突如其来的战争中，可突干被杀得措手不及，死于李过折刀下，这样一来，契丹叛军大营一片混乱。忠于可突干的军队随即和李过折厮杀了起来，斩杀了李过折。打探到消息后，张守珪立马率军前往契丹叛军大营接应李过折的部下。此时，契丹叛军大营内部正打得不可开交，混乱之际，被唐军趁势打败。

　　存其形，完其势，友不疑，敌不动。巽而止蛊。

　　保留阵地原有的外形，保持原有的气势，使友军不怀疑，敌人不敢轻举妄动。我方却秘密转移主力，打击别处的敌人。

　　分身术是指表面做出一副样子，实际上却是利用表面功夫得以逃脱，并利用机会一举出奇制胜。在军事上的表现为，利用虚假的信息迷惑敌人，自己实则选择其他的方法逃脱敌人的追捕，转危为安。

　　要想顺利地运用分身术，重点在于一个"分"。对于不同的敌人而言，就要使用不同的"分"法。

但是，要想运用好此计谋，就一定要注意时机。第一，切不可过早"分身"。对事情的发展要做好预测，不可过早判断成败与否，只要有取胜的可能，就要坚持下去。只有到迫不得已的时候才可以"分身"而去；第二，"分身"也不能太迟。在大势已去的情况下，见到失败不可避免时，就必须立刻"分身"，如果拖延一分钟，就会多一分的危险。

在面对强敌的时候，要主动撤退，必须谨慎冷静，稍不注意，就会遭遇不测。整个计谋在实施过程中绝对不可泄露半分，要不然就会招致失败。要想取得成功，就得在敌人不知道的情况下秘密进行。

本计谋的含义有以下两个方面：

（1）分身。为了摆脱自己的危险处境，先留下"外壳"给敌人看到，然后再假扮其他，脱身离开。这个留下的"外壳"只是我方制造的虚假信息，并没有损害到我方的势力，但能对敌方的判断造成影响，比如错判或者误判。

（2）脱身。在面对两股不同的敌人时，为了避免遭到两面夹攻，可以对其中一方进行势力威胁，使其不敢轻举妄动，然后暗中将主要兵力集中进攻另一股敌人，取得成功之后，再来攻击先前一方。

此计谋多用于利用伪装来进行军事战略的转移、撤退等。利用我方制造的表面现象迷惑敌人，稳住敌人，不仅没有暴露自己的真实实力，反而能顺利撤退，保留了自身的实力。完成目标后，通常我方还会分出小股势力，利用此机会攻击其他敌人。

三国鼎立后，蜀国雄霸一方，诸葛亮誓师北伐，但前五次都无功而返，最终在第六次北伐途中，身患顽疾，一直医治不好，病逝在五丈原。为了稳定军心，同时避免诸葛亮病逝的消息传出后，蜀军处于更为不利的地位，诸葛亮在临终前，将姜维叫到身边，秘密地把撤军之计告诉了他。随后，诸葛亮病故。按照诸葛亮的计谋，姜维不仅秘不发丧，同时还将其死讯封锁起来。

他将诸葛亮的灵柩藏于大军之中，开始命令军队开始后撤。此时，司马懿虎视眈眈，不仅派军队跟踪蜀军，还想趁着蜀军撤退之际，杀他个片甲不留。

在撤退途中，姜维下令称是诸葛亮用计的需要，安排工匠仿照着诸葛亮的样子，用木头做了一个假人，不仅穿着诸葛亮的衣服，戴着诸葛亮的帽子，还手持羽扇，像极了真人。这个假人被安放在了车中，稳稳当当地坐着。不仅如此，姜维还命令杨仪率领人马声势浩大得主动向魏军发起攻击。魏军主帅查看蜀军时发现，蜀军上下同仇敌忾，气势过人，而诸葛亮气定神闲地坐在车上，一时之间没了分寸，不知如何行动。司马懿深知诸葛亮善于用计，又怀疑蜀军此次退兵里面有诈，于是就命令军队暂时撤退，静观其变。姜维看到司马懿开始有所疑虑而退兵，立马下令全部蜀军即刻撤离，返回蜀中。等待司马懿得知诸葛亮的死讯，才明白自己已经中计，再派军队进攻，已全然没有了机会，错失了大败蜀军的最好时机。

【案例解析】

实战 *1* 应时而作败敌军

三国时期的周瑜是孙权手下的大将，此人足智多谋，但心胸十分狭隘。他对诸葛亮的才华十分嫉妒，认为诸葛亮辅佐刘备，不久之后就会成为东吴的劲敌，因而起了杀死诸葛亮的决心。当时孙权和刘备正在合力抵抗曹操，于是周瑜以抵抗曹操的名义，督促诸葛亮在三日之内造出十万支箭。这在周瑜看来，这是一次不可完成的任务，到时候诸葛亮完不成任务，就借机可以杀掉他。诸葛亮果然中计，满口答应了下来，并且向周瑜立下了军令状。

仁厚善良的鲁肃，不忍心看着周瑜谋害诸葛亮，就悄悄去拜见诸葛亮。诸葛亮说："我只希望你能借给我 20 船只，每个船上要有 30 个人，并在船的两边扎 1000 个草人，这样，你就等于是救我一命了。"鲁肃不解其意，但诸葛亮既然说能救自己一命，便爽快地答应了下来。

鲁肃很快就按诸葛亮的安排准备好了一切。但是诸葛亮那边却一点动静也没有，似乎早已忘记了造箭的事情。等到了第三天的半夜，诸葛亮派人来请鲁肃，鲁肃见到诸葛亮后问道："你要我来有何用意？"诸葛亮说："特意请先生一起同我去取箭。"

鲁肃如丈二和尚摸不着头脑，心想三天都没见造出一支箭，现在突然说要去取箭，能到哪里去取呢？诸葛亮似乎猜到了鲁肃的想法，于是对他说道："先生先还是不要疑惑了，跟我来便会知晓。"随后诸葛亮下令把 20 条船用长索连好，然后上船直往长江北岸开去。此时天降大雾，长江之上弥漫着大雾，能见度很低。鲁肃十分不安地说："我们这么点人马，往曹兵的方向进发，万一曹兵杀出来我们该如何是好呢？"诸葛亮回答："长江之上这么大的雾气，曹操一定不会派兵出来。我们只管饮酒就好。"

曹兵见为数不多的船只乘着大雾向这边行来，料定后面一定有埋伏，下令士兵不可轻举妄动，只命令弓箭手放箭。箭到东吴的船上，皆入草人身中。等到太阳出来雾气散尽的时候，只见 20 只船上都插满了箭，每船约有 5000 多枝，总数 10 万有余，这时诸葛亮下令调转船头回去，同时让士兵高声大喊："谢曹丞相送箭。"

船到达南岸的时候，诸葛亮对鲁肃说："周瑜让我三天之内造出十万支箭，却不给我工匠和用料，用意很明显就是想借故杀我。我算定第三天晚上有大雾，所以草船向曹操借箭。周瑜算计我尚应仔细筹划才是。"鲁肃这才明白了事情的原委，赞叹诸葛亮真是智谋高妙。周瑜得知事情详细后，感叹道："诸葛亮神机妙算，我实在不如他啊！"

诸葛亮草船借箭所使用的就是制造混乱，应时而做之计。长江上大雾弥漫制造了混乱，加上士兵们的擂鼓声，一起制造出一种局势，诸葛亮在这种局势中乘机借得了十万支箭，完成了任务，保住了自己的性命。

像这种的例子在我国历史上举不胜举，很多人正是应用此计谋赢得了战争的胜利。

嘉禾五年（公元 236 年），孙权率兵征伐魏国，命令陆逊和诸葛瑾攻打襄阳。陆逊派亲信韩扁带着奏表呈报孙权，返回的时候不想却在沔中遇上了敌人，被抓了起来。诸葛瑾听说此事后十分害怕，在给陆逊的信中这么说道："主上的车驾已经返回，敌人抓到了韩扁，证明敌人已经完全掌握了我军的虚实底细，并且现在江水干涸，我们应当赶紧撤回。"陆逊收到诸葛瑾的信后没有作任何答复，此时他正在督促人们种芜菁和豆子，与众将领弈棋，以射覆为游戏，就如平常一样。诸葛瑾见陆逊这边迟迟没有回信，心想陆公足智多谋，一定是有别的办法。于是前来拜见陆逊，陆逊说："敌人知道主上已经返回，没有什么可担忧的了，因此一定会召集力量来对付我们。再者他们已经驻守要害地方，我军将士思想动摇，我们应当镇定自己以稳住军心，再施展灵活多变的计策，然后退兵。如果现在我们就要急忙撤回，那么敌人就会认为我们是害怕了，就会来攻打我们，这样我们就必定会失败啊。"于是陆逊率领全体兵马，向襄阳进兵，部队摆了整齐的阵营，岸上河中步调一致，给敌人以声势浩大的感觉，陆逊暗中却派兵去攻打江夏的新市、安陆、石阳三县。这三个县城守城军队毫无防备，吴军突然杀到，顿时混乱一片，吴军乘势占领了三城。

公元 576 年，北周进攻北齐，北周武帝宇文邕亲率大军进抵北齐晋州。北齐后主高纬听说晋州被围，立即也率领十万大军前来解围晋州。当时北周柱国将军、陈王宇文纯驻军千里径，大将军、永昌公宇文椿驻军鸡栖原，大将军宇文盛驻军汾水关。这三路兵马都由屯兵在永安的大将军宇文宪指挥。宇文宪曾对宇文椿说："自古兵家之事变幻莫测，俗话说兵不厌诈，所以我们应该见机行事，不能拘泥于常规。如果你在山上安营扎寨，那么大可不必设置军帐，只需要砍伐些松柏枝条作为掩体即可，以示有形。我们一旦撤军之后，敌人仍然胡以为我们尚有军队在驻守。"

当时北齐高纬分军万余人进围千里径，另一路围攻汾水关，而高纬则亲自率领大队兵马与宇文椿在鸡栖原对阵。宇文椿依照宇文宪的说法在山上营建了无数松柏掩体。汾水关宇文盛寡不敌众，便派骑兵飞驰永安向宇文宪告急。宇文宪亲自率 1000 余骑兵救援。北齐军队见山谷之中尘土飞扬，深知一定是北周援军已经到了，便立即四散奔逃。宇文盛乘着敌军四散奔逃一路追杀，斩杀很多北齐军。

不久，宇文椿又向宇文宪告急，宇文宪又回军鸡栖原援救宇文椿。正在这时，北周武帝宇文邕得知北齐主力进攻宇文椿，便令宇文椿等立即撤军。得令后宇文椿连夜撤回北周。但北齐高纬见鸡栖原山上布满松柏掩体，以为宇文椿军埋伏在此，迟迟不敢进军山上。等到第二天，北齐军部分士兵慢慢摸索上山之后，才发现山上早已空无一人。此时的宇文椿早已撤兵回到了北周，宇文宪也已率军远去。

实战 2　巧施分身术避开被绑架的命运

1929 年对于白崇禧来说是特别的一年。他一直推崇的"奉桂合作"，随着杨宇霆死于张学良的枪下而破产。随后，他的兵权又被身为国民革命家总司令的蒋介石剥夺。而当时，由于之前为征讨唐生智临时收编了不少杂牌军，所以白崇禧的军队军心相当不稳，一有小道消息，就立刻不安分起来。其手下的一些士兵谋划着绑架白崇禧献给蒋介石以换取功劳。

而此时已经有所察觉的白崇禧并不会坐以待毙，决定不惜一切代价逃出北平。计划妥当之后，在白崇禧的安排下，他带着一队卫兵和随从到一家德国人办的医院，然后在众目睽睽之下，进入医院住院部。随后，卫兵和随从原路返回，这样就制造了一个白崇禧住院的假象。

就在卫兵和随从跟着白崇禧的空座驾返回时，在医院的后门也有一辆车慢慢开了出来。这辆车里坐着的是一个戴着墨镜的大胡子，其实这人正是白崇禧所乔装打扮的。当天晚上，为掩人耳目，其参谋长王泽民借口祝寿，邀请了众多亲朋好友齐聚一堂，而军队中团级以上的干部都被邀请而来，在东来顺老店大摆筵席。酒席刚开始，大家不见白崇禧，纷纷以为他架子大，要压轴出场。可宴会开到一半仍不见其踪影，大家颇感奇怪。王泽民见状，忙替白崇禧解释说："健生（白崇禧）兄因为脚部旧疾复发，已经住院调理了，所以无法前来。"听闻此讯，大家议论不止。

其实，就在大家享受宴会时，白崇禧一行已经悄悄离开，在夜色的掩护下一路奔袭。白崇禧的分身术让想要加害于他的士兵竹篮打水一场空，不仅没有绑架到白崇禧，连他的人都没见到。

白崇禧的这招分身术，表面上看自己其实已经住院，其实已经换做另一种装扮逃之夭夭，就像金蝉的壳还露在树枝上，表面看起金蝉还在那里，实际上早就不知所踪。他利用这个计谋，在使对方没有察觉的过程中，成功逃脱了叛军的绑架。在军事或者政治领域使用此计，都是通过自身进行伪装，以假象骗取敌人的信任，自身则悄悄进行转移，从而完成我方所要的目的。作为一种帮助自身处于危险境地的脱身计谋，古往今来的军事家、政治家等都屡试不爽。

白崇禧推崇的合作计划失败，而自己兵权又受到蒋介石的削弱，正是腹背受敌的时候，面对这样的大局，他不能坐以待毙，也不能正面冲突，保存实力是最好的选择。如果要明目张胆地撤退，一定会引起恐慌，同时也会给敌人带来歼灭自己的机会，所以，这个时候，一定要冷静观察，不可以轻举妄动，选择合适的时机，在敌人无法察觉的情况下完成撤离。

白崇禧巧妙地利用分身术，误导了敌人的攻击目标。像在这种复杂的形势下，面对的不止一个敌人，更要小心谨慎。若是不能采取正确的方式对待，就会遭受很大的损失。就像白崇禧各种失势的时候，有时利用虚张声势高调地行动，让敌人摸不到头脑。而真正的各种行动都秘密进行，不给敌人可趁之机。

此计谋拥有很高的成功率，主要是利用了敌人的惯性思维。人们在看到一些事情时，往往认为事情就是如此，而不愿意进一步作出分析，有时是怕麻烦，有时则是想当然。金蝉所脱的壳与它的本体十分类似，人们从远处看到有一个类似蝉的东西挂在树上，就觉得这个是蝉本身，而不愿意进一步论证，是蝉还是壳。在军事战争中，有很多潜在的共知的规则或是习惯，就如，在战场上，大家听到鼓声一定是认为要进攻了，听到鸣金的声音，就会整装收兵，进行撤军。这些都是日常训练中的一部分，所以大家都习以为常。如果有人因此反用这个习惯，就会取得不一样的效果。人们习以为常的惯性思维为成功实施"分身术"的计谋提供了客观条件。

　　同时，"分身术"要想使用成功，"身"的选择也很重要。这个"身"必须能在形式上与原来的本体一样，让别人一看就误以为是本体，这才就保证计谋成功一半。此外，分"身"的时机也很重要。若是分身过早，会让敌人起疑，便失去成功的机会；若是"分身"晚了，就不能逃离危险的境地，还会招致杀身之祸。

　　在现代社会，分身术的计谋仍然使用广泛。在商业领域中，企业负责人在面对复杂的经济形势时，一定要及时改变经营策略，面对变化多端的市场形势时，一定要适时改变销售方案，这样才能使本公司走出困境。在日常生活中，我们在为人处世的时候，在人生面临窘境时，一定要灵活机变，不可过于呆板。

实战 3　董事长想出妙计巧派奖

深圳某家软件公司自从成立以来，一直就生意红火、蒸蒸日上。但是非常让人难受的是，公司近年正好碰上了经济不景气。公司当年的好景已经不再，公司的盈余竟大幅滑落。公司的这种形势绝不能怪员工，因为谁都能看到大家为公司拼命的情况，员工们付出的努力丝毫不比往年差，甚至还可以说，由于大家都意识到经济的不景气，干得比以前更加卖力了。

面对这样的情况，董事长感觉心头的担子越来越重了。公司效益的不景气让公司的收入开支日益拮据，而一年一度的春节马上就要到来了。按照过去的习惯，公司在年底的时候，应该发给员工一些年终奖，作为一年来对员工辛勤工作的奖赏。而年终奖的发放比例一般是最少加发两个月的工资，到了公司效益好的时候，甚至加数倍发放工资。

但是今年的不景气经济让公司十分难办，公司的董事长让财务主管算了又算，最后得出的结果是，公司的赢利顶多只能发给员工一个月的奖金。董事长叹着气说："这让一直习惯了发放至少两个月工资做年终奖的员工知道，士气真不知要怎么滑落！"

董事长前思后想，始终没有想出任何办法来，他找来总经理，想和总经理一起商量该如何渡过这个难关。董事长有些难过地说："公司的许多员工都以为年底的时候，公司发给他们的奖金最少得加两个月，恐怕他们把机票、新家具都订好了，只等着公司发了奖金拿着钱出去度假或付账单呢！"

总经理也早知道这个情况了，他也愁眉苦脸地说："是啊，过去公司效益好，所以一直加倍发放年终奖，现在突然发得少了，他们肯定不适应。就好像是大人们给孩子给糖吃，很多时候都是直接抓一大把糖给他们吃，他们已经习惯了这样。但是如果突然改成给孩子们两三颗糖吃，孩子们一定会又哭又闹。"

"对了！"董事长听到总经理这样说的时候，脑子里突然灵机一动，好像想起了什么。他激动地对总经理说："你这样说正好让我想起了我小时候的一个故事。记得小时候，我也经常自己拿着钱去商店里买糖。但是我总是喜欢到同一个店员那里去买糖。你知道为什么吗？"

总经理听到董事长的这些话，心里弄不明白他到底要说什么，便摇了摇头，表示自己并不知道原因。

董事长接着说："糖果店里的店员给顾客卖糖的时候，他们都习惯了直接抓一大把糖放到秤上，如果重量超过了，他们就一颗一颗再往下取。而我喜欢的那个店员则不然，可能因为他技术不怎么娴熟，他拿糖的时候总是先拿一点点，然后再一颗一颗往上加。虽然这样最后的结果都是一样的，重量也没有增加，但是给人的感觉是不一样的。先扬后抑与先抑后扬，导致的人的情绪反应也是不一样的。所以，我们也可以采用这样的办法来让员工们接受只拿一个月的年终奖。"

商量妥了之后，董事长让总经理暗中把一些事情安排了下去。

没过两天，公司突然传出小道消息，"说是因为今年公司的效益不佳，发展不景气，年底可能要裁撤一些员工……"

这样的消息传出来后，顿时人心惶惶。公司的每个人都在猜，公司要裁掉的员工会不会是自己。处在最基层的员工想："公司的裁员一定从下面开始，说不定就轮上我倒霉了。"公司上面的主管则想："公司里我的薪水最高，为了缩减开支，只怕是要从上面开始裁员！"在这样的危机中，员工们再也不想年终奖的事情了，如果连职位都保不住，还谈什么年终奖？

　　但是不久，总经理很快就宣布了公司董事的决定："公司目前的处境虽然艰苦，但大家同坐一条船，一起为公司的发展做出了贡献，再怎么危险，公司也不愿牺牲共患难的同事，只是公司效益很差，年终奖金是绝不可能发了。"

　　听说不裁员，员工们都放下了心中的一块大石头。那不至于卷铺盖走人的窃喜，早就压过了没有年终奖金的失落。

　　眼看着年关将近，公司快要放假，公司人人都作了过个穷年的打算，同事们彼此约好拜年不送礼，这样就能暂缓手头的拮据。就在大家心里盘算着该如何度过年底的困难时，董事长突然召集各单位主管举行紧急会议。看着主管们匆匆上楼，员工们面面相觑，不知道发生了什么事情，心里都有点七上八下："难道又变了卦要裁员？"

　　原来真是变了卦！没过几分钟，主管们纷纷冲进自己部门的办公室，兴奋地高喊："有了！有了！公司还是要发年终奖金，整整一个月，等会儿马上发下来，让大家过个好年！"听到这样的消息，整个公司大楼，瞬间爆发出一片欢呼声，连正在顶楼的董事长，都明显地感觉到了地板的震动……

　　与其因为最好的企盼，造成最大的失望，还不如用最坏的打算，引来意外的喜悦。这家公司的董事长正是想到了这一点，所以他利用悄悄散布各种消息来迷惑公司员工，让他们降低自己的期望。为了让公司渡过难关，还能让员工们不至于怨声载道、失去士气，董事长便利用纷繁复杂的形势来因时而作，不但给员工以意外的惊喜，还很好地解决了公司当时的困难。董事长一会儿化身要裁员的狠心老板，一会又化身与大家共渡难关的慈爱领导，分身之术也是利用得极为得当。

第十二章 远交近攻，假道伐虢
——借助外交力量来取胜

荀子《劝学》中说："君子性非异也，善假于物也。"借道灭虢就一种是借助敌人的力量，分化敌人的外交策略。而远交进攻作为一种外交手段，是指我方假借与远方强敌交好，集中力量消灭近处敌人之后，再消灭远方强敌，从近到远依次推进，作为战略使用时，这两个都讲究一个"借"字。

【经典今解】

形禁势格，利从近取，害以远隔。上火下泽。

地理位置受到限制，形势发展受到阻碍时，攻击近处之敌对己有利，攻击远处之敌对己有害。火焰是向上蹿的，泽水是向低处流的，万事万物的发展变化莫不如此。

远交近攻这个策略最早由秦国的范雎提出，主要是针对多个敌人，防止他们结盟，以避免我方处于腹背受敌的境地。像这种两个或两个以上的敌人，如果攻打其中一个，其他的敌人很可能会趁机坐收渔翁之利；所以为避免遭到两面夹攻，可以先和远方的强敌进行联盟，以友好的假象蒙蔽之，将近处的敌人消灭之后才集中力量对付远方的敌人。

在此计谋中，与远方敌人交好只是假象，并不是真正意义上的交好。远敌也是敌人，进行战争只不过是早晚的事。所以说，与远敌交好，只不过是暂时的缓兵之计。周边的敌人一旦被消灭，那么与远敌交好的局面就结束了。

经过分析，我们便可得知施用此计的好处有哪些了。就远攻来说，不仅路途遥远，路上形势不可预测，想要取胜的风险很大，同时这种做法不仅劳民伤财，而且从战略的角度而言，舍近求远是不符合规律的。最后就算是侥幸取胜，由于距离的关系也无法实现占领，所以最后还是得撤军回来，没有实质意义。

而远交的好处则有这两个方面，其一，可以破除敌人之间的联合，使近处的敌人得不到远处敌人的支援，而降低攻击的难度，很容易取得胜利。其二，结交远敌，可以使其放松对我方的警惕，方便之后的攻击行动。

反之，我们从近交的角度来看，因为距离较近，双方肯定存在一定的利益冲突，同时，近敌就在我们附近，不管怎么发展，他们都会对我方产生威胁。要想国势强盛，发展壮大，一定要消灭这个阻碍。

而近攻的好处则有以下三个方面，第一，进攻近敌，可以扫除我方未来发展的障碍，不断地壮大领地。第二，距离较近，方便力量集中攻击。第三，这样比较方便，不会劳民伤财，也不会给国家带来很多负担。

所以，必须弄清"远"和"近"的概念。简单说来，"远"和"近"大致有以下几个意思。

（1）就地理位置的角度来看，"远"指与我方距离较远的，"近"指与我方距离较近的。

（2）就利益关系来说，"远"指未来能获得的利益，"近"是指短期利益。

（3）就组织关系方面来看，"远"指组织的外部，"近"指组织的内部。

（4）就影响范围来说，"远"指只能间接掌控的人或事，"近"指可以直接控制的人或事。

战国后期，天下七国群雄争霸。任用商鞅进行变法革新的秦国发展迅速，国事逐渐强大起来。因此，秦昭王便开始实施自己的野心，兼并其他六国，独自雄霸一方。公元前270年，秦昭王想要攻打齐国。而谋臣范雎却认为此举不妥。因此向秦昭王进行劝说，并让他奉行"远交近攻"的策略，以攻打其他国家而取代攻打齐国。范雎说，秦国要攻打齐国，必先经过韩国和魏国，不仅距离遥远且途中变数不少。要是派大军进攻，可以攻下齐国，但是无法占领；要是派一般军队前去，则又无法取胜。

不如就先攻打实力不如齐国的韩国、魏国，然后慢慢向其他国家推进。同时，为了防止齐国与韩魏两国结盟给予帮助，并在攻打之前，便与齐国先结盟。从此之后，秦国推行着范雎的"远交近攻"的策略，拿下韩魏两国后，又向北攻打燕赵，攻克之后，为平定南方，攻下楚国，最后才将齐国灭亡。经过十年的征战，秦国终于实现了他的大一统。

两大之间，敌胁以从，我假以势。困，有言不信。

地处敌我两个大国之间的小国，当敌方胁迫它屈服的时候，我方要立即出兵援助，并借机把自己的势力渗透进去。对于处于困境的国家，只有空话而无实际援助，是不能取得信任的。

此计谋出自《左传》，春秋时期的晋国所用的外交策略。假道伐虢是指假意向敌人借道（或借物、借机等）为名义，实际目的是为消灭敌方的计谋。

此计有以下三种含义：

（1）借水行舟。如果要完成一件事，但是没有完善的条件，那么就需要"借"助其他人所具有的条件。简单的说，借他人的水，行自己的舟。

（2）借机渗透。凭借一些机会，将自己的势力渗透到敌军内部。以一些好处麻痹敌人，以敌人感受不到危机，在敌方不知不觉中将自己的势力进行部署，以达到消灭敌人的目的。

（3）一箭双雕。在面对两个或两个以上的敌人时，假意与其中一个交好，然后趁灭掉其中一个的时候，刚好创造条件连带灭掉后一个。

假道从字面上看就是借路的意思。《左传·僖公二年》"晋荀息请以屈产之乘，与垂棘之璧，假道于虞以灭虢。"意思就说，晋国利用骏马和玉璧贿赂给虞国国君，假意交好，然后向虞国借路攻打虢国。最终连虞国也一起灭亡的典故。

春秋时期，实力强大的晋国想兼并两个较小的邻国虞和虢。但由于这两个国家十分交好，互为照应。如果有国家攻打虞，虢就会立刻派兵支援；若是攻打虢，虞也会派兵救援。正当晋国为此一筹莫展时，大臣荀息便上献一策。即使用离间计，拆散这两个国家的联盟关系。而晋国便决定针对虞国的国君见钱眼开的弱点离间两国。根据荀息的建议，晋献公需要拿出屈产良马和垂棘之璧这两件心爱的镇国之宝，送给虞国国君。晋献公一听，哪里同意？执意不愿拿出自己的心肝宝贝。荀息说："大王，这些东西只不过是用来离间两个关系的道具，也是暂时存放在虞国而已，等我们施计成功，就可以将其取回，并无任何损失啊。"听罢，晋献公只得配合行事。虞国的国君得到晋国宝物，十分欣喜，以为晋国是真心与自己交好。

于此同时，晋国不断地在虞、虢两国边境制造冲突，以此作为进攻的借口。在晋国准备攻打虢国时，便向虞国提出借道的要求，而虞国得到晋国的宝物，便同意晋国的此举。但是虞国大臣宫子奇却强烈反对此事，对虞国国君反复解释，不能陷入晋国的圈套。虞虢两国相邻而依，就如唇齿一样，若是虢国灭亡，接下来灭亡的就是虞国。而虞公却不以为然，他认为为了一个区区虢国得罪晋国这样的强国实在不划算。不久，晋国派出大军通过虞国进攻虢国，并且虢国没有得到虞国的支援，很快就被晋国攻占了。

随后，晋国从虢国撤军时经过虞国，更是拿了不少宝物献给虞公。虞公十分高兴得到晋国的战利品。此时，带领晋军的大将里克，称患了重病，无法立刻回国，请求虞公准许其扎住在虞国附近，暂时修养。虞公对此不但没有怀疑，同时也很欢迎。几日后，晋献公亲自率大军赶去虞国并约虞公一起打猎，虞公不知是计，还亲自前去迎接。刚进山打猎没多久，就发现都城冒起了狼烟。当虞公率兵赶到时，虞国已经被晋军占领了。晋国就这样不费吹灰之力就拿下了虞国。

【案例解析】

实战 ① "猪鬃大王"古耕虞的经营策略

古耕虞是中国近代史上有名的红色资本家。出生于山城重庆的他，祖上几代都是生意人。早年其叔祖父古绥之在此开了两家山货店，专卖重庆生产的特产货物，一家名为正顺德，另一家名叫同茂丰。这两家店除了贩卖当地的土特产外，还经营猪鬃生意，尤其是他家加工生产的"牛"牌猪鬃在当地很受欢迎。后来，家族生意落到古耕虞的父亲古槐青身上，将山货店改名古青记，但仍以猪鬃出口生意为主要业务，而猪鬃的品牌也从"牛"牌变成了"虎"牌，其标志也由"虎"取代，意喻着生意龙腾虎跃，虎虎生威，长盛不衰。

在清末明初的时候，中国因为受到八国联军侵华战争沦为了半殖民地半封建国家，在华列强用武力让清政府与其签订了丧国辱权的不平等条约，以此干涉中国的内政和经济贸易。中国想要向国外出口猪鬃，就必须经过英国洋行的同意。英国洋行在中国的领地上横行霸道，而且还常常敲诈勒索中国商人，稍有不从就还以颜色，经常利用中国商人不懂外语或是国际贸易规则坑害中国商人。

面对这样混乱的生意场，为了避免受到英国洋行的欺辱，古耕虞从小就被古槐青送到上海圣约翰大学学习洋文。古耕虞不仅认真学习了外国的经济学说，而且还做了认真的研究。在其他的知识方面还进行了广泛的涉猎，如法律、保险等。尤其是西方先进的企业管理知识，让古耕虞收获颇丰。

学有所成后，古耕虞继承了父亲的山货店，而且很快就成为了重庆山货行业的领军人物。虽然古耕虞的山货店在当地很有影响力，但是鉴于民族资产阶级的软弱性和妥协性，一边受到国内封建保守派的压迫，一边受到外国资本主义的歧视，依然要忍受英国洋行的压迫。见此状况，古耕虞下定决心一定要从英国洋行的控制中摆脱出来，与其他国家进行自由平等的贸易合作关系。通过一番盘算，古耕虞发现，只要摆脱英国洋行的剥削和压迫，山货店的利润就可以增加 30%。只不过，摆脱洋行的控制，可不是那么容易的。那时，英国洋行不仅拥有猪鬃生意的绝对控制权，而且仗着不平等条约更是气焰嚣张。要是处理得不好，别说摆脱控制了，连原有的利益都有可能保不住。面对这样复杂的经济形势，古耕虞开始慢慢琢磨，既然近攻不行，那就远交，以此来慢慢摆脱英国洋行的控制。

古耕虞私底下一边慢慢准备，一边暗暗得等机会。终于在 1927 年底，古耕虞等来了属于他的机会。两个来自美国并且号称"猪鬃大王"的孔公司的商务代表来到了重庆。以代表公司前来查看猪鬃生产和进出口情况为借口，实则是特意前来联系虎牌猪鬃的制造方。因为虎牌猪鬃在美国十分畅销，但是美国从英国洋行手中拿货，常常因为其所给价格过高而导致利润过低。所以，美国公司打算撇开英国洋行，直接与中国虎牌制造商进行接洽。

由于在中国人生地不熟，这两个美国人可是费了一番功夫才找到古耕虞。他们见到古耕虞后，当这个土生土长的中国人用流利的英语给他们介绍了产品的生产制造过程时，这两个美国人十分吃惊，没有想到这个虎牌制造商的管理人是这么有才华。经过几个礼拜的交往，双方有了更深层次的了解，在此同时，这两个美国人才对古耕虞明说了他们前来的意图，想绕过英国洋行，直接从古耕虞中进虎牌猪鬃的货品。

听到这个消息，古耕虞心中大喜，因为这正是他许久以来的想法，但是他并没有从脸上表露出欣喜的样子，而是很淡定地与对方做进一步的交谈。只有完全明白对方的想法，才能相信他们，并说出自己的心里话。经过一番打探，古耕虞对他们说出了自己的担心，因为英国洋行已经控制了中国的猪鬃市场，虽然双方都想直接进行合作，但是这样肯定破坏了英国洋行的利益，他们一定会横加阻挠。两个美国人对此也很是在意，毕竟双方都有这样的顾虑就不算小问题。但是，古耕虞没有病急乱投医，而且依旧做自己的生意，可一到晚上，他就埋首书卷，不断分析研究如何才能解决英国洋行所带来的困扰。就在一天晚上，古耕虞正打算脱衣睡觉时，突然想到一个主意，在慢慢将其清晰后，他觉得这个正是解决目前所面临难题的好方法。

第二天，古耕虞就通知两个美国人前来自己的住处，自己已经想到对付英国洋行的办法。古耕虞将自己的想法告知两个美国人后，两个美国人都表示方法可行，只要双方遵守这样的规定并一起保住这个秘密，依计行事定能成功。于是，双方达成了协议，美国公司不再从英国洋行进货，而古耕虞的山货店也不将猪鬃产品交给英国洋行代为交易，以此逃避英国洋行利用中介人的身份对双方进行压榨。这一切都是背着英国洋行秘密进行的，毕竟计划还在初步实施阶段。

不久后，古耕虞就向美国销售了自己的第一批虎牌猪鬃产品。这次的猪鬃产品不仅没有虎牌的标志也没有使用山青店的标识。只是用了"LT"作为标识。古耕虞利用两个简单的字母做标识，一来是为了低调行事，掩人耳目，二来是为了使计划万无一失，连同送货的船员都用了化名。

为了不让英国洋行发现这种情况，古耕虞一边私下售卖，一边还将自己小部分的猪鬃交给洋行代理。并且当越来越多的猪鬃直接流入美国市场时，古耕虞提供给英国洋行的猪鬃产品也越来越少。当英国洋行开始注意到这种情况时，古耕虞常常给出不同的理由予以搪塞，最后实在是被英国洋行追问得紧了，古耕虞就直接以货源减少为理由进行回应，英国洋行对此也毫无办法。

过了很长一段时间，美国市场的猪鬃产品已经被古耕虞的虎牌猪鬃占领了。这种情况下就算英国洋行知道了实情，也无力改变这样的状况，于是古耕虞完全停止了与英国洋行之间的猪鬃产品的代理，终于完成了虎牌猪鬃绕开英国洋行，直接与美国进行交易的愿望。英国洋行在得知实情后，立马进行了调查，才发现原来虎牌猪鬃早就与美国公司建立了密切的合作，洋行要想抵制虎牌猪鬃也无计可施，毕竟虎牌猪鬃已经完全占据了美国市场，同时还有美国的公司为其撑腰。也只能干瞪眼，看着古耕虞把自己的猪鬃生意越做越大，生意越来越兴隆。此时的古耕虞也已经成为中国历史上大量出口猪鬃产品的第一人。

在本实例里，古耕虞使用的就是"远交进攻"，面对英国洋行这种强敌，古耕虞在其控制之下无力反抗，如果要正面进行冲突，必然达不到自己想要的目的，而且还会让自己受到很大的损失。所以，在美国公司找到古耕虞的时候，古耕虞利用与美国公司联手合作，合力抵制英国洋行。经过精心的计划，终于打破了英国洋行买办的控制地位。在此，和英国洋行的买办之间的竞争就是"近攻"，与美国的孔公司进行合作就是"远交"。古耕虞利用"远交"的计谋战胜了英国洋行这个"近敌"，不仅摆脱了英国洋行的控制，最终占领了全美市场，在世界猪鬃市场上占有重要的位置。

在激励竞争的时代，企业经营者为了使企业立于不败之地，对于不同的竞争对手会施以不同的策略，在此"远交近攻"就算一个不错的计谋。虽然敌人不分远近，只要是敌人，就具有一定的威胁。但是近处的敌人更具有危险性，所以利用恰当的手段先消灭近处的敌人是很有必要的。远方的敌人可以先稳住，不必立刻与其对立。所以这个计谋可以看做是：企业经营者在进行市场拓展时，觉得周边敌人对自己的威胁大于距离较远的敌人时，可以想方设法与远方威胁不大的敌人进行友好合作，一起向处于自己周围的敌人进行攻击，并且将其消灭，让自己的企业在各种竞争中处于优势地位。

相较而言，像这种政治和外交手段所带来的好处，有时堪比军事暴力手段的运用。"远交近攻"是一种与外部交涉来使自己获利的手段。利用与较远的国家进行友好联盟，同时瓦解敌人的军事同盟，为维护自己所得的利益，联合较远国家对较近国家进行攻击。所以，我们在现实生活中为了实现自己的战略目标，可又受制于目前条件或是敌人的压制时，就应该先解除较近的威胁，不能越过较近的敌人而攻打较远的敌人，这样很容易得不偿失。

如今这个时代，这个计谋在政治、经济、文化、社会现实生活中的各个方面都有着广泛的应用，尤其是在国际政治和外交等涉外事务中。在商业领域，这个计谋可以看做是企业为了发展和拓展市场，面对很多的竞争对手，可以详细分析实际情况，联合远处的竞争对手，在一定的共同利益下联手攻取近处的市场，在友好交往的外衣下麻木对手，顺势也将远方市场攻下。也可以表现企业经营主，为了长远发展，在非自己擅长的领域进行跨行经营。在现实的学习和日常生活中，为了未来的发展，必须和同学、朋友、敌人搞好关系，不断地联合可以帮助自己的人，来实现自己的目标。

实战 2　聪明人巧计买房

一个商人想要以 5000 美元的价格卖掉自己的房子，便在报纸上刊登了卖房信息。不久之后，就陆续有人登门，表示自己想买房，但是这群人大多给出的价格在 3500 美元至 4000 美元之间。

当商人正与愿意出 4000 美元买房的人商谈的时候，突然出现了一个人表示自己愿意多出 500 美元，即 4500 美元来购买这所房子。当即表示愿意先付500 美元的定金。对于这个人所出的价格，商人表示很满意，当即就表示愿意将房子买给他，也让其他买主另寻其他房子。只要这位买主付清所有的购房款，那交易就算完成了。

可就当所有买主都认为此房已售的时候，这位买主就是不登门完成交易。这时，让这位商人有些着急，便主动联系到了这个买主，谁知这位买主却说："我的夫人觉得在其他地方能买到更便宜的房子，这个房子的价位有点高。要是你想我们买下房子，那就要再讨论下价格了。"

听到此话，商人暗自叫苦，本以为可以顺利将房子卖出，谁知道又来这么一茬。而其他买主都以为此房已售，又不能再找他们看房子，那样价格也卖不上去。所以商人只得与这位买主进行谈判，以抓住最后的卖房机会。最后，这所房子以 3000 美元的价格卖出。

这位买主先以高价在竞争中胜出，赶走了其他的竞争者。然后，又以自己是唯一购买者的身份与商人进行讨价还价，不断地施加压力，让商人以低价卖给他。这种先战胜对手，再战胜卖方的手段，在商业领域中，也是假道伐虢之计的具体表现。

"假道伐虢"实际上是一种假意示好，实际攻击的计谋。面对劲敌，如果正面冲突一定会给双方带来损失，如果借用其他名义，在恰当的时候，将自己的势力渗入到敌人的内部，这样就可以达到自己歼灭敌人的目的。在本实例中，买房子的那个人先对商人故意友善，表面上愿意用4500美元购房子，但是一旦将商人其他的买房者赶跑之后，立刻过河拆桥，不断地压价，将自己的利益放大到最大。用最小的代价，买到了自己需要的房子。

从古至今，史书记载了无数的政治家、军事家利用"假道伐虢"这个计谋争权夺利，进行战略部署。在当前的社会生活中，这个计谋也依然得到了广泛应用，同时随着时代的变迁也有了更多的衍生。例如在商业领域，很多企业经营者在本企业没有需要的技术时，就寻找实力较强的企业要求进行合作，利用对方的先进技术和高效的管理模式来发展本企业，或是通过技术兼并的手段通过吞并小企业来壮大自身实力。而在人们的日常生活中，与其他人交往的过程，在自己处于弱势的时候，借助一个合理的要求，寻找实力较强的人进行联合，借助他人的力量达成自己的目的。

荀子曾在《劝学》中讲道："君子性非异也，善假于物也。"君子的品性和普通人没什么不同，就是比较善于借助外物的力量罢了。其实这就是"借"的智慧，以他人之力充实自己。所谓人无完人，一个人并不是什么都擅长，必然有不擅长的地方，这就需要在人际交往中，扬长避短，取他人之长，补自己所需，以此来充实自己的实力，这样的做法十分妥善的。

第十三章 | 假痴不癫，指桑骂槐
——沉着借力以拙胜巧

　　假痴不癫是指为掩藏自己的实力，或是真实意图做出令人匪夷所思的行为，并使敌人信以为真，以此来摆脱困境。指桑骂槐是一种意有所指的计谋，借助某人或某物，对另一事物进行实际攻击。所以，在自身对某事有心无力时，可以采用这两个计谋，假借外物来替自己解围。

【经典今解】

　　宁伪作不知不为，不伪作假知妄为。静不露机，云雷屯也。

　　宁可假装糊涂而不采取行动，也绝不假冒聪明而轻举妄动。要沉着冷静，深藏不露，就像雷电在冬季蓄力待发一样。

　　《孙子兵法·九地》一书对此计谋有较为详尽的阐述："能愚士卒之耳目，使之无知；易其事，革其谋，使人无识；易其居，迂其途，使人不得虑。"意思是利用这个计谋可以蒙蔽敌人的耳目，使他们不能获得我方的军事情报；在军事战事中，改变自己的作战方案，不断变化阵法，使敌人无法识破；不断改变驻扎的地方，采取左右徘徊的方案，让别人无法把控我方的真正目的。

此计谋一般都在面临较为严峻的形势下使用，不到迫不得已一般不要轻易使用。顺利实施这个计谋主要是在"假痴"，"假痴"有很多表现方法：假不知情、假不作为、假装不懂、假装不管、假装不能。但是只是做到"假痴"还不行，同时还要"不癫"，就是自己心里一定要清楚，这是假装，不能变成真疯。所以，一定要掌握好度，不可过度，否则很难收场。

本计的含义有以下三种：

（1）大智若愚。在我方极处于其不利的情况下，只能利用自身进行伪装，以避开敌人的矛头，自己可以利用故作痴傻、耳聋口哑等办法摆脱敌人的纠缠。表面上看上去好像是又呆又傻，让人觉得十分可笑，但是内心却无比清楚。所以此计谋还属于"韬晦之术"的范畴。

（2）深藏若虚。隐藏自己内心的真实想法，表面显得若无其事。之所以这样，是因为在时机还不成熟的时候，表达出自己的观点，很容易遭到反对或是扼杀。就是平时所说的"谋出于智，成于密，败于露"，大抵就是这样的意思。

（3）愚兵必胜。在军事战争中，利用各种办法迷惑敌人，让敌人不能知晓我方的具体情报，这是想获得战争胜利的基本要求。所以有的时候，机密情报并不是所有人都可以知道的，领导层知道就可，士兵知道太多反而容易泄露，所以对士兵要采用愚的计策。

"假痴不癫"这一计谋是从"装疯卖傻""装聋作哑"等民间俗语中总结而来。是指人们在冲突中，为求自保，躲避是非而装痴作傻的样子，以此来隐藏自己，让敌人对自己放松警惕。这一计谋最早是由孙膑使用，利用装疯癫的样子逃避庞涓对自己的残害，以此逃离魏国的手段。

战国时期，熟知兵法的鬼谷子曾收孙膑和庞涓这两人为徒。虽然两个人分别来自齐国和魏国，但是两人感情一向要好，由于孙膑较为年长，庞涓就尊他为长兄。

几年后，魏国国君向天下广招贤士，并许下重金。庞涓挡不住如此厚待，就提前下山前往魏国求取功名利禄。孙膑却没有对此动心而下山，依然跟随鬼谷子进行兵法学习。鬼谷子见孙膑这般勤勉，且较有天资，就将自己毕生所学全部教授给了孙膑，因此孙膑的兵法运用也达到了新的境界。

庞涓在魏国依靠自己所学混得风生水起，他的才华不仅让魏王欣赏，也得到了魏王的信任，并授他上将之职。庞涓不仅在随后的战争中战无不胜攻无不克，同时还帮助魏国打败了强大的齐国军队，魏国国力迅速上升，不久就成为与秦国平起平坐的军事强国。从此，庞涓在魏国的地位无人可撼。升为大将军后，掌控全国兵权，此时的庞涓心高气傲，自视甚高。

此时，庞涓觉得自己最大的敌人就是尚未出关的孙膑，为了能够保住自己每战必胜的战绩，庞涓决定将孙膑劝下山来，为己所用。这样自己不但少了一个劲敌，而且还多了一位能人帮助自己。这对此时的魏军来说，可谓是如虎添翼。于是庞涓派人前去山中，请孙膑下山。孙膑虽然不舍得离开师父，但在师父的规劝下，答应用自己的所学为国家效力，用自己的才能造福百姓。随后，孙膑下山来到魏国。

庞涓将孙膑引荐给了魏王。魏王为了试探一下孙膑领兵打仗的能力，就让孙膑和庞涓一起操练阵法。庞涓所练的阵法，孙膑都能通晓，而庞涓对孙膑的阵法却不甚了解，孙膑便将其中奥妙解说给了庞涓，庞涓这才没有在魏王面前失礼。

魏王通过此次操练很是高兴，便说："得悉先生熟悉兵法，今日一见，果然甚好。"接着就对庞涓说："既然你们师出同门，现又同为魏国效力，就让孙膑担当副将一职，与你一起掌握兵权，如何？"庞涓虽然心里极不痛快，但仍在表面上表示同意，而且还对魏王说："以孙膑的才能屈居副将实在可惜，不如先让他入客卿，待他日取得战功后，我心甘情愿让位于他，直接封他为元帅，不如这样怎么样？"魏王觉得很有道理，便同意了。

庞涓认为孙膑的存在一见完全威胁到了自己的地位，又气又恼。本想自家可以压制他的同时也能让他助己一臂之力，现在看来只有除去孙膑，才能阻止他取代自己。

一日，庞涓令人以孙膑亲人的名义写了一封信给他，更派了一个在魏国做买卖的山东人把信交给他，信中讲诉了孙家目前的境况，还说到叔父去世，两个堂弟到了齐国，望他能迅速赶往齐国团聚。孙膑见信后，没有怀疑，就回信一封，在信中讲明自己目前的处境，很想家乡，却又不能回去的无奈，只待建功立业后告老还乡，到那时才能与家人团聚。

庞涓拿到信后，对内容进行了一番修改。将孙膑的思乡情切改成了愿为齐国效力。并将信件交给了魏王。魏王看完之后十分不喜。庞涓趁机说道："以孙膑的智谋，若是放他前去助齐，定当是我魏国的一大威胁啊。"魏王说："那就杀掉他。"庞涓说："既然如此，我愿为大王分忧，此事交由我来办，保证不会出问题。"

随后，庞涓命人将孙膑逮捕，并施以膑刑，挖去了他的膝盖骨。但庞涓又当着孙膑的面，百般示好于他，以骗取他的信任，让他写出自己所学兵法。孙膑不知实情，答应了庞涓的要求。每日执笔写到深夜。后来一个侍奉孙膑的书童在不经意间听到了守卫们的谈话，说是庞元帅要的只是兵书，待孙膑将书写好，就将孙膑杀死。书童见孙膑如此可怜，便坦然相告。

直到现在，孙膑才突然明白为何自己会落得如此下场。他突然大笑起来，并将所写的兵法都付之一炬。还在房中到处点火。疯疯癫癫，时哭时笑，侍卫们都以为孙膑受不了这样的对待而发疯了，而庞涓却不以为然，命人将孙膑放入猪圈，看他是真疯还是假疯。孙膑在猪圈中不仅没有嫌弃的样子，还自得其乐。与猪同食，与猪同睡，还一起在泥中打滚，完全和猪过一样的生活。庞涓这才相信孙膑是真疯了。可又担心孙膑会突然变好，就派人日夜监视他。

墨子到魏国游历时听说了孙膑的事情，就立即派人告之齐国的田忌将军，田忌将这个事情又告诉了齐威王，齐威王下令，不管使用什么办法，无论如何都要将孙膑救回国内，又派了使者淳于髡前往魏国，淳于髡事前就找到了一个真正的疯子，在得知孙膑被关在魏国的何处后，利用月黑风高的夜晚，将孙膑换出，即刻送回齐国。

后来，孙膑在齐国养伤恢复后，得到了齐威王的重用。他不仅帮助齐国军队在与魏国的战争中打败魏国，还终结了庞涓不败神话。庞涓率领的魏军在马陵之战惨败后，自己也被孙膑所射杀。

大凌小者，警以诱之。刚中而应，行险而顺。

强者慑服弱小者，要用警戒的方法加以诱导。威严适当，可以获得拥护。手段高明，可以使人顺服。

从此计谋的四个字面意思来看：是说指着桑树，可字眼里骂的却是槐树。鲁迅曾在自己的《狂人日记》里这样写道："昨天街上的那个女人，打她的儿子，嘴里说道：'老子呀！我要咬你几口才出气！'她的眼睛却看着我。"由此可以看出，她骂的是"老子"而眼睛里看得是我，典型的就是指桑骂槐。而对于"骂"我们可以分为两类，一是武骂，拍桌子扔椅子，大声斥责。二是文骂，不明着说，而是拐弯抹角地骂，话里的意思就是带着骂。与之前粗暴的骂相比，指桑骂槐明显属于后者。它并不是进行正面冲突，而是间接地指出对方的不是。不仅话语让人听得不舒服，而且骂得还巧妙，让人无法抓住痛脚。

指桑骂槐之计包含以下含义：

（1）杀鸡儆猴。字面意思就是杀只鸡给猴子看，让猴子害怕。为什么是杀鸡呢？鸡代表的是一种势力弱小的人或者是事，而猴代表的是较为有势力的人或是事。用消灭小势力来显示自己的魄力，来告诫不服管的人，要听从指示。引申的意思就是在法不责众的情况下，通过惩罚一个人来警示众人。

（2）敲山震虎。字面意思是敲打山石，让老虎感到震动。其实就是指破坏敌人自以为熟悉的条件，让敌人产生危机感，以此来鞭策敌人，以作警示。

（3）旁敲侧击。不直接指出对方的问题，而是拐弯抹角地说出对方的问题所在。在大庭广众之下，无法开口明说，只能使用迂回说话的方式指出对方的不是之处。"桑"一般所指：犯错误的人，或是所做出的恶劣行为，或是具有典型意义的事情。

（4）故意制造的事端。而"槐"则是指：想骂而不敢骂的人，或是想骂而不敢骂的事情，或是想骂的是一个群体。此计谋分"指"和"骂"两个部分，可以分为以下几种方式：

第一，实指实骂。目标所指明确，所骂也很明显。

第二，实指虚骂。骂的对象是具体的，而实际想骂的不是很明确。

第三，虚指实骂。利用表面上骂得很模糊来将想要骂的骂得很明确。

第四，虚指虚骂。所指所骂事物都很不明确，只是一个概念，这大部分都是一种借题发挥，让人们引此为戒。

"指桑骂槐"主要是利用间接的、婉转的口吻来指出对方的错误。像古代君王一般都刚愎自用，听不进劝谏时，很多聪明的臣子就利用这个计策来说出想说的话，表达自己想要说的观点的同时，也让君王颜面有所保存。所以在古代这个计谋就使用较多。春秋时期的优孟，就是一个例子。他虽然是一个艺人，但是他善于拿捏说话的尺度，和掌握说话的方式，深得楚庄王的宠爱，所以常能侍奉在楚庄王的身边。

一天，他在郊外游玩时，看见一个樵夫很是面熟。当他走上前去仔细辨认时，才发现那个樵夫居然就是孙叔敖的儿子。看到朝廷重臣的儿子居然靠打柴为生，他很是惊讶，便问："令尊为朝廷劳苦功高，为何他死后，作为他后代的你却落到要以打柴为生？难道没有其他的家业吗？"樵夫答道："我父亲虽为高官重臣，但是他为官清廉，未留下巨额家财，而且父亲多次拒绝楚王的赏赐，所以我只能靠打柴为生，还请先生见谅。"说完，他就继续打柴去了。而优孟见此情景，不由感慨万分。他决定帮助孙叔敖的儿子，不能让其后人受苦受难。

回到府中，优孟特地照着孙叔敖之前的朝服做了一套衣服，还经常回忆孙叔敖之前的一举一动，并进行细心揣摩。觉得自己模仿得差不多时，便以这样的装扮上朝见楚庄王。楚庄王看见有人这样装扮很是惊奇，以为是孙叔敖复活了，赶忙上前迎接，才看清原来是优孟。

楚庄王看见故人感慨万分地说道："继叔敖之后，孤王再难觅此等贤才，如卿有真才，就拜为令尹。"优孟听完却面露难色，推却道："臣不要当令尹，就像孙叔敖一样，虽然是一人之下万人之上的国相，在他死后，其子只能砍柴为生，连块土地都没有，如今若我当令尹，那我子孙肯定也会落得如此下场。"

　　楚庄王对他的这番话感到很是奇怪，随后优孟就将详情如实禀告。楚庄王这才明白其中缘由。随即召见了孙叔敖的儿子，并许诺可以满足其任何要求。而其子根据孙叔敖的遗志，拒绝了富饶之地，只要了一块偏僻的寝丘之地，楚庄王立即答应了他，还赏赐了很多金银。由于贫瘠之地无人前去争抢，从此，孙叔敖的后代在那里安定地生活着。

【案例解析】

实战 ①　赵匡胤陈桥驿黄袍加身

五代十国时期，后周的周世宗逝世后，其幼子即位，而年仅七岁的周恭帝由于不能稳定朝纲，导致国家处于动荡之中。当时赵匡胤已经身处后周大将之位，不仅掌管大军兵权，还深得后周皇室的信任。面对如此复杂的局势，赵匡胤不仅有了谋逆之心，而且还想自立朝廷，取而代之。

这样的局势维持了一年之久，而赵匡胤看到时机成熟，便派人谎报军情，说是契丹大军联合北汉意图进攻后周。由于事态紧急，朝臣未辨真假，就派赵匡胤前去抵抗。然而就在出征前，京城就有一些谣言传开了。当时赵匡胤率大军已经到达陈桥驿，此地远离京城，天色已晚，大军便驻扎于此。晚上，军校苗训来到营帐外夜观天象，周围的人都感到很好奇，便问他看到什么了？苗训严肃地说："看见了两个太阳，而前一个太阳将会被取代，前一个太阳处于京城方向，而后一个则出现于此地。"说完苗训就起身回营。而周围的人便开始议论纷纷，说是都点检最有可能是那个太阳，很快军营都传开了。大家认为后周现在国势不稳，7 岁小孩当天子实在儿戏，不如拥立赵匡胤为天子，这样既是顺应天象，也有利于大家安身立命。于是，军中都押衙李处耘、归德掌书记赵普等一起决定立赵匡胤为皇帝，并派人通知还在都城的石守信等人作内应。

其实，这些事情都是赵匡胤精心策划的，但是，他扔装作不知道，一切照常生活。谁知没过几天的一个早上，一班将士就拿着黄袍给赵匡胤，并拥立他为皇帝，说完就将黄袍披在了他身上。

而赵匡胤见状便面露难色，推却不愿当皇帝，众将士跪拜再三恳求，表示任他差遣，赵匡胤这才应允。此时，传来消息，说是宫中大乱，众人立即准备回城，而此时，侍卫军副都指挥欲拼死保卫后周，结果被赵匡胤部下砍死于马下。后周百官见状，都吓得不知所措。而赵匡胤便对百官说，自己是被将士逼上皇位的，部下罗产环又大声恐吓群臣，若是有人不服，立斩于此地。同时翰林学士陶谷宣读了禅代诏书。就此宣告天下，周恭帝将皇位禅让于赵匡胤。

至此，赵匡胤得偿所愿谋得皇位，改国号为宋，建立宋朝，他就是宋太祖。

在本实例中我们可以看到赵匡胤利用假痴不癫的计谋当上了皇帝。首先，他对于之前军中的谣传也好，夜观天象也好，都表示出自己不知道的样子，其实这些都是由他精心策划的，故意装作不知情，利用这样的手段将所有异象的出现说得合情合理。其次，在他回朝登基时，面对旧时的大臣都说自己是被将士们逼上皇位的，这样的事情，岂能是硬逼就有的？假装自己为难，以此来让大臣觉得他是迫不得已才这样做的，化解了其中的尴尬。假痴不癫真是使用得绝妙。

其实这样的计谋在使用时风险极大的，这里赵匡胤只是装作毫不知情而已，但是在实际运用时，往往难度很高，通常都是由一个思维、身体健康的人去扮演一个疯子，这个思维不正常的人往往干出的事情也与常人不同，很难预料到他们会干什么。所以正常人去扮演一个精神有问题人，通常要做出令人难以理解的事情，吃屎喝尿，满地打滚等。而且敌人在面对突然疯癫，也会进一步对我方进行试探，不断地利用新的难题为难我方，这时在装疯中就一定要坚持，不能露出马脚，更不可露出真相，否则不仅会有杀身之祸，而且敌人还会进一步地消灭我方的其他部署。所以说这个计谋难度很大，一旦开始就要扮演到结束，自己能摆脱困境保证安全为止，否则将一直处于疯癫状态，一定要有坚定意志力的人才能很好地运用此计谋。

实战 2　抠字眼的威廉

范德比是美国的铁路大王，他有三个儿子。而大儿子在上完小学后就辍学了。不仅如此，在范德比的眼里，大儿子一没有什么特殊的才华，二来看起来有点呆头呆脑，这让范德比忧心忡忡，自认自己的事业无人能继承了。

一天，威廉找到范德比，说是要收购马粪。"父亲，您马厩里的马粪这么多，打算给我多少钱一洛德？"范德比见状，以他一贯的风格，狡猾地说："4 美元一洛德。"没想到威廉竟然没有还价，而且还满口答应说："好的，就这么定了。不要说话算话哦。"存心想敲儿子竹杠的范德比有点失望，他对妻子说："我们的儿子太傻了，这个马粪市场上才 2 美元一车，我出这么高的价格，他居然没有还价。我的事业怎么办？后继无人啊。"

一个礼拜后，威廉将钱交给了范德比。范德比一看，有点疑惑的说："儿子，怎么回事？我那么多马粪怎么就值 12 美元？那里可是有 30 车的啊。至少得是 129 洛德。"

威廉面带微笑地对范德比说："父亲，你误会了，我只运了三船啊。"

范德比这才反应过来，原来儿子利用文字游戏耍了自己一次。洛德的意思，可以是一车，也可以是一船的意思。但是这次，他并没有生气，而且还感觉很欣慰。

不仅如此，范德比还特地庆祝了一番，在酒宴上，范德比对妻子说：
"其实我们的儿子很聪明，他比我还要强，我的事业这下后继有人了。"

在本实例中，范德比的儿子利用表面现象掩藏了自己的真是才能和想法，
同时借助老爸觉得自己傻呆的想法，顺利地骗到了范德比的马粪，还利用字
的两个意思，将范德比骗得团团转。就这样，先是不还范德比开出的价格，
再是利用字的双重意思，威廉赚到自己的第一桶金。

简单说来，就是利用装疯卖傻将自己的实力和才能隐藏起来，让敌人放
松警惕，然后等待时机成熟后，发挥自己的才能，将敌人一举击败。其实这
个计谋还有很多种说法："假装糊涂"、"以弱示人"、"先屈后伸"等。这
些计谋都是通过自己进行伪装，使敌人无法探明虚实，已达到哄骗敌人的目
的，为我方的胜利争取时机或是创造条件。

既然要自己进行伪装，就一定要装得彻底装得投入，如果不能使敌人相
信，一切都是白费心机。所以在竞争中，我方一定要多做事，少说话，将自
己的想法隐藏于内，不能随意表露自己的心态。只有目光长远，且能成大事
者才能运用得透彻。

实战 3　凯瑟琳的宣传之道

美国面包巨头凯瑟琳在刚进入面包业的时候，为了让自己的面包能迅速被全国消费者熟知，就打出了卖最新鲜的食物的口号。不仅如此，还缩短了自家的面包保质期，将通常 5~7 天的保质期缩短为三天。并且建立了举报有奖的制度，若是消费者看见面包上的日期超过三天，可以向公司反映，并得到奖励。

虽然市场上的面包都差不多，但凯瑟琳却用保质期将它们进行了区分。并让大家在识别不同品牌的面包时，能熟知自家的面包新鲜度是最好的。凭借着所有面包保质期不超过三天的宣传，凯瑟琳的面包渐渐树立起了"品质取胜""优质优量"的良好品牌形象。

而这样的宣传口号也一度给凯瑟琳的面包公司带来了很大的困扰。如果面包无法在期限内卖出去，就会过期。而凯瑟琳为此想到了一个好办法，她安排公司每三天给商家送一次面包，一边送去新鲜面包，一边回收过期面包。如果商家面包在期限内卖完了，就会立刻补货。虽然很多人难以理解她这样的做法，但是凯瑟琳要求公司员工严格按照计划表进行工作，否则将会受到惩罚，所有公司员工都遵照公司规定进行日常送货事宜。

有一次，美国南部遭遇洪灾，物资紧缺，更别说食品了。很多灾民在路上看到凯瑟琳公司的面包运送车，知道车上肯定有过期面包，就将车拦下，要求购买，可员工却不敢违背公司规定，执意不肯卖。事件在当地产生了一些影响，有媒体还报道了此事，一瞬间，凯瑟琳的面包公司严苛的保质期规定传遍了全国，消费者不但没有斥责凯瑟琳的员工太过呆板不卖面包，而且称赞凯瑟琳公司对消费者负责。赢得了全国消费者的信赖，从此以后，凯瑟琳公司的面包市场占有率不断提高，销量也大幅提高，生意也越来越好，最后成就了凯瑟琳面包大王的地位。

其实凯瑟琳在强调自己公司面包的保质期时，也就暗指其他的面包没有自家的面包品质好，她的"指桑骂槐"计谋运用得很是得当，没有明确指责其他品牌的面包是如何的不好，而是一直强调自家面包是如何的好，无形之中就增加了自己公司面包品牌的竞争力，在赢得市场的同时，也赢得了消费者的信任。

由此可见，"指桑骂槐"这个计谋不一定就是直接的责骂，也可以通过夸赞来实现其作用。褒奖自己来贬低其他，就是典型的运用。在自己美名得到宣传的同时，也就是压制了对手，在消费者眼里对不同品牌进行对比，自己就理所当然地占据了上风，比直接责骂更有效果。

在现实社会生活中，我们仍然时常运用到这个计谋。可能是商场上的竞争手段，或是人们在日常生活中的一种处世方法。在我们面对社会上一些不良风气，或是不文明的行为时，我们就可以利用这样的方法，既避免了尴尬，让对方有台阶可下，也让自己表达出想要指出的问题。有利于大家遵守文明的规定，也有利于我们社会的和谐稳定和发展。

在商业竞争中，不会直接指出对方的品牌如何的不好，作为文明时代的社会，这样的竞争是恶性竞争，无法适应时代的需要。而且很多时候，这样也是违法的行为，对手是可以控告你诽谤的。所以，我们都从正面入手，直接夸赞我方的品牌是多么的好，以此来贬低对手。通过充分展示出我方的优势，让消费者自己去对比，通过这样的对比掌控竞争的主动权。而在政治中的应用，多为批评对手的政见时，不至于氛围紧张造成冲突，也能让自己的观点易于接受。如果直接进行斥责，很容易发生冲突，从而互相谩骂，不仅损害了对手的利益，还会让对手进行反击，从而还会影响自己的利益。如果在双方进行恶斗中，有第三方看热闹，就会造成两方两败俱伤，而第三方坐收渔利的效果。

所以说，指桑骂槐不仅是一种竞争计谋，会利用这个计谋的人一定能为自己树立良好的形象，取得公众的信任，在正当竞争中处于良性循环，从而更有利于自身的发展。同时，指桑骂槐也是一种管理策略。无论是企业在经营管理中，还是作为人事管理，都能利用这个处理好出现的问题。不仅维护了员工的自尊心，也让对方能够更加忠心于企业和单位，从而更有利于事业的发展和壮大。

第十四章 | 偷梁换柱，上屋抽梯
——瓦解对方的核心竞争力

偷梁换柱，意同偷天换日、偷龙转凤、掉包计。都是指暗中换掉敌人所需的关键事物或是重要部件，以此达到削弱敌人实力或是战胜敌人的目标。而上屋抽梯则是指在与敌人对阵中，故意露出破绽，引敌人上钩后，切断敌人的外援，以此到达歼灭敌人的目的。

【经典今解】

频更其阵，抽其劲旅，待其自败，而后乘之。曳其轮也。

频繁地变动敌人的阵容，抽调开敌人的精锐主力，等待它自行败退，然后乘机取胜。这就好像拖住了大车的轮子，也控制了大车的运行一样。

偷梁换柱是古代作战时列阵的阵式。在对敌人的对战中，借此调走敌人的战斗力，瓦解和减弱敌人的实力，这就是偷梁换柱。同时这个计谋也可以是对我方自己实施的，改变自己主力的部署，迷惑和诱骗敌人，以此增强我方的实力，将我方的短处变成长处。对于一间房屋而言，梁被偷换了，那肯定是要倒塌的；对于一支军队而言，主要战斗力没人，那这支军队必输无疑。所以这个"梁"是指重要部位和关键地方。

当然，此计谋要想成功实施，就必须不能让敌人察觉。如果不小心被敌人发现了，那么我方之前所做的一切都白费不说，还会将自己的短板暴露在敌人面前，引来敌人的攻击。而不管是偷梁还是换柱，都讲究以次充好，以假乱真，这样换完东西，这些东西肯定会对敌方的内部起到破坏作用，从而使敌方无法进行攻击，自顾不暇。

而偷梁换柱在很多时候和"掉包计"一样，都是暗中偷换，或是冒名顶替以达到迷惑对方、蒙骗敌人削弱敌人的目的。

这个计谋是从成语"托梁换柱"转化而来。据传，商纣王与百官在花园里游玩时，看到一个亭子坏了一根柱子，纣王凭一己之力，将大梁托起，将好的柱子换上，修好了亭子。所以刚开始，托梁换柱并不是贬义词，只是随着时代的改变和文化的发展，渐渐赋予了新的意思。

秦朝建立以后，秦始皇自认为自己的皇位可以传至子孙万代，自称始皇帝，而之后的继位者则以"二世""三世"相称。而秦朝建立初期，秦始皇并没有立下太子，一是自己身体健康，认为自己定当长命百岁，二是子女众多，一时之间很难选择。但在秦始皇的心中已经有了一个人选，那就是公子扶苏。他为人诚恳，又有治国之才，胸怀仁慈之心，同时还深受人们的尊敬和爱戴，可谓是接班人的不二人选，而大将蒙恬也赞许有加。后秦始皇有心想让扶苏担当大任，便派他与蒙恬共同在北部边关驻军，以此锻炼一番。

虽然皇帝对谁来继任一事不是很着急，但是下面的大臣们都在为以后的利益开始暗中较劲。赵高一派的大臣们，都已经开始谋划推选胡亥当皇帝。对于这群人来说，皇帝不需要有哪些才华，不需要治国之才，这样的事全由自己代劳就好了。工于心计的赵高处心积虑地为胡亥这个只知玩乐的皇子寻找机会。不仅利用胡亥排除异己，还将胡亥塑造成一个喜用酷刑、严政来统治的皇子。正是因为如此，胡亥在一定程度上，也帮助秦始皇巩固了他的统治，被秦始皇给了一个管理车马仗式的官职，虽然这个官职不是很大，但是可以随时侍奉在秦始皇身边，所以朝臣们认为胡亥也得秦始皇信任，并有人开始追随于他。

几年后，秦始皇进行第五次出巡，胡亥、赵高等人一起陪同，但是到达平原津 (今山东平原县附近)，秦始皇突发急症，而且病情不断恶化。这时，秦始皇怕自己将会死在路途中，就立马命令赵高写下自己的遗诏。将皇位传给扶苏，让蒙恬以将军之职掌控兵权。随后，秦始皇就咽气了。而此时，诏书则在赵高手里，他又是拥立胡亥之人，而秦始皇将皇位传给扶苏对自己实在不利，所以他认为当时是一个好机会。他找来胡亥让他保守秦始皇已死的秘密，然后劝服丞相李斯，一起辅助胡亥，李斯一听坚决反对："这绝对不行，实在有违皇命啊，你们同为皇帝的臣子，怎么能背弃他呢？"赵高说："如果遗诏一颁布，扶苏即位，朝堂之上恐难有你我之位，到时候你能得到什么好处呢？"李斯听完沉默不语，最后决定和赵高一起修改遗诏助胡亥即位。

为了不让事情败露，胡亥、李斯将秦始皇的遗体放置车内，而车马依旧前行，所有事宜都由他们二人暂时管理。随后，赵高又以秦始皇的名义向扶苏发难，并将扶苏，蒙恬二人赐死，扶苏悲愤难当，以为是父皇旨意，以为他对自己大失所望，便自尽而亡了。而蒙恬想找皇帝问清楚，却被赵高所害。

这样胡亥等人利用一切可以利用的手段，党同伐异，秘密行事，继承了皇位，史称"秦二世"。

假之以便，唆之使前，断其援应，陷之死地。遇毒，位不当也。

故意露出破绽，给敌人提供方便条件。诱使敌人深入我方阵地，然后切断其前应与后援，使其陷入绝境。敌人贪图不应得的利益，必遭祸患。

此计谋出自《三国志·诸葛亮传》。从字面意思看就是指爬上屋顶后，梯子被抽走，自己则处在一种孤立无援的境地。此计谋运用在军事上，一般都是指通过诱敌深入，将敌人带入埋伏圈后，切断其援助，使其变成我方的瓮中之鳖，到达聚歼敌人的目的。

这个计谋既可以对敌人使用，也可以运用于我方。《孙子兵法·九地》中说："帅与之期，如登高而去其梯；帅与之深入诸侯之地，而发其机。"它的意思是指：主帅在给手下下命令时，就像把他们赶到高处，然后抽掉梯子，让他们只能前进，无法退后。主帅与众将士深入敌人脏腑之地时，就要像射出的箭一样，只能往前，就如"开弓没有回头箭"。

运用此计谋的关键就在于将敌诱"上屋"。就平常而言，能有四种对象可以诱骗：一是贪而无知者；二是蠢而不会变通者；三是有勇无谋者；四是自视甚高者。

当然要想上屋抽梯，首先要有梯可抽，若是没有，还得先行置放。而放"梯"的方法有两种：（1）以利示之。用敌人无法拒绝的诱惑引诱他。（2）以弱示之。如果我方假装示弱，敌人就会掉以轻心，对我方放松警惕，如此一来就会在不知不觉中落入我方的陷阱。

而对于"抽梯"来说，一定要注意时机，不能被敌人发现，所以要讲究速度和方法。"抽"可以从不同角度分为这三个方面：（1）明抽与暗抽；（2）急抽与缓抽；（3）实抽与虚抽。具体采用哪种方法，一定要注意利用当时的局面形势或是客观条件进行判断，不可全凭自己想象行事，否则容易出问题。

而"上屋抽梯"也是从"登高去梯"转变而来，早在《孙子兵法·九地篇》中就有记录："帅兴之期，如登高而去其梯。"文章中的意思是指为了鼓励士气，可以切断援军，就和爬到高处将梯子毁掉一样，这样士兵们看到没有退路，就会坚定意志，血战到底。整个军队实力大增，往往会在战场上创造奇迹。

《三国志·诸葛亮传》也讲到了"上屋抽梯"的故事，讲诉了刘表的儿子刘琦是如何向诸葛亮问计的。

官渡之战后，曹操势力大增，而刘备因势力孤弱而无法与之抗衡。就采纳了孙乾的意见，去荆州投靠刘表。而此时，刘表的家里也是波诡云谲，其两子都在为争权而暗中较劲。因为长子刘琦的生母已经病逝，继母蔡氏又生儿子刘琮。长子虽然善良，可在刘表眼中较为羸弱，次子虽然聪慧，但又畏惧蔡氏一族的势力，他对两个儿子都不是很放心。而刘琦也终日惶恐，怕后母对其不利。

一天，刘琦拜会刘备，便对刘备诉苦："我常常担心我的后母因为权势而来害我。"随后，便向刘备问询有何计策，以保自己周全。刘备便找来诸葛亮询问此事，诸葛亮听完没有吱声，只是对刘备说这是人家家事，你我都是外人，不好过问，还是少管为妙。刘备知道诸葛亮有计谋应对，就告诉刘琦一个方法，让他照着做，定能向诸葛亮问询到计策。

第二天，诸葛亮受刘备之托去拜会刘琦。诸葛亮行完礼后，刘琦便急问："后母蔡氏心中容不下我，以先生之见应该如何应对？"诸葛亮依旧推辞说："这是公子你的家事，我们外人不能随意过问，还是公子自己解决，以免惹来祸害。"诸葛亮说完便准备告辞回府，刘琦心中甚是着急，立马挽留，并对诸葛亮说自己在游历时偶然得到一本古书，还请诸葛亮上楼一看。诸葛亮到了楼上，见没有书，便问刘琦书在何处。此时，刘琦突然跪在诸葛亮面前，大哭道："先生不能见死不救啊，后母不容我，我现在是生死担忧啊。"诸葛亮依旧推脱，欲下楼，发现下楼的梯子没有了。这才发现上当受骗了，只好留下，听公子刘琦一把鼻涕一把泪地说着。此时，刘琦又对诸葛亮说："现在先生还怕什么呢？只有你我两人，又没有外人，先生请救我一命啊。"诸葛亮也被刘琦折腾得看不下去了，只好给他说了一个春秋时期，晋献公的爱妃骊姬为儿子争皇位的典故。那时晋献公还有两个儿子一个重耳，一个是申生。为此，重耳流亡了国外，而申生则选择留在国内，打算以自己的孝心感动献公。但是流亡在外的重耳远离了灾祸，生存了下来，而申生则被骊姬用计害死。诸葛亮说："这就是在内危险，在外安全啊。"刘琦又接着请教这句话的意思。诸葛亮对刘琦说，现在江夏之地正缺人监管，你可以向父亲请命前去，就可以远离是非了。刘琦对诸葛亮感激不尽，并依计划行事，果然安然无恙，还在江夏发展了自己的势力。

【案例解析】

实战 *1*　化妆师巧用技术捉逃犯

在日本，有一名化妆师，手艺非常精湛。在她的手下，40多岁的中年男子可以变成20多岁的俊俏小伙子，也能把年轻貌美的女孩子变成80多岁老色衰的老太太。

一天，一个自称是邮递员的人按她家门铃，说是她有信件。这化妆师没有核对身份，就想当然地让他进门。但是当这个人进屋后，拿出的不是信件，而且一把匕首，并且以此威胁这名化妆师说道："请你用你高超的化妆技术帮我易容一下，这可不是闹着玩的，只要你乖乖听从我的吩咐，我是不会伤害你的！"

见到这样的架势，化妆师清楚地明白自己的处境，但是她没有慌张，而且很淡定地答应了这个男子的请求。她拿起自己的化妆工具问道："说下你的要求呢？想化妆成什么样子？有什么特别的要求吗？要是希望变化大的话，化妆成女人怎么样？"男子听完，立刻摇头："那可不行，要是变成女人，那以后的行动就会不方便，你只要帮我把长相换一下就好了。""行，那我就把你的年龄往上加一点，中年男人，这样行了吧。"在女化妆师的巧手下，没过几分钟，一张与之前迥然不同的脸出现了，不仅面目狰狞，而且十分猥琐。这个男子看着这张自己无法辨认的脸，很是满意，于是便放了化妆师，扬长而去。但是出人意料的是，当他自认为安全地走在街上时，警察刚看到他，就立刻将他逮捕了。

原来，在这个逃犯进门前，化妆师正好看过另一张逃犯的通缉令，于是，在给这个逃犯化妆的时候，化妆师就将计就计，将另一张逃犯的脸换到了他的脸上。所以，警察一看到他的脸就误以为他是那名逃犯，殊不知原来逮捕的也是一名逃犯。这名逃犯本想来一个偷天换日，谁知道女化妆师临危不乱淡定从容，反而来了个将计就计。这名化妆师不仅手艺过人，而且有勇有谋。

在本实例中，化妆师利用其精湛的化妆技术智擒罪犯，正是利用了偷梁换柱的计谋。只不过是将一张通缉犯的脸换掉另一张通缉犯的脸上。而在军事战争中，偷梁换柱作为一个计谋，则是指利用手段，换掉敌人的主力，从而达到消灭敌人的目的。广泛地来说，该计谋又能作"偷天换日""偷龙换凤"意思来讲。在竞争或是战争中，偷换敌人有利情报，让敌人在误信假情报的情况下，作出错误判断，使我方可以有机会打击对方，甚至是消灭对方。虽然在军事战争中此计谋多只有应用于较小的事情方面，但是效果好，能够瓦解敌人的战斗力，也是我方克敌制胜的一个方法。

在战争中，很多时候我方会利用其他势力，一起联合起来进行军事行动，但是表面上虽为一致，但是私底下很难统一。毕竟每个国家都有自己想争的利益，如果两个国家的利益有冲突，那更会分化整个军队，容易导致军心不稳。无法进行军事战略上的配合。这就会导致军队的势力受到分化，不仅整体的战斗力得不到发挥，而且还会给其他人带来歼灭自己的可趁之机。所以说，有时利用偷梁换柱的方法来兼并友军，能够将军心团结一致，共同进退。只有在这样的情况下，我军才会无往不胜。

实战 2　包公 "上屋抽梯" 巧断疑案

北宋年间，包拯被任命为定远县知县，在他上任的第一天，来了两位妇女上堂来告状。其中一个妇女是王氏，另一个李氏，王氏是当地一个富商的老婆，李氏则是这个富商的姨太太。前几天，富商偶感风寒接着便一病不起，几天之后便去世了，身后留下万贯家私和一个年仅三岁的儿子。王氏和李氏都声称这个孩子是自己生的。因为她们心里都清楚，谁争得了这个孩子，谁就会继承丈夫的全部财产，因此王氏和李氏在公堂之上争论不止，谁都说孩子是自己的。

包拯感到这个案子十分棘手，低头沉吟良久，突然他当堂郑重宣布道："你们都口口声声说这个孩子是自己亲生的，本县也实在难以辨别，更是无从断定。不过本县有一个办法：我们在地上画上一个石灰圆圈，让孩子站在石灰圆圈里，你们二人站在两边分别拉孩子的胳膊，谁要是先把孩子拉出圈外，那么孩子就归谁抚养！"

于是衙役立即在地上用石灰画了一个圆圈，并把孩子放进了圆圈当中。随着包拯一声令下，王氏和李氏同时在两边用力拉孩子的胳膊。孩子被左右拉得十分疼痛，大哭大叫了起来。李氏见孩子被两个大人拉扯得哭叫不止，不觉手下一松，孩子便被王氏拉了过去。王氏见孩子被拉到了自己身边，显出得意的神色，而在一边的李氏，哭泣不止。包公让二人再来一次。结果还是因为李氏手劲松一些，孩子再一次被拉到了王氏跟前。

包拯说道："现在本县命你们二人再拉最后一次。这次赢的一方将得到孩子，本县一定当堂定案。"王氏听罢，立即摆出一定要赢的拼命架势。在前两次，孩子的胳膊已经被拉肿了，疼得一直在那里大哭。李氏依然哭泣不止，跪在堂上对包大人说："大人！民妇不愿再拉了，请大人把孩子判给王氏吧。"王氏也乘机下跪道："是啊，是啊，大人，李氏已经认输，请大人下令把孩子判给民妇吧！"

包拯听后哈哈大笑起来："王氏，本县虽然见你两次都将孩子拉出圈外拉到你身边，而你无一丝怜惜之心，这恰恰证明孩子并不是你亲生。试想天下哪个母亲不心疼自己的孩子呢？因为孩子不是你亲生，你当然不心疼，当然没有怜惜之心，拼命往外拉孩子。而李氏一听孩子哭叫不止，手劲早就松了，这说明孩子是李氏的亲生骨肉而非你的，你这么做只是想继承你丈夫的全部家产！"

包拯应用母子情深的规律，设置巧计——石灰圆圈，引冒牌母亲上当，用"上屋抽梯"的方法辨明了真伪，真是妙不可言！

实战 3　洛克菲勒用计买铁矿

19世纪中期，来自德国的梅里特兄弟移民到了美国，来到了明尼苏达州。随后，他们在这里定居后，在该州的密沙比发现了一个铁矿，而且储量相当丰富，这两个兄弟非常高兴，立即在这里不惜一切代价开了一家铁矿公司，因为这里的铁矿十分丰富，所以公司的业务量也不断上升，公司规模扩大后，他们又抽出资金，进行其他生意的投资，渐渐地成为了当地小有所成的富翁。

石油巨头洛克菲勒了解到该州的铁矿情况后，便亲自前来这个公司视察。当他到这里后，被眼前的情景深深吸引了，这里的铁矿丰富得难以置信，而他对此生意也眼红了起来，便想买下这里的矿井和铁矿公司，但是当他向兄弟俩表示出自己想购买这里的铁矿公司时，兄弟俩态度一致，口径相同，都态度强硬地表示不管他出多少钱，这个公司都不会卖给他的。面对这样的情况，兄弟俩坚决的态度也让洛菲克勒只能暂时放弃，眼看着这块肥肉又吃不到的心情，让洛克菲勒时刻惦记着怎么将这个矿弄到自己手里。

正好，在 19 世纪 70 年代的时候，由于当时美国主导货币体系崩溃，美国经济竞争力逐渐减退，经济危机在此肆虐了这个国家，经济出现了萧条，而每个行业都受到了严重影响，其中重工业所受的打击最大，由于钢铁在全球的需求量大不如前，梅里特兄弟俩的公司也开始出现了亏损，不再和以往一样，稳赚不赔了。正当公司陷入经济危机时，一位自称为劳埃德的人主动找上门来，当他见到两兄弟时，判断出现在的经济形势下他们兄弟两人的公司肯定遇上了麻烦，他说："我知道你们公司现在资金周转困难，但是我有一位朋友可以帮助你们解决燃眉之急。这样你们就不用像现在这么着急了。"

梅里特兄弟俩见此人一开口就提借钱的事，也没想那么多，就问："那到底能借多少钱？"劳埃德又问："你们实际上一共缺多少钱？"梅里特兄弟面露难色，也就实话实说了："我们这次遇到了非常严重的危机，不仅有外债，同时用于周转的资金也没有，至少得有 42 万美元才行。"劳埃德说："那还好，这些钱我可以帮你们筹到。"

梅里特兄弟俩听到这句话就放了心，十分相信劳埃德，并将希望都押在了他身上。

没过几天，梅里特兄弟俩就拿到了劳埃德为他们借来的钱，他们看都没看借条，就将名字给签了。并对劳埃德非常感激，这笔钱不仅还了外债，还有剩余。梅里特兄弟俩将这多余下来的钱都投到了公司新产品的研发中。梅里特兄弟俩自认为已经度过最困难的时刻时，劳埃德牧师却又找上门来，说是来为他的朋友索要借给他们的钱。而梅里特兄弟俩对此非常的不理解，也很是郁闷。怎么刚借的的钱，就要还了。此时的劳埃德拿出借条说："借条上写着的，借款人可以随时要求还钱的。"梅里特兄弟俩傻眼了，自己当时借款时，心里太急，没仔细看，居然还有这条款。可是钱都花了，一时之间又难以拿出这么多钱，就考虑让劳埃德代为求情，宽限两天。可牧师此时的态度非常冷漠，不仅没同意求情，还冷冷地说："不还钱，就法庭见。"

几天后，梅里特兄弟俩被告上了法庭，直到当时才知道，当初借他们钱的人是洛克菲勒，就是处心积虑要买他们公司的人。根据美国法律，梅里特兄弟签订的是一种叫劳尔贷款的借条，这种贷款可以由借款人随时要求还款，所以利息较低。所以法官要求梅里特兄弟按照法律的规定还钱，但是由于无法凑出这笔钱，梅里特兄弟只能将自己的公司作为抵押，以借条上的价格抵给了洛菲克勒，而洛菲克勒当初出高价都无法获得的公司，现在不仅得手，还以非常低的价格购入，很是划算，也了却了他多年来的夙愿。

洛菲克勒没有亲自将钱借给梅里特兄弟，主要是为了避免梅里特兄弟产生警惕，拒绝自己的借款，由于之前自己曾经想买对方的公司，这时出现对方肯定有所怀疑，质疑其用意，所以他请人帮他出面，这样一来容易放松警惕，二来也能完成他的计谋。

所以在商场上，企业经营主不能迷恋眼前的小恩小惠，而是要立足于长远的目标，避免受制于人。如果一家企业要做大做强，绝不可以贪图小便宜，而是要利用小利益诱惑其他竞争对手，让对手做出误判后，自己得利。

在本实例中，我们可以看到，我们既要用利益引诱别人，同时也要有敌人上钩的条件。这两方面缺一不可，如果没有这样的条件，就算很多利益在眼前，敌人也不需要。既是有条件但是敌人不需要利益，这样的情况下，敌人也难落入我方的圈套。就如海岸对面只有一个沙漠，就算用豪华游轮把敌人运去，想必敌人也不会上当。只有在两个条件都齐全的情况下，敌人才会上钩，而且敌人那时可能因为其中某个条件是他急切需要的，都不会在乎里面到底有没有陷阱。虽然他们有时也会想："有利益就行了，这么多好处在眼前，为什么不多拿点呢？"在这种盲目的冲动下，敌人就会被利益赶入我方的圈套中。

在商业领域中，尤其是商战中，商人一般都会以利益去引诱对手，对手看到利益就会采取行动。随后我方则需要将对方的有利因素转化为不利因素，这样就可以使对方遭受重大的损失。就如我方通过市场调查和走访的方式，发现目前手中有一些商品因为竞争者较多生产导致市场产能过剩，可能会引发经济危机，此时，我方就可以在对方没有察觉的情况下，利用低价转让生产设备等，对方肯能会贪便宜将其买入。而我方目前的吃亏不算什么，在不久之后的经济危机相比，亏损更大的应该是竞争对手。

由此看来，要在竞争中或是战争中使用"上屋抽梯"，就一定要熟悉竞争的条件和环境，必须进行全面而深入的了解。规避其中可能存在的风险，就算无法规避，也要在危机将要发生之前，将其甩给对手，利用环境来将其打败，做到不战自胜。此计谋的精妙之处就在此处。

第十五章 | 树上开花，反客为主
——借局布势，占得主动地位

　　树上开花是指我方实力较弱时，借助其他外力，虚张声势以此震慑敌人，摆脱被歼灭的危机。反客为主则是指在军事战斗中，尽量将被动变主动，争取战争主导权，而这个计谋主要针对的是同一阵营的盟友。这两个计谋都讲究如何借助盟友的势力，最后获得盟军中的主要位置。

【经典今解】

　　借局布势，力小势大。鸿渐于陆，其羽可用为仪也。

　　借助别人的局面布成有利的阵势，兵力虽少，但气势颇大。鸿雁在高空飞翔，全凭其丰满的羽翼助成气势。

　　树上开花原意是指本来树上没有花，后来人们自己把各种各样的假花粘在树枝上，假花在真树的映衬下，让人真假难辨。应用在军事中，一般是自己实力处于弱势时，借助其他方面的力量或是因素，虚张声势，使我方看起来实力强大，已达到威吓敌人的目的。

树上开花中的"树"指使我方壮大势力的东西，可能是优势的客观条件、别人的势力，或是某些有利因素等。所以，当我方的"花"还没有归宿时，就要借"树"。"树"对"花"来说是一种依靠，所以一定要先将"树"认真选好，而"花"也要精巧，亦真亦假，以便更好地隐藏自己。

此计有以下含义：

（1）借局布势。当我方力量处于弱势时，不能形成强大的势力，而我方就必须借助别人的势力，来壮大自己的声势，以免被敌方趁机扼杀。

（2）虚张声势。利用假象，掩藏自己弱小的实力，让敌人无法辨清我方真实情况，以此来威吓敌人，此处借的是别人的势力，来张我们虚假的势。

（3）求之于势。利用现成的客观条件，引导事情的发展方向。尽量往我方需要的方向引导，这样就可以达到我方的目的。《孙子兵法》里曾说："故善战者，求之于势，不责于人，故能择人而任势。"

战国时期，燕国内乱时，齐国曾派兵攻打，使燕国局势更加雪上加霜，燕昭王一直将此仇记挂于心上。但由于两国实力悬殊，燕国只能隐忍，而乐毅建议燕昭王与赵、秦、魏、韩四国组成战略联盟，如此一来齐国就能攻下。

公元前284年，乐毅受燕昭王所托，以上将之职带领五国联军攻打齐国。五国联军势如破竹，连续攻下齐国的七十座城池，而赵、秦、韩、魏四国见好就收，各自占领了几座城之后，就撤军而回了。但是乐毅不灭齐国誓不罢休。燕军在乐毅的带领下，继续进攻，不但攻下齐国的都城临淄，还弄得齐愍王逃到了一个小城中，燕昭王对此很是满意，不仅奖赏了士兵，还加封了乐毅为昌国君。

而此时的齐国也只剩下莒城、即墨两座小城没有攻下，而齐愍王还在莒城中。乐毅随后改变了军事策略，他想利用围困的方式逼城中百姓主动投降。这一围困就围了三年，城中的守军早就散了，民心也越发地涣散，如此一来，燕军破城之日也就快了。

但就此时，燕昭王误食丹药猝死，太子即位后为燕惠王。这个燕惠王对乐毅的主张都很排斥。因为之前还是太子时，就曾因向燕昭王告发说乐毅要自立为王，反被燕昭王赏了一顿鞭刑，从此之后，燕惠王就对乐毅越发地不满。在他即位后，本来就反对乐毅的军事主张，而大将骑劫此时又正好向他告发乐毅攻下齐国，是想要自立为王。一怒之下，他就将乐毅调回，更换了燕军主帅，让骑劫担当元帅一职。乐毅自知回去难逃一死，就悄悄逃到了赵国。

莒城、即墨城里的军民们听说骑劫代替了乐毅，而且这个骑劫还是一介莽夫，大家又重新燃起了胜利的希望。随后，大家积极准备抵抗之事，大家推举了田单为守城将军，由于田单能力突出，很快就带领大家做好了迎敌的准备。

骑劫上任后，立马改变了乐毅的军事策略，下令将士们准备主动发起军事攻击。而城里的百姓在田单的率领下击退了燕军凶猛的进攻。面对多次进攻均告失败的战果，燕国士兵不仅伤亡惨重，而且士气低落。

田单为了鼓励城内的百姓军士的士气，还叫人扮演天师，不仅让城内军民日夜跪拜，就连自己在发号施令时，都会先向其祷告。不久城内就传开了，说是天都站在齐国这边，帮助齐国。而城外的燕军由于连续进攻，士兵个个都很郁闷。而且田单还到处散播谣言：燕军只要将齐国俘虏的鼻子割下，齐人就会受到惊吓而主动投降；如果燕军将齐人的祖坟挖了，齐军就会丧失抵抗意志主动投降。燕军不知是计，就照着谣传去做了。被城里的百姓知道了燕军如此暴戾，各个气愤不已，纷纷表示要和燕军血战到底。

而且田单又派城中富商投降以此用金银贿赂燕军，求他们放全家老少一条生路，以此示齐人之弱。燕军信以为真，认为不久齐人就会开城门投降，因此也就放松了戒备。

在用计迷惑敌人时，田单也积极进行备战。由于兵力过少，田单在城中聚集了1000头牛，自创了一个火牛阵，做好进攻准备。

一天晚上，田单突然带领着城中军民对燕军大营进行了突袭。首先用火牛阵开路，在牛身上挂满了各种颜色的布，还在其角上绑上了匕首，牛尾巴上绑着浸了油的麻布，点燃后，牛因为害怕，疾奔向燕军大营，并且在营中四处乱撞。田单挑选出的壮士各个脸上画满了图纹，裸着上身，拿着大刀跟在牛后面，城里的百姓都在一边助阵。

燕军士兵醉酒中看到这一幕，都以为天兵下凡，都吓得四处逃窜，齐军则在火牛的掩护下，趁乱杀敌，将大半燕军斩杀于帐下。而骑劫打算趁乱逃走，却被田单逮个正着，并被齐军斩于马下。燕军经此一战，势力大减，齐国因此士气大振，相继收复失地，最终得以复国。

乘隙插足，扼其主机，渐之进也。

乘着空隙插足进去，设法控制敌人的要害，这必须循序渐进。

从字面意思来看是指客人到主人家里，主人反而受到客人的招待。其引申意为当我方处于不利地位时，应当积极采取措施，主动进攻，化被动为主动。在军事战斗中，处于客位就意味着自己被别人压制，处于不利地位，要想能够摆脱困境，就必须掌控全局，进到主位。

在古代，古人对反客为主之计就有很多应用。《十一家注孙子》中说："我先举兵，则我为客，彼为主；为客则食不足，为主则饱有余。若夺其蓄积，掠其田野，因粮于敌，馆谷于敌，则我反饱，彼反饥矣，则是变客为主也。"运用此计谋一定要注意不可杂乱无章，一定要有计划，步步为营。先想办法处于客位，然后再伺机而动。然后在主人的不知不觉中，将自己的势力扩散出去。最后时机成熟时，就可以变被动为主动，坐上主位。

本计的含义有以下几种：

（1）喧宾夺主。在我方被对方压制时，一定不能急躁。一定要先站稳脚跟，然后再趁别人不备，伺机踢别人出局，取而代之。

（2）先发制人。在我方和敌人在战场上相遇时，可以先主动出击，牵制敌人的进攻，这样一来，就算我方势力处于弱势也会有可能取胜。

（3）转攻为守。两军对阵时，主动攻打的一方可以看做是客，而处于防守的一方可以看做是主。所以在对战中，我方可以积极防守，充分利用身边的自然条件，达到打败敌人的目的。

"反客为主"来自于"变客为主"一词，最早出现于唐代《唐太宗李卫公问对·卷中》一书中，原文内容是："臣较量主客之势，则有变客为主，变主为客之术。"而《三国演义》第七十一回中也出现了"反客为主"一词，原文是："(夏侯) 渊为人轻躁，恃勇少谋，可激动士卒，拔寨前进，步步为营，诱渊来战而擒之；此乃反客为主之法。""由此可以看出，反客为主在战场上就是将不利条件转为有利条件，然后主动改变计谋，从而在战争中处于主导地位。当反客为主作为一条计谋使用时，就是要求趁别人不注意，把握了敌人的关键部门，从而将敌人排挤出去，取得敌人的领导权。

东汉末年，董卓挟天子以令诸侯引发朝野不满，多股势力起兵讨伐，后结成联盟，而袁绍因出生名门被推荐为盟主，韩馥作为冀州牧，曾参与讨伐联盟，与袁绍是盟友。后联盟解散后，虽然袁绍的影响力扩大不少，但是地盘仍是那么大，这里不属于富饶之地，不仅地窄人稀，而且缺少粮草。袁绍对此事头疼不已，只有四处借粮来缓解自己的处境。韩馥得知袁绍缺粮，便从冀州运了大批粮草送给袁绍，助他渡过难关。

可是袁绍却有了另一份打算，觉得整天靠别人接济这怎么能长久呢？问题还是没能得到实质的解决。后来谋士逄纪进谏，建议袁绍直接夺取冀州，冀州尚属富饶之地，定能解决粮草的后顾之忧。可袁绍觉得这样对不住韩馥，上次韩馥还主动帮助自己解决粮草问题。如果自己这样岂不是忘恩负义？见袁绍犹豫不决，逄纪又说："明抢不行，我们可以暗夺。"随后，逄纪就将计谋的具体安排告诉了袁绍。袁绍听完，说道："果然是条极好的计谋，不仅可以不伤情面，又可以助我夺取冀州。"

于是他按照计划先写了一封书信，派人送给幽州公孙瓒，要求联合攻打冀州，获利后五五分。公孙瓒早就想攻打冀州立即修书给袁绍表示同意结盟。接着，袁绍派人前去冀州给韩馥通风报信，使者见到韩馥，神情严肃地说："公孙瓒谋划着联合我家主公一起攻打冀州，而我家主公念在与大人多年的交情上，拒绝了公孙瓒的提议，还劝说公孙瓒放弃攻打的念头，可是公孙瓒不听劝告，执意独自来犯冀州，还让我家主公不要多管闲事。我家主公见朋友落难，不会坐视不管，可又怕未表明来意突然引兵前来会引起误会，所以特让我前来告知。"使者见韩馥听到消息后神色紧张，又继续说："大人如有担心不测，何不请我家主公出兵相救？"韩馥听到后觉得可行，就修书一封交给使者带回。意思是说自己愿意与袁绍结盟，并请袁绍带兵前往，共同抗敌。

袁绍欣然前往，带着自己的谋士和士兵进了冀州后，作为客人，表面上尊敬韩馥，实际上不断插手冀州的各种事务，还安排了自己的亲信到各个重要部门就职。直到有一天，韩馥发现自己的命令都要得到袁绍的首肯才能实施，这才明白自己已经被他取代了。他虽然后悔自己当初引狼入室的行为，可又害怕袁绍对自己不利，就伺机悄悄投奔陈留太守张邈去了。

【案例解析】

实战 *1*　被酒商利用的总统

早在上个世纪 50 年代，法国著名的白兰地酒在欧洲市场上销售业绩就非同凡响。可当白兰地酒进入美国市场后，不管法国公司如何进行宣传，包括在媒体上投放广告，白兰地酒依然没有得到美国人的关注。而且白兰地酒的销量一直不佳，这令公司的高层很是心急。迫于无奈的公司只能面向社会公开征集营销方案，并承诺一旦采用必有重奖。

一天，一个自称是营销专家的人找上门来，表示愿意向该公司提供一个营销方案，公司高层许诺如果效果很好，一定给予重奖。这位营销专家称美国总统艾森豪威尔将会迎来自己 67 岁的生日，如果贵公司在他生日当天赞助一场生日会，同时赠送两桶高档的白兰地酒给他，一定能够吸引美国民众的关注，而且他们关注的焦点一定是你们送了什么样的酒。

白兰地公司对这个方案很是满意，并支付了大笔奖金给他。随后，白兰地公司通过当地法国领事馆向美国国务卿送了礼单，并表示在总统先生生日当天该公司还会赠送两桶窖藏了 67 年的法国白兰地酒。这家公司还通过媒体报道了此事。

在总统先生生日的当天，很多人聚集在白宫门口，当四名身着宫廷服饰的法国青年将酒抬进白宫时，人群沸腾了，大家关注的焦点就在那两桶窖藏了 67 年的白兰地酒上。

从那以后，白兰地酒打开了美国的市场，这种总统都喜欢的法国酒受到了美国民众的追捧，白兰地公司也获得了丰厚的回报。

无巧不成书，有一名出版商也曾利用总统为自己出版的图书做广告，不仅市场反响很好，而且还获得了很多利润。

这个不知名的出版商，本来没钱做广告，因为他的钱全投进了图书出版事业中。有天，他在电视上看到美国总统对一家公司赞不绝口，转念一想，为什么我的书就不能从总统口中说出来呢？于是他调查研究总统的喜好后，寄了一本符合其口味的书给他，并在随后一段时间内找人打听总统有没有翻看那本书。后来他得知总统不仅翻看了他的书，还随口说了句："这本书写得挺好的。"这可乐坏了出版商，就把总统的这句话加印在了书的封面上："总统先生读完后觉得很不错的一本书。"不久之后，这本书的销售量就上升了，随后就销售一空，这本书的成功也改变了出版商的困境。

没过多久，这个出版商又印了一批新书。他和上次一样，给总统寄了一本书，然后托人留意总统对书的看法。总统因为上次的事件后心存不满。当他看完这本书后，故意说道："这本书写的实在太糟了！"出版商一听，立即在新书上又加印了这样一句话："总统先生认为很糟的一本书。"这批书上市后，很快销售一空。

后来，这位出版商又出了一批新书。他再一次地将书寄给总统。经过前两次的事情后，总统这次学乖了，没有发表任何观点。出版商得知后，在这批书上加印了这样一句话："总统先生都不知如何评价的一本书。"随后，书又很快卖完了。

这位出版商将书和总统两个看似毫无联系的东西结合起来，在利用总统免费为书增加知名度的同时，也为自己争取了丰厚的利润。

法国白兰地酒借着总统过生日打开了白兰地酒在美国的市场，从此白兰地酒在美国不仅知名度上升，带来的经济效益更是不少；那个出版商利用总统来卖书，不仅每次都可以将书卖光，同时也扭转了自己不利的局面。他们两个都是利用树上开花的计谋，借助别人的势力，提高了自身的知名度，增加了销售量，提升了品牌的市场竞争力。而法国白兰地在欧洲市场的成功说明，要想运用树上开花计谋，首先本身得具有一定的实力。自己的产品得经受得住市场的考验。如果在本身就毫无实力可言的情况下，还借助名人或是专家进行宣传，这只能让消费者觉得上当受骗，却不能带来经济效益和美誉。

书籍与其他的消费品不同，就像一千个读者眼中有一千个哈姆雷特一样，每个人对书中的内容的评价都是不一样的。所以说在实例里，无论这个总统给这本书作出怎么样的评价都是可行的，而这样就给了出版商可趁之机，无论什么样的评价都可以拿来做广告。所以，文化商品我们是要另外的标准来看的。但这并不是表示书籍可以用低俗或是不健康的内容来吸引消费者，只是表示文化商品的评判标准不是和一些商品一样，好就好，不好就不好。文化上好与不好都不是绝对的，多元化视角的存在，令很多观点是不能以偏概全的。所以，作为文化商品的出版商就应该利用身边各种条件来为图书做宣传，都是可行的，不断地提高自身软实力的同时，也提高市场竞争力和占有率。

树上开花这个计谋想要运用得好，主要有两种方法，一是自身巧布阵，二是灵活借助其他条件。在古代战争中，由于处于冷兵器时代，古代的军事大家们利用智慧创造了一些阵法，八卦、长蛇等。这些阵法运用在军事中，主要是便于进攻和防守，而且敌人如果不懂阵法的门道，就很容易被迷惑，在战争中一定处于挨打的地位。所以，运用的阵法要时时创新，如果敌人同时摸清了门道，那么就很容易失败，这样取胜的关键就是所布阵法要能迷惑敌人。

由此看来，树上开花的计谋是不能随便使用的，而且这个计谋主要依靠的还是使用者本身的实力。如果实力太弱，则应该通过自身努力不断增强，提高自身的综合素质。如果实力很弱，不对自己进行锻炼，反而只将希望放在借势上面，那也很容易遭到溃败。如果竞争对手和自己的实力旗鼓相当，那么我们通过借势，有时还可以达到不战而胜的效果。所以，在具备一定实力的基础上，利用树上开花这个计谋，通过借助更强大的势力，向对手施以压力，能减少自身的很多精力和时间。但是一定要注意创新，避免落入俗套，这样敌人就会识破计谋，对我方进行更猛烈的打击。利用过时的方法来借势，不仅不能壮大自己的实力，还会将自己的弱点暴露在敌人面前，这是在使用时一定要注意的。

实战 ② 　塔克曼的股票经

闻名世界的著名投资人塔克曼是美国华尔街一家大型投资公司的经理，在上个世纪 90 年代的时候，美国经济动荡，股市也随着大跌，但是塔克曼所在的公司不仅没有受到影响，还不赔反赚，净资产增长了 12.5%，而根据调查统计结果显示，1985 年到 1990 年这五年时间内，塔克曼公司的净资产增长率高达 135%。在当时华尔街所有的投资公司中处于第一的位置。而且他的个人资产也相当可观，高达 8 亿美元，是少数靠股票发家的富豪之一。

塔克曼在股市赚得盆满钵满，很多人都以为有什么技巧或是秘密，其实是没有的。要说真有什么技巧，可能就是塔克曼一直奉行的“稳”字。其他股民可能会既想从这只股票里获得利润，又想从那只股票里获得利益，将自己的注意力分散于不同的股票上，而塔克曼则与这些股民不同，他会在仔细研究后选择一只股票，然后在持有三年时间后才会决定抛售还是持有。这样专心放在一只股票上，如果购买的股票价值上涨，也能因此大赚一笔。虽然将资金专门集中投资一支股票的风险较高，但是相较而言，如果资金分散在很多股票当中，就算是股价上涨，也赚得不多。像塔克曼这样虽然高风险，但是高回报，有时他要是下手准了，股价涨起来，直接就能成为这家公司的大股东，间接管理公司，让公司为自己挣得更多的利润。这是一般人都很拥有的成就感。

根据塔克曼多年的投资经验，他总结出如果要购买上市公司股票一定要注意三点：一是要选择信誉良好的公司，或是在公共信用评定机构获得良好评价的公司股票。二是，股票的发行公司经营正常，有大量的流动资金可支配。三是股票的风险系数较低。有时候，看一家上市公司的股票是否值得购买，也可以参考这家公司的高管有没有持有大量的股票，如果有则说明公司发展良好，如果没有，则要小心，这只股票可能存在较高的风险，回报率可能过低。

如果一只股票能满足以上所有的条件，那么根据市场规律来说，它的价格一定很高。在高价位买入股票是存在很大风险的，也是不理智的。当塔克曼在处理这样的股票时，他一般都会选择等待时机，等其受到某些突发事件影响下跌后再买入。

1990年秋天，塔克曼看中了一家桂格麦片公司的股票，可是由于公司在当地声誉很好，而且很有发展潜力，所有这家公司的股票价格一直居高不下。可随后《新英格兰医学学报》中的一篇报道指出此前一些麦片号称可以降低胆固醇的宣传内容失实。这个说法引发了所有相关公司的股价集体跳水，其中这家公司的股价从50美元降到了40美元。塔克曼立即出手，买进了大量股票，并且一跃成为了该公司的大股东。之后，塔克曼利用各种媒体和系列的公关活动，挽回了名誉还树立了良好的企业形象，该公司逐渐摆脱了此前的阴影，又回到了快速发展的轨道上，随后该公司的股票价格又涨回了50美元，塔克曼以此获利不少。

之后，塔克曼又控股了很多公司，不断累积财富的同时，也在业界树立了良好的口碑。

塔克曼利用股票投资从而成为公司股东，进一步控制公司的发展这是在商业领域很普遍的"反客为主"计谋的使用。虽然大家都知道股票投资是一种利用资本进行的投机，但是塔克曼却通过自己多年的经验总结出了这个投机的规律，并且能在动荡的股市中实现只赚不赔，很是厉害。从他总结的结论来看，股票投资不是一种随机行为，而是要经过分析，筛选才能进行购买的行为。比如详细了解股票发行公司，包括公司的概况、运营情况，同时还要看这个公司的发展前景如何，这样才能选中一只优质股。但是如果只是投资，那就是客人。主人怎么说，客人只能照办。但是当一家企业发展很好，主人不懂经营的话也只能给企业带来负面影响。所以如果公司前景看好，就要反客为主，利用不断发展公司来获取更多的利润。如果懂得企业的运行之道，在股市低迷期间就可以趁机抄底，并购一些公司，然后再对公司实行改造，重组资产，盘活资本，将这样一家公司好好经营，就能换取很多的利润。也只有通过这样的方法，我们才能长久地控制一家公司，并利用其为我们的赚取更多的回报。

作为一条计谋，也可以在战场上对敌人使用。但是这样一来，我们运用这个计谋时就要相应地做一点变化。因为在战场上，我们无法与敌方直接接触，不能大规模地安排自己的间谍，也没法进入敌人的内部进行渗透。但是，在战场上，要分出谁是主，谁是客很简单，一般掌控了主动权的就是主人，处于支配地位，而客人一般都处于被动和弱势地位。如果我方要实现反客为主，就一定要抢夺现场有利条件，让自己处于优势地位。除了占据有利条件外，如果我方没有处于较为有利的条件下，就要想方设法把敌人的有利条件转换为不利条件。比如说，我们和敌人在水上碰面，要进行水战，这时候敌人有很善于水战，我方又不善于水战，这时，我方就可以诱敌深入，把敌人引到岸上将其歼灭。或是挖一个水渠，将水引流，敌人深陷沼泽无法自拔，这也是利用条件转换反客为主。

第十六章 | 利用弱点，攻其软肋

——巧施诱惑才能找到击破点

人都有欲望，美人计正是利用人的欲望来诱惑敌人，以此来瓦解敌人的战斗力，在其丧失警惕时，趁机将其消灭。而反间计则是指制造事端，令敌人内部产生嫌隙自生矛盾，以此达到我方获取情报，扰乱敌人内部的目的。

【经典今解】

兵强者，攻其将：将智者，伐其情。将弱兵颓，其势自萎。利用御寇，顺相保也。

如果敌人的兵力强大，就设法打击其将领；如果敌人的将领足智多谋，就要挫败他的意志。敌人将领斗志衰弱，兵卒士气低落，敌军的战斗力就会丧失殆尽。充分利用敌人的弱点进行控制和分化瓦解，就可以保存自己，扭转局势。

施舍一些诱惑，满足对手的欲望，可以使对手不明形势，对各种情报造成误判，给我方带来歼灭敌人的良好时机。这些方法都可以使敌人的实力减弱，从而达到我方想要实现的战略目标。

巧施诱惑步骤一般如下：

第一，投其所好。每个人的喜好都是不相同的。首先得搞清楚敌人的喜好是什么，以他之所好对他进行引诱，能收到最好的效果。

第二，相机取事。一定要注意使用此计谋的时机。诱惑物一定要在合适的时机内对敌人内部进行瓦解，敌人内部矛盾重重，才会无暇顾及外部形势。所以施出的诱惑物虽然身在敌营，也要有勇有谋，不可轻易投敌，要有一定的自我牺牲精神，方能完成此计。

春秋末期，吴国想歼灭越国，就出兵开战，谁料吴王阖闾不仅没能大败越国，而遭到越王勾践率兵猛攻，导致自己身负重伤，不久因伤势过重而亡。随后，夫差即位，为雪耻前辱，夫差发誓一定要消灭越国。由于吴王夫差得到伍子胥的辅助，日夜操练水兵，准备复仇之战。而这个消息也被越王勾践得知，面对这样的形势，勾践很是忧心忡忡，觉得这个巨大威胁可以随时让越国有亡国的可能。因此，为了解除越国的隐患，他决定主动攻击吴国借此消灭这支水军。结果由于勾践操之过急，未能做好准备进行强攻。反而中了吴国的圈套，不仅军队伤亡过大，而且自己兵败逃至会稽山。在会稽山上，勾践接受了范蠡的献计，为保越国不灭亡，甘愿向吴国俯首称臣，越国甘为附属国，从此效忠于吴国。吴王夫差见此状，觉得勾践难有起兵反抗之力，自己也一雪前耻，就答应了这个请求。

随后，勾践还带着自己的夫人亲自到吴国伺候吴王，不仅为奴为婢，做粗重下贱之活，为帮吴王查看病情，还为他尝便。如此尽心尽力地服侍，勾践终于获得了夫差的信任。而伍子胥则觉得只要勾践活着对吴国来说始终是个隐患，一直劝谏夫差将其诛杀，但是夫差一直不忍下手。勾践自知伍子胥一直想找机会杀掉自己，便书信一封送过越国，让人送了很多厚礼美女给吴国的大臣太宰伯嚭，于是太宰伯嚭便在夫差面前说起了勾践的好话，从此与伍子胥意见向左。借着夫差的信任和太宰伯嚭的好话，勾践也免于被杀。三年后，夫差放勾践回国。

勾践回到国内，不忘之前所受之苦，决心复国。他不仅每天与百姓同吃住，还睡在茅草屋内，并将孔雀胆悬挂于屋内，每日添尝，以此明志。他还在越国选了两个绝色美女，一个是西施，另一个是郑旦。不仅教授他们曲艺歌赋，还让她们学习宫廷礼仪，不久之后便将她们培养成了绝代佳人。勾践借每年进贡的机会，将两个美女送与吴王夫差。勾践一边利用重金美女孝敬夫差，让夫差放松对自己的警惕之心，一边自己在越国实行改革新政，励精图治，发展生产，恢复国力。吴王夫差得到两个绝色美女，终日沉溺美色，不久就荒废政事，随后又听取了太宰伯嚭的谗言，杀了伍子胥。勾践还秘密操练军队，伺机反攻吴国。

没过几年，吴国遭遇大旱，粮草减少，国力空虚，兵力不足。而这时的夫差不仅没有意识到危险的来临，还忙着参加诸侯国的会盟，诸侯各国将其尊为新霸主。吴王夫差此时正感觉自己不可一世，十分得意。而与此同时，勾践率领越国士兵已经攻破了吴国都城，还将太子友俘虏了。得知消息后，吴王夫差立马率军回国，利用厚礼向勾践求和。时隔六年，越国在此攻打吴国，不仅大获全胜，还俘虏了吴王夫差。当勾践将夫差软禁时，夫差面对如此景象说："早知今日有此一难，何不早听伍子胥所言将你杀害。吾以老矣，无可效力。"说完就自尽于房中。同时，勾践由以不忠为由杀了太宰伯嚭。至此，吴国灭亡。越王勾践不仅复国，还成为了春秋诸国的最后一个霸主。

疑中之疑。比之自内，不自失也。

在敌人给我方布置的疑阵中再反设一层疑阵。如果利用敌人内部的策应去争取胜利，那么我方就不会遭受损失。

《孙子兵法·用间篇》有云："反间者，因其敌间用之。"意思就是指善于利用敌人内部情况制造矛盾，或是利用间谍假传情报，以此达到瓦解敌人的战斗力的目的，为我方取胜制造条件。《孙子兵法》里详细讲述了反间计中如何使用间谍，其中讲到五种方式：一是因间，利用敌国本土人士担当间谍；二是内间，利用敌人内部人员担当间谍；三是反间，利用敌人的间谍为我方效力；四是死间，将计就计，传假情报给间谍，敌方上当后会以为间谍已经投靠我方而将他处死；五是生间，派两军直接都可容得下的人前去刺探情报。以上五种方法都是利用了反间计来达到我方的目的，一般在战争中运用较多。

此计包含两方面的内容：

（1）使用敌间。利用敌人制造的假象来迷惑敌人，借敌人之手，使其互相残杀，从而消灭敌人。一般通过两种方式使用敌间：一是，假传情报。利用敌人的间谍，将我方虚假情报传递给敌方，使其不明真相，落入我方陷阱之中。二是，要以重金贿赂。孙子曾说："反间不可不厚"，利用敌人无法放弃的利益来进行诱惑，使其心甘情愿为我方办事。

（2）分化离间。敌人团结一致，实力超强，我方定然无法与之抗衡。若能从敌人内部进行分化，利用各个击破的方法，定能将敌方消灭。其主要方法有：广散谣言、制造误会、激化矛盾、拉一打一。

陈胜吴广起义失败后，陈平就转而投靠了项羽，成为其谋士之一。而在项羽阵营中，陈平始终得不到重用，于是便产生了另寻靠山的想法。当时，刘邦与项羽之间竞争激烈，而刘邦又被项羽困在咸阳。为了能脱身险境，刘邦的谋士张良与陈平取得联系，刘邦便向他询问脱身之法，陈平见刘邦广纳贤才，并有鸿鹄之志，便有心投靠，就将其所困咸阳的原因告知，原来这全是范增的意思，他早就看出刘邦不是等闲之辈，若是放走了他，等于放虎归山，为保项羽势力，就只能将刘邦困于此。刘邦听罢，无奈说道："亚父如此警惕待我，而我又如何能逃出他的手心呢？"陈平继续说："只要范增不在项王身边，就有机会逃离。"刘邦也明白，但是这实在太难了，便问："他们之间亲如父子，项羽如此这般信任范增，我又能怎么让他离开呢？"陈平面带微笑，却不肯再言。刘邦见状，明白陈平的意思，立刻再次行礼，表示日后定当十分感激。

随后，陈平以项王想要号令天下，就应将楚怀王尊为义帝，并送他回故里养老为由进谏项羽。而这正说中了项王的心思，他考虑到此事甚为重要，就派范增担此重任。如此一来，范增就离开了项羽身边。之后，陈平又以节约粮草为由提议项羽将其他诸侯送回属地，尤其提到了刘邦："刘邦已经被项王封为汉中王，为何不让他前去属地？这样也能彰显出项王的恩威。要是项王担心刘邦党羽会起兵，何不将其家眷扣留于此，以为人质？"项羽一听，感觉很有道理，便派人放走了刘邦。刘邦借此脱离了项羽的监控，回到汉中，积极地发展自己的势力。

后来，司马卬背弃楚军而投降了刘邦，项羽见此状很后悔当初放走了刘邦，便将此迁怒到了陈平身上。陈平见状，自己已经失去了项王的信任，恐性命难保，便逃离了楚军，投奔了刘邦。

随后几年，刘邦的势力渐渐壮大，被项羽视为眼中钉，肉中刺。而当时正是楚汉两军交锋最为激烈的时候，项羽兵力实在雄厚，刘邦兵力明显处于弱势，被楚军切断粮草供给困在荥阳长达一年。在这个最为艰难的时刻，陈平进谏说："要想缓解现在的困境，就要扰乱楚军的内部，只要我们除去项羽依赖的范增和钟离这两个谋臣，只有项羽的楚军，对我们而言，便不再是威胁。"

刘邦根据陈平的献计，拿出重金贿赂了楚军的一些将领和士兵，让他们在楚军内部广散谣言说："大将军钟离因为战功卓著，而没有受封，心里很不服气，正谋划着利用刘邦打败项羽，要坐收渔翁之利。"听到这样的谣言，起初项羽不以为意，后随着谣言越传越真，项羽便起了疑心，不仅撤换了钟离，也不再信任他。随后，那些士兵又继续造谣说："范增虽为项王亚父，追随项羽多年，不求名利，其实这只是障眼法，他想要借助刘邦之手，除去项王，取代他的位置。"听到谣言的项羽，对范增也起了疑心。

为了探听虚实，便派了使者前去刘邦大营。陈平见状，便明白了此番使者的来意，先是将他们列为上宾，款待一番，表示自己经常与范增来往，常有书信，还故意问使者："此番前来，亚父有何交代？"使者听后，只能讲明自己是由项王派来，陈平立刻拂袖而去，不再搭理，还命人将酒宴撤去，用粗茶淡饭替代招待。回去后，使者将在刘邦大营的所见所闻全部告知项王，项王更加断定范增有异心。而此时，范增正上奏项王加紧攻城，利用这个机会消灭刘邦。而项王却令他不要再管政事，还让他告老还乡。范增得知项羽不再信任自己，也无计可施，便只得解甲归田。范增年事已高，回乡路途十分遥远，加之又受到此番大辱，心中抑郁难解，便在回乡途中病逝了。

事后，项羽发现自己错怪范增，而他又已经不在人世。于是拼命进攻荥阳，消灭刘邦。随后，刘邦又用陈平之计，书信一封想要诈降于项王，还说自己会亲自领兵前去东门投降。项羽不知是计，便将兵力全部调集东门，准备集中消灭刘邦一众。按照计谋，陈平让一个士兵假扮刘邦，前去东门拖延时间，刘邦一众则从防守较弱的西门逃走。

【案例解析】

实战 *1* 王允计除乱臣董卓

东汉昭宁元年，董卓为了独揽朝中大权，亲自率兵进入洛阳，废除少帝，改立汉献帝。而后来曹操、袁绍起兵讨伐，董卓将献帝挟持到长安，并自任太师，党同伐异，排除异己。司徒王允早就对董卓的暴行不满，又苦无除之的良策，只得按兵不动，静待时机。此时，王允家有一名歌伎，不仅能歌善舞，而且美貌不凡，此女名叫貂蝉。虽是歌伎，但是王允早就都把貂蝉当成自己的女儿一般。而貂蝉也想趁机为王允解忧，以便报答他的养育之恩，便向王允表示自己愿意助他一臂之力。

王允被貂蝉的深明大义所感动，第二天，就约董卓的义子吕布，说是自己家里有一些珍宝，请他前来鉴赏，顺便也有厚礼相赠。吕布如约而至，王允便设宴款待，席间命貂蝉跳舞助兴。貂蝉一出场就深深吸引了吕布的注意，吕布见貂蝉如此超凡脱俗，清秀美丽，更是动心不已。王允看到吕布已经动心，就顺水推舟，愿意将女儿貂蝉嫁给吕布为妾。吕布听后兴奋不已，连忙拜谢："感谢岳父成全，请受小婿一拜。"王允见状，立刻上前扶起吕布："将军有此美意甚好，我定当择个好日子将小女送入你府内。"吕布听罢十分高兴，再三拜别才离开。

两天后，王允就找借口请董卓前来他府内，饮酒作乐之时，让貂蝉又出来跳舞助兴，而董卓看到貂蝉后，被其美貌所吸引。王允趁机将貂蝉推荐给他："这是我府上的一名歌妓，要是太师喜欢，就带回去。"董卓很是高兴，当天就把貂蝉接回府内。

这事传到了吕布的耳中，吕布见自己的女人被人抢了，就立刻冲到王允府上找他算账。王允故作委屈状："这事可不能怨我啊，这是太师看中的，非要不可，我已经向他说明，可他还是一意孤行，我也没有办法。"第二天，吕布去董卓府上请安，在后花园内碰上了貂蝉，貂蝉看到吕布，立刻委屈万分："将军可别怪我父亲，这都是太师的主意，我对将军之心可是从没有转移的。"吕布便将她搂入怀中。正当这是，董卓出现了，看见自己的义子抱着自己的爱妾，顿时怒火中烧，立马拿起画戟就冲上前去，而吕布见状立刻躲闪，而年老的董卓哪里跑得过吕布，只能将画戟扔出，虽然没有打中吕布，但也让吕布吓得不轻。见到吕布逃走后，貂蝉又一下扑进董卓的怀里，哭喊着："太师要为我做主啊，吕布看我独自一人在花园里，想调戏我。"从此，董卓对吕布大为不满。

吕布受到如此大辱，心里正是愤愤不平。王允见状便对吕布说道："竟然还有这样的道理，欺负我女儿不说，还抢走了将军的爱妾，我乃文官，手无缚鸡之力，而将军威猛无比，岂能接受这样的挫败？"吕布无奈道："碍于父子的名分，我又奈何不了他。"王允说："那他扔画戟的时候考虑到这个了吗？而且将军与他又不同姓，又岂能看重这些？"吕布觉得甚是有理，便愿意听从王允的安排。

一天，董卓在宫中遭到刺客追杀，大喊道："奉先何在？"而吕布不但没有救他，还将他杀死。随后，吕布对众人言："皇上只命除董卓一人。"王允不但利用貂蝉离间了吕布与董卓这对父子，还假借吕布之手杀死了董卓。

在本实例中可以看出，要想成功地实施美人计还是有几点需要注意的，首先选择的美人，一定要倾国倾城，拥有如花美貌，就像貂蝉一样，能吸引各种男人的注意，并让他们为此倾倒。不仅要拥有美貌，最好还要有一技之长，比如能歌善舞、精通琴棋书画等。拥有才艺更能吸引男人的注意。其次，选中的美人还得拥有一定的城府，不可毫无机心，毕竟这是在完成一项任务。要是在其中不会运用计谋扰乱敌人的内部，也是没有办法实施美人计的，要是貂蝉不在吕布与董卓之间挑拨两者关系，又怎能借助吕布的手杀掉董卓？最后，被选中的美女自己一定要有牺牲精神。因为这种事情定当关乎未来局势的发展，具有重要的影响力。所以在完成任务期间，肯定有很多事情变幻莫测，毕竟身在敌营，凡事都有可能。任何一点都要小小翼翼，如有不测定引来杀身之祸。所以，我们在使用此计谋的时候，一定要注意美人的挑选，只有挑到合适的美人才能达到我们想要实现的目的。

实战 2　皇太极设计杀敌臣

明朝末年，羽翼丰满的努尔哈赤起兵反明。1626 年，努尔哈赤率军侵犯明朝属地宁远，挑起"宁远之战"。而被当时的守城将领袁崇焕以葡萄牙制造的红夷大炮击败，不仅如此，在这场战役中，久经沙场的老将努尔哈赤遭遇重创，身负重伤的他不久之后就死在了盛京。从此，努尔哈赤的子孙们就将袁崇焕视为仇人，欲除之而后快。

在努尔哈赤死后，其子皇太极继承其位。1629 年，皇太极率领几十万大军，避开袁崇焕的防区，利用蒙古，从喜峰口进关，迅速攻陷遵化，一直打到北京城附近。北京告急，崇祯皇帝调遣其他军队前来支援。而袁崇焕的军队在与皇太极的交锋中，让其吃了不少苦头，使得皇太极攻占北京城的计划以失败告终。正是如此，皇太极越发地明白除掉袁崇焕对自己的重要性。于是，他采纳了范文程的建议，利用崇祯皇帝的多疑除去袁崇焕。

皇太极故意在离北京城五里的地方驻军，并且大肆宣扬袁崇焕与其议和的事情。而这样的消息也传到了崇祯皇帝的耳中，生性多疑的他，立马派了太监出去暗访。而这两个太监实在不走运，被皇太极的人给捉住了。

皇太极得知此事后，立马向副将高鸿中告知自己的安排。高鸿中根据皇太极的安排，不仅没有对太监施以酷刑，而且设宴款待二人。由于高鸿中也是汉人，所以在宴会上，双方都畅所欲言，并没有语言障碍。酒过三巡，突然有人报告说有要事商议，高鸿中立马走出营帐密谈起来。而这两个太监也偷听了他们的谈话，隐约中听到袁崇焕与皇太极之间有密约。高鸿中讲完，又回到席间继续喝酒，又故意命人放松守卫，让两个太监可以趁机逃走。这两人果然在逃离后立刻赶到京城，向崇祯皇帝报告了所听到的一切。本来崇祯皇帝就疑心病重，而且恰巧此时有官员上奏说袁崇焕与皇太极有盟约，就信以为真，利用借口，将袁崇焕调至京城，以通奸卖国之罪处于极刑而死。

皇太极见崇祯皇帝中计并误杀了忠臣袁崇焕，心里十分高兴，见扫除了自己南下的唯一障碍，稍作休整后，率军攻打北京城，最后率领满军入关，明朝灭亡。

在本实例中我们可以看到，皇太极是利用明朝的间谍为自己假传消息，最后成功误导了明朝皇帝。所以想要成功地实施反间计，间谍的运用就是必须的了。一是可以收买敌方人员作为我方间谍，为我方获取想要的信息。二是利用敌人间谍，向其传递虚假信息，以此来扰乱敌人的视听，从而使其主对局势判断失误，作出有利于我方的决定。

要想实施反间计，对于间谍的身份一定要明确，要不然不仅不能传递信息，还可能被敌人夺去我方的信息，让我方处于被动之中。一般敌人派出的间谍多为自己所信任的人，不仅有利于我方加以利用，而且还能增加敌人对获取情报的信任度。对敌人的间谍加以利用不仅方便我方隐身，还更容易达到我方想要实现的目的。

实例 3　胡宗宪利用离间除海盗

　　明朝嘉靖年间，浙江沿海常有海盗出没，其中势力较强的是徐海、陈东和麻叶这三支海盗兵团，每次登陆都对当地百姓造成了极大的伤害。而当时由兵部侍郎胡宗宪担任总督沿海军务一职，经过对海盗集团分析研究，他决定用招抚和离间计来彻底摧毁这些海盗。

　　首先，胡宗宪派亲信夏正先去徐海的驻地，并且高调地到处宣扬。当夏正见到徐海时，不仅给他献上了厚礼，并且还对徐海说："阁下真的情愿当一生海盗么？这样到处奔波的日子，哪里比得上在朝为官来得安定？"徐海听到夏正这番话，并没有给出回应。夏正见状继续说道："如今陈东已经被胡总督招抚，愿意缚军投降，但是，胡总督害怕陈东不守信用，所以就将希望寄托于你身上了。只要你将陈东、麻叶二人绑缚送与朝廷，胡总督定当上奏皇帝，以表功劳，为你加官进爵。"徐海听到夏正如此一说，心里便没了主意，纠结万分的他还让部下打听陈东的消息，是否如夏正所说的那样。可是陈东早就知道徐海与朝廷使者会面的消息，所以对徐海更是出言不逊，部下探得后便如实相告给了徐海。因此徐海便相信陈东已经归降的说法。

　　一段时间后，徐海一直没有机会对陈东下手，倒是捉住了麻叶。徐海派人绑缚了麻叶，送去了胡宗宪的大本营。但是胡宗宪并没有对麻叶严刑拷打，而且准备盛宴款待了他。并劝他写信给陈东，邀他一起绑缚徐海。信写好后，胡宗宪并没有将信交给陈东，而且派人送给了徐海。徐海看到信后，立马火冒三丈，便向倭寇首领萨摩王告状，说陈东与麻叶行为不轨。并得到萨摩王的帮助，捉住陈东送与胡宗宪。

胡宗宪对徐海的作为很满意，并允许他驻军东沈庄。徐海离开后，胡宗宪对陈东说："论本事，你不比徐海差，怎么就败在了他的手上呢？我并没有其他的意思，这样我允许你驻军西沈庄吧。"随后，陈东领着自己的手下去了西沈庄。而越想越气的他又立刻带着自己的手下从西沈庄赶到东沈庄与徐海开战，以报自己被绑缚之仇。双方交战数日后依旧胜负难分。而此时的徐海也明白了胡宗宪的目的，正想撤退之时，胡宗宪带兵前来，由于徐海这班海盗已经交战数日，损伤惨重，面对朝廷军队又寡不敌众，最后全军覆没，徐海也战死沙场。陈东一伙见到这个架势，立马撤离逃命去了。至此，浙江沿海的三股较强的海盗势力被彻底瓦解了。

在本实例中我们可以看到，要想歼灭敌人，最好的办法就是离间众多敌人，使他们之间出现矛盾，并且互相残杀，以此来削弱对方，我方就可趁虚而入，一举将全部敌人歼灭。在面对众多敌人时，可以先利用利益诱惑其中一个敌人，并使这个敌人在其联盟中处于众矢之的的位置，随后造成各种假象，使敌人失去互相信任。在面对众多敌人时，不可采取强硬攻势，而是要利用说教，从思想上做工作，让他们为我方所用。在不知不觉中，完成我方的军事部署，将敌人绞杀于无形之中。

第十七章 │ 连环苦肉计
——计中套计，立对方于必败之地

苦肉计，以自我伤害引发敌人的恻隐之心，从而取得敌人的信任，以此来深入敌人内部进行间谍活动的计谋。连环计，对同一敌人使用两个或者两个以上的计谋，而这些计谋又都环环相扣，相辅相成，利用计中计让敌方陷入失败的深渊。

【经典今解】

人不自害，受害必真；假真真假，间以得行。童蒙之吉，顺以巽也。

人们通常不会自己伤害自己。如果受到伤害必定不受怀疑。我方以假做真，令敌人信假为真，这样离间的计谋就能实现了。要像欺骗幼童那样迷惑敌人，顺势进行活动。

此计谋主要是以伤害自我的办法，骗取敌方的相信。通常人们都认为，人是不会自己虐残自己的，而苦肉计就是利用人们的这一心理，造成自己被人残害的假象，以此来欺骗敌人，骗取敌人的信任，进入敌人内部，对敌人的势力进行内部瓦解。

苦肉计包含以下几个方面：

（1）骗取信任。人心肉长，多数人在见到一个人惨不忍睹时，都会动恻隐之心，对其甚是同情。所以，如果自己把自己伤害得很可怜，就会让对方对你产生同情，很容易得到对方的信任。

（2）离间敌人。以伤害自己的方式，让敌人相信，然后深入敌人内部，从内部进行秘密活动，瓦解敌人内部实力，达到消灭敌人的目的。

（3）激励士卒。故意露出破绽，给别人一点甜头，而我方却以这个失败来激励士兵，鼓动士兵进行决战。

（4）欲取先予。为了获得更大的利益，必须付出一定的代价，以此作为自己获胜的筹码。

（5）加害于人。首先，自己私下伤害自己，然后栽赃嫁祸给其他人，让别人受到牵连和惩罚。

运用本计谋一定要谨慎。因为运用苦肉计，就一定要自我伤害，这种伤害不管是身体上还是精神上的，对人而言都非常的痛苦，所以，一般来说，就算最后获得胜利，其中也有悲剧。

苦肉计所讲的，不仅是一个"苦"字，而且还很"险"。如果为了骗取敌人的信任，自我伤害了之后，遇到的敌人是那种冷酷无情或是冷漠的人，不会轻易起同情心，给予信任。那么得不到信任，不只是计谋失败的打击，而且自身还要承担自残后的痛苦。而如果计谋被人识破，不但白白自我牺牲，而且小命也有可能不保。不到万不得已的地步，要尽量避免使用。我国春秋时期就出现过使用苦肉计的例子。

春秋时期，吴王诸樊深知三弟季札有治国之才，故没立太子，而是将皇位传于三个弟弟，当大弟二弟依次将皇位传给三弟季札时，季礼却不愿接受皇位，反而去民间隐居。此时，夷昧的儿子僚自立为吴王。而他这样的行为却违背了兄位弟嗣、弟终长侄继位的祖规，于是吴王诸樊的长子公子光心中很不甘心，暗中派刺客刺杀了吴王僚，继任了吴国王位，即是吴王阖闾。但是僚的儿子庆忌怀恨在心，在公子光即位之后，为报杀父之仇，亡命到了卫国，一直暗中召集人马，准备讨伐阖闾，并且夺取吴王之位。庆忌不仅自己勤学苦练，而且还有勇有谋，逐渐羽翼丰满，吴国阖闾感到了很大的威胁。不久之后，吴王阖闾的疑虑日益加重，每天坐立不安，虽然加重了自己身边的守卫，但还是害怕庆忌会突然出现，将自己杀死。

吴王阖闾整日担心不已，伍子胥为了为君分忧就建议吴王道：“大王既然如此担心庆忌会对自己不利，为何不先下手为强，先将他置于死地呢？”阖闾说：“如若可以，我又何尝不想。当时吴王僚因为在国内，所以我们才可以有机会干掉他，现在庆忌身在卫国，而且威猛无比，别说一般人不能靠近他，就算在他的身边，也未必杀得了他啊。”伍子胥说：“那就让臣去为大王物色一位可以担此大任的勇士吧。”阖闾准许了伍子胥的请求。

不就以后，伍子胥就带着一名勇士前来觐见吴王，伍子胥对吴王阖闾说：“大王，这位要离先生就是我为大王找的能但大任的勇士。”吴王阖闾看着眼前这位其貌不扬、身高仅五尺、腰肥腿短的要离先生，失望之情溢于言表。吴王阖闾疑惑得对要离说：“你如此这般，怎么杀地了身形魁大、智勇双全的庆忌？”要离说：“对付这样的敌人，我们应该智取而不是拼蛮力，只要我能接近他，定能取他首级。”伍子胥对吴王说：“要离先生对大王忠心耿耿，而且聪明过人，应该可以担此大任。大王只要把任务派给他就行了。大王放心，要离定当不负众望。”阖闾说：“可是庆忌这人对吴国的人都十分防范，不会轻易相信，如何才能让你接近他呢？”要离说：“大王只要你将我押监，对我施以酷刑，斩杀我的家人，这样我自然就可以接近他。”阖闾听到要离这样说，十分不忍心。要离说："大王，只要为了国家，为了您的安危，牺牲我一家都不可惜。为了国家的安危，我万死不辞。"听罢，阖闾在艰难中做出决定，与伍子胥和要离按计划行事。

随后，吴国就流传出一个谣言，说吴王阖闾是弑君夺位，大逆不道，是个万恶不赦的暴君。谣言越传越盛，阖闾得知后，立刻派人追查谣言是怎么传出的。不久，要离就被抓捕归案。阖闾说："要离诋毁孤王，罪该万死，但为了揪出幕后元凶，就砍去右臂后收押。"于是，要离被砍右臂后，被押入天牢。为了让要离可以有机会逃走，伍子胥便特意把狱卒灌醉，放松守卫。要离逃出后，立刻赶往了卫国。吴王阖闾闻听此事后，假意发怒，就斩杀了要离的妻子。

吴王阖闾斩杀要离的事情传得沸沸扬扬，不仅吴国全国都知道，很多周边国家也都听说了。很多人都同情要离的遭遇，痛恨吴王阖闾残暴无情。要离到了卫国，特意投奔了庆忌，由于庆忌早就听说了他的遭遇，就没有对他产生怀疑，而且将他作为自己的同盟，接待了他。要离见到庆忌，愤恨地说："阖闾因为我说了事实而砍掉我的手臂，斩杀我的妻子，这个血海深仇我不得不报。这次我特来投奔将军，深知将军为报吴王阖闾杀父之仇而招兵买马，在下甘愿为将军效犬马之劳，任听将军差遣。"庆忌听到要离这番话，喜出望外，认为要离跟自己一条心，绝对可以助自己一臂之力。而要离断了右臂，身负重伤，庆忌绝对不会有危险，就将他留在了自己身边。

几个月后，要离在庆忌身边，已经完全得到了他的信任。此时的庆忌虽然势力庞大，但是仍未准备充分，要离见状就直接鼓动庆忌攻打吴国，要离说："吴国只是表面看起来国势平稳，军事强大而已，其实阖闾残暴不堪，民间早就对他怨声载道了；而伍子胥虽说是辅助阖闾，但是其真正的目的是为兄父报仇。目前，吴国朝臣中还没有哪个贤良大臣为国事操心，所以，现在的吴国正是攻打的好时机，肯定能够成功。"庆忌听了要离的分析，觉得很有道理，而自己终于可以为父报仇夺得王位了。庆忌随即调集大军，准备讨伐吴国。此时，和庆忌同乘一条船的要离，随时都在寻觅下手的时机。就在庆忌独自在船头视察时，要离手拿尖戟直接向前行刺。虽然庆忌有所察觉，但为时晚矣，要离的尖戟直接插在了他的心窝上。庆忌这才明白要离的真正身份。要离见已经杀死了庆忌，自己也完成了任务，就自刎于船边。此事传回了吴国，吴王阖闾闻讯后，立刻派人找到要离的尸体，不仅厚葬了他，还将他与妻子葬在了一起。

将多兵众，不可以敌，使其自累，以杀其势。在师中吉，承天宠也。

敌人兵力强大时，就不要去硬拼。应当运用计谋使他们自我牵制，借以削弱它的力量。主帅如能巧妙地运用计谋，克敌制胜就如同有天神相助一般。

对于连环计，通常可以从两个方面去理解。一是"使敌自累"。如果敌人势力非常强大，实力相当雄厚，无法直接对其进攻时，为了使敌人实力变弱，我方可以利用手段、计谋令其内部产生矛盾嫌隙，让敌人自己互猜互疑，以此削落敌人的优势，等待时机歼灭敌人。二是"机巧贵连"，是指对同一个敌人使用两种或是两种以上的策略，而这些谋略在一定程度上相辅相成，一个计谋的成败直接影响其他，以及整个谋略的成功与否。就如《兵法圆机》所说："太凡用计者，非一计可以孤行，必有数计以勷之也。"

此计谋出自元代杂剧《锦云堂暗定连环计》，而明代小说《三国演义》中就出现了两次"连环计"，一次是在第八回"王司徒巧使连环计"，另一次是在第四十七回"庞统巧授连环计"。从小说里的两个案例来看，连环计实际上就是利用一个又一个计谋让敌方行动大受限制，实力大损。然后，我方以逸待劳，静观其变，等待时机给予致命一击。

赤壁之战开战前，曹操派遣自己的幕僚蒋干前去劝降周瑜，一来蒋干作为周瑜的老朋友，可以叙叙旧情，二来也可以派蒋干探探周瑜的底细。然而，蒋干不仅没有为曹操探得消息，还中了周瑜的反间计，不仅传递了假情报，还让曹操错杀了自己手下的蔡瑁、张允这两个精通水战的干将。这两人原本是荆州守将，后投降于曹操，为其训练水兵。曹操得知自己中计而误杀了两人之后，非常震怒，便斥责蒋干误传消息。而周瑜因为蒋干偷其信件，私自逃离而大为恼火。蒋干的处境就像风箱里的老鼠，两头受气。其实，周瑜也只是装作不高兴罢了，要不是蒋干邀功心切，看了自己假装写给蔡瑁、张允的信件信以为真，假传消息，也不能除掉这两个心头大患。

同时，周瑜为了能顺利对曹操进行有力的打击，使了一招苦肉计，命黄盖带人前去向曹营投降以作内应，之后便想办法靠近曹操的兵船，如此一来，便可以来个火烧曹营，里应外合夹击曹军。而生性多疑的曹操看到黄盖的降书后，恐其有诈，便再派蒋干到周瑜那一探究竟。其实，就蒋干本人来说，他可不愿意再去面见周瑜，上次私自逃走，这次哪还有脸再见？可是迫于曹操的威严，又不得不去。周瑜见到蒋干又来军营，便假装不悦说："上次你都私自逃走了，这次还来作甚？不怕有来无回么？"蒋干说："都是老朋友了，来叙叙旧，又有何惧呢？"周瑜说："你这人还真是会装糊涂，你不仅从我这拿了信件，还让曹操杀了我两名内应，害得我如此下场，难道不是你的过错吗？"蒋干一听，周瑜还在记挂此事，赶忙辩解道："我也是随意中听说此事，为了证实只好偷看周兄的信件，为了主公相信，也只能如此，毕竟，我们也是各为其主啊。"周瑜听罢，只消说："既然道不同就不相为谋，从此之后，互不往来便是。若不是看在往日情分上，早就命人把你轰出去了。"此时，蒋干内心惊恐万分，周瑜见蒋干不出声，又继续说道："算了，既然你都来了，就住两天吧，等我大败曹操，你再回也不迟。"随后蒋干就在安排下住进了西山庵，周瑜此番就是想让蒋干与庞统接触，好继续实施自己的计划。

　　一天，蒋干一人在山上闲游，突然发现茅草屋里有人在读书，读地还是《孙子兵法》。为了一探究竟，蒋干前去与此人攀谈，虽然素不相识，但此人谈吐优雅，似有满腹经纶。在听闻对方的自我介绍后，蒋干这才发现原来眼前这人竟然是久闻大名的凤雏先生庞统。庞统见来者是蒋干，就对他说自己在东吴受到主公猜忌，君臣直接顿生嫌隙，自己为求安静，才隐居于此。蒋干一听说庞统郁郁不得志，就赶紧对他说："以先生之才，到哪里都能受到重用，我家主公，爱才如命，先生随我一同前去，定能受到赏识。庞统一听，便说："我也正是如此打算，却没有人引荐，甚是苦恼。"蒋干信誓旦旦地对庞统说："其实我此番前来，只是为了探望老朋友周瑜，谁知道他竟然将我冷落于此，今天有幸遇到先生，不如先生随我一同回去，我定向主公大力引荐。"庞统见状，忙说："既然如此，我就恭敬不如从命，但我们要在周瑜没有发现之前，到达曹营，要不然就无法动身了。"于是，蒋干连夜带着庞统赶去了曹营。

　　曹操接报说是蒋干带着庞统一同回来，立即前去迎接。一见到庞统，曹操立即说道："先生大名远扬，今天一见，想请先生给予指教。"庞统说："我曾听闻曹丞相军士操练有章法，如今也想来看一看。"于是，曹操带领着庞统来到练兵场观看。庞统查看完曹营的旱水两军，称赞道："曹军果然气势不凡，曹丞相练兵有法，如此一来，定当能够赢得胜利。"曹操万分欣喜，连忙设宴款待庞统，酒宴之上，庞统询问曹操赤壁水战水兵操练得如何时，曹操说："因为之前误信谗言，错杀两位水将，之后水兵训练一直不得要领，我军多为北方将士，不习水性，如此一来，甚是担心水战啊。"庞统笑曰："曹丞相大可放心，我这有一条良计，可以帮助曹军克服晕船。"曹操大喜，对庞统说："但说无妨。"庞统说："将士们晕船，是因为船会随着江水来回晃动，如果将船并排地停放在一起，然后将船用锁链连在一起，船上用木板钉在一起，就如平地一样，就是风浪再大，船身都不会摇晃，那将士们又怎么会不舒服呢?"曹操听完之后，觉得很有道理。便照着庞统所说，用宽厚的木板铺在船上，走在上面也非常平稳；既是在船上操练，也毫无影响。曹军看见此状，不禁感叹道："好一个妙计，真是天助我也。"庞统看见曹操已经中计，就寻找机会脱身，以劝降江东为借口离开了曹营。

开战的那天，黄盖如计划中安排，带领军队前去曹营诈降，到了曹军水寨，趁其不备，立刻纵火。很快，借着江风，火势蔓延了整个曹军水寨，可是曹军所有的船都连在了一起，情势危急之下，很难将其分开，曹操这才发现，自己又中一计，可为时已晚。在江边看到如此大火，只得借道而逃。

众所周知，赤壁之战是我国历史上广为流传的一个经典故事。而庞统献计却是整个计谋能否实施的关键地方。如果没有庞统去说服曹操，就算周瑜的苦肉计成功了，那黄盖去放火，也不能大败曹军。如果没有周瑜的计中计，那赤壁之战将不是曹操败走为结局。面对实力雄厚的敌人，我们想要大败他，就必须将其置于无法动弹之地，这样我们才能为所欲为，对其进行打击。而连环计不仅能束缚敌人，而且能让敌人受到我方的牵制，导致其作战能力下降，只能处于挨打的地位。

【案例解析】

实战 **1**　王佐自断右臂救宋军

南宋时期，金兵南侵，在朱仙镇与岳家军对持。此番带兵的是金国主帅兀术，其义子陆文龙，骁勇善战，大败岳家军的将士。

岳飞见此状，便决意休战调整，以免遭受更多损失。正当岳飞思虑对策时，其部下王佐为了帮助岳家军走出困境，便利用古代"要离舍身刺庆忌"的典故，砍下右臂后，单独对岳飞讲述了自己的计划。岳飞见状，心痛不已，但王佐坚持如此，更打算以此诈降金军。岳飞震惊之余，颇受感动，便准许了这样的行动。

随后，王佐便拖着身负重伤的身体，到金军营帐前求见。金兀术见到独臂王佐大惊，王佐便告诉他自己是来投靠金军的。为了消除金兀术的疑惑，王佐便向他哭诉了一番，说是与岳飞商量军情时，岳飞不听自己劝告，还发怒将其手臂砍下。这番话让金兀术信以为真，不但留下了他，还赐名"苦人儿"，并允许他自由进出各个营帐，以便提供岳家军的内部消息。

一天，王佐来到了陆文龙的营帐里，发现他的生活起居都由一个奶妈照料，而且这个奶妈还是中原人，正当王佐感到奇怪之时，因看见同乡倍感亲切的奶妈忍不住把陆文龙的身世告诉了他。

原来，陆文龙也是中原人，而且还是潞安州节度使陆登的儿子。由于13年前，陆登率众抵抗南侵金军失败，遂与夫人自杀殉国，而金兀术见其子年幼尚不知事，便收做义子，与照顾他的奶妈一起送到金国。而这十几年来，陆文龙一直不知道自己的身世。

听到这个消息的王佐，顿时豁然开朗。而就在此时，陆文龙刚好回到营帐，一见王佐，便让他讲述岳家军的故事。这次，王佐只与他讲了两个故事，一是"越鸟南归"，讲的是一只鹦鹉被越国的西施带到吴国后，就闭口不言，无论怎么逗它，都不开口，直到被人带回越国，才重新发出声音；另一个则是"骅骝向北"，讲的则是一匹骏马从辽国被杨家将孟良带回，而这匹骏马在这边不仅狂躁难训，最近还绝食 7 天而死。这两个故事讲得陆文龙一头雾水，完全不知王佐意指何方。

回去后，王佐画了一幅画，第二天便带着这幅画找到陆文龙。陆文龙见画所描绘的是一对夫妻殉难，便问王佐这是何意？于是，王佐便将一切告知，当陆文龙将信将疑时，奶妈走了出来，确定刚才王佐说的话全是事实，陆文龙这才相信。得知自己父母惨死于金兀术之手，现在自己又认贼作父，情急之下，陆文龙随手抄起一个兵器，想要杀死金兀术报仇雪恨。王佐见状，立刻阻拦了他，并且对他说："这里是金营，全是敌军，而且金兀术的营帐肯定有重兵把守，如果现在前去，定会失败。所以，要想杀掉金兀术，还得好好计划一番。"

没过几天，金军大营里多了一批铁浮陀，原来是金兀术从金国运来杀伤力很大的火炮，并且准备第二天炮轰岳家军。得知消息后，王佐和陆文龙随即带着奶妈逃回了宋营。岳飞见到王佐平安回来，还带着陆文龙，得知事由后，立刻命令全军撤入山中，将所有帐营前插上旗帜，以免敌人有疑。

果然，金兵利用铁浮陀对着宋营一顿炮轰，宋营瞬间被夷为平地。金兵炮轰完了之后，看到宋营一片狼藉，以为岳家军全成了炮灰，就扔下铁浮陀，火速回去汇报了。趁着无人看守，埋伏在周边的岳家军立刻冲上前去，立刻将铁浮陀推入河中销毁。

王佐自砍手臂的计谋，虽然自己有所损失，却拯救了整支岳家军，不仅如此，还挖来了敌人的一员大将，且及时通知了消息，可谓功劳甚大。

在本实例中，王佐利用的是将手臂砍下的苦肉计，就一般而言，这种外在的形象，如论是美丑还是残缺都可以进行伪装。但是有时被敌人发现，而有时则会引起敌人的同情，获得敌人的信任。而本计中的王佐没有被敌人识破，而且得到了敌人的信任，这便成功了一半。如果此计谋被敌人识破，我方就不能牵制住敌人，也无法将作战计划进行到底，在战争中就会陷入被动。而王佐利用计谋，让岳飞和自己的矛盾无限放大，使得金帅无法分辨，还信以为真。在这样的情况下，王佐就很容易在敌营里打听到敌人的消息，深入敌人的内部，获得可靠的敌军消息。而苦肉计就是一种制造内应与我方矛盾冲突，让敌方以为是盟友的策略。

实战 2　科普顿的乳酪广告

世界著名的茶叶品牌立顿红茶的创始人科普顿，在早年创业期间也经历了一番波折。上个世纪 50 年代，科普顿的父母在苏格兰中部的格拉斯哥的镇上开了一家食品零售店。虽然如此，微薄的收入依然养活不了科普顿一家。科普顿从小就给人打工挣钱，在他 15 岁的时候，就从英国远渡重洋来美国淘金。通过在美国的打拼，他终于有了一家自己的食品零售店。

为了在圣诞节期问多销售自己店里的乳酪，他想到了一个宣传妙计。第二天，街上随处可见科普顿店里印发的乳酪广告，上面写着圣诞搞活动，店里销售的乳酪，每 50 块就有一块里面装着 1 英镑的金币。这则广告吸引了众多消费者前来抢购，为的就是乳酪里的金币。因为生意很好，引来了很多同行的嫉妒。随后，一些商家联合起来投诉科普顿的广告中具有赌博的不良影响。面对警察的调查，利普顿却振振有词，说自己是依据圣诞节如果吃到的苹果中有 6 个便士的铜币，来年会有好运的传统习俗中改良过来的，并没有什么不妥。警察也认为没有异议。

此事过后，一些人告诉科普顿，按照法律，如果商店进行促销，金额是有一定限制的，这样的话，超过限额就会被认为是不正当竞争，要负法律责任的。听到了这些，科普顿立刻对广告宣传单进行了更改，并广而告之，说是乳酪中的金币按照法律规定不能作为赠品，但可作为中奖标志，可到店里换取其他奖品。很多人看到告示后，依旧前来购买，因为能够拿到乳酪中的金币，比换其他礼品更有价值。

很多同行看到科普顿的乳酪越卖越好，之前投诉又失败了。于是，他们又以危害公共安全罪进行投诉，说是科普顿的乳酪里面有金币，让人误食之后会中毒，警方立刻对此进行调查，并立刻要求停止促销活动。

看到警察又找上门来，科普顿立刻四处张贴告示提醒大家说："因为本店乳酪中含有金币，请大家购买后食用时一定要注意，避免误吞后中毒，给大家带来不便，本店深表歉意。"从此之后，前来购买乳酪的人更多了。由于生意越做越好，也越做越大，不久之后，科普顿变成了当地最大的食品零售商。

科普顿利用金币促销，紧紧吸引着消费者的目光，这个连环计的实施，虽然不是直接攻击对手，但也让对手无计可施，以此来维持了自己在市场的优势。在遭到对手的不断找茬和警察的不断调查后，利普顿面对问题，选择灵活机动，始终围绕乳酪中的金币做文章，巧妙地避开他们所指责的问题，保证自己的生意不受影响。在这个实例中，科普顿能够成功，完全是把握住了对手和消费者的心理，以小小的利益，换回了自己的成功，从而赢得了一场又一场的胜利。

从本实例中可以看出，连环计就是一种能将敌人的行动牵制住，让敌人的优势发挥不出，只能陷入被动的局面，处于挨打的位置。科普顿和同行之间的竞争，非常激烈，虽然同行不会对自己的行动进行束缚，但是科普顿的行为牢牢地把握住了局势的发展，让同行在他面前毫无反手之力。尤其还要注意虽然敌人不会互相残杀，但是当他们面对各自所需的利益时，一定会因为利益冲突而进行争斗。所以，利用连环计，让敌人被利益蒙蔽了双眼，以此来导致敌人因判断失误而将自己陷入万劫不复的地步。

但是在使用此计谋时，我们必须尊重一个前提，就是竭尽所能地让敌人看到利益、好处，尽量避免让敌人看到其中的不妥。否则一旦敌人起了疑心，或是敌人识破计策，就无法让敌人落入已经设的陷阱。否则不仅不能牵制对方，而且还很容易连累到自己，使我方陷入被动的局面。就如周瑜的连环计，科普顿的乳酪金币一样，如果没有将敌人的利益捆绑在一起，就不能在一次打击中，消灭敌人的有生力量，而我方的连环计也没办法施展出效力。

在面对有共同利益的敌人联盟时，就要配合离间计，利用他们的共同利益挑起他们的明争暗斗，以此来破坏他们之间的合作关系。所以，在选取他们这个共同利益时一定要有所选择，必须选择敌人之间的共同利益，同时也要保证这个是最正确的选择，一旦使用计谋，敌人就会为这个利益不择手段。最后，在面对没有共同利益的敌人联盟时，就不需要利用共同利益进行引诱，而且还要大力鼓动他们去追求自己所要的利益，让他们越来越分散，而且还要让他们忽略掉自身之间的共同利益，这样就能将敌人覆盖在自己的圈套内，用敌人自身的利益需求捆住他们的手脚，不能有所行动，而我方则应借助这样的机会一举歼灭敌方。

第十八章 | 空城遁走计
——必要时，弃无用之城以求全身而退

古语有云：兵不厌诈。空城计主要是在敌我双方实力悬殊的情况下，利用心理战，使敌人对我方形势出现误判，从而让我方有机可趁摆脱困境。走为上则是指在面对困境时，一定要能进能退，不能顽固不化，要知道有舍才有得。

【经典今解】

虚者虚之，疑中生疑；刚柔之际，奇而复奇。

如果兵力空虚，就故意显示出更加空虚的样子，使敌人在疑惑之中更加疑惑，在敌强我弱的情况下，运用这种策略会奇妙莫测。

此计谋是在我方面临困境时，所采取的一种缓兵之计，为了摆脱目前的困境所采取的具有一定风险的计策。一般都在迫不得已时使用，而且这种计谋多为心理战，也是攻心诈术中的一种，如果能把握敌人的心理，谨慎使用，

定能收到很好的效果。

虽然计策凶险，但是历史上不乏成功使用的例子。最有名的当属诸葛亮的"空城计"，羽扇纶巾，泰然自若坐在城楼上弹琴。这故事已经老少皆知了。而后来也有不少模仿者。

《孙子兵法·虚实篇》中说："故形兵之极，至于无形；无形，则深间不能窥，智者不能谋。"《草庐经略·虚实》中说："虚实在我，贵我能误敌。或实而示之以虚。或虚而虚之，使敌转疑以我为实。"空城计的本质就是将事实和虚无结合起来，真真假假，让人摸不清头脑。它通过真假之间的变化，让敌人产生错觉，或是引起敌人捕风捉影，对事件进行误判或是错识，达到出奇制胜的效果。

本计的含义主要有两种：

（1）虚而虚之。本来就是虚假的，然后显示出更假的样子。这样做的目的就是让敌人加重怀疑，以此对形势出现误判，或是作出对我方有利的判断。

（2）实而虚之。本来是有实力的，却假装很虚弱，然后趁敌人误判形势，落入圈套之后，将其歼灭。为了长远的目的，将自己的实力有所掩藏，等待时机，一旦时机成熟，就突然对敌方进行进攻，杀敌人一个措手不及。

一般运用空城计时都是在面临敌众我寡，我方处于弱势的情况下，利用敌方会多疑的心理，引起他们对我方形势的误判，以此来拖延时间，为我方的转移或是完成战略部署争取时间。最早应用空城计的是春秋郑国的上卿叔詹。

春秋时期，楚文王死后将王位传给自己的弟弟公子元，初登王位的公子元为了获得显赫的战功，并想以此威震朝野，决定攻打郑国。公元前7世纪中期，公子元带领着600乘兵车（约6万人），一路杀将过去，步步紧逼，最后大军直达郑国的国都新郑（今河南新郑市）。由于郑国国力不足，军事尚未能和楚国抗衡，面对已经攻占到城外的楚国大军，郑国上下一片惶恐。郑国国君见状，毫无主意，大臣们也慌做一团，十分混乱。有的大臣提议议和，有的大臣提议血战到底，有的则是主张免战等救援。这时，郑国的上卿叔詹不慌不忙地向国君建议："不可议和，他楚国出动如此多人，想的就是灭亡我国，若是我国现行投降求和，定当受到奇耻大辱，且我国和齐国有盟约，一旦有敌人杀入，齐国定会派兵救援，所以我们应该坚守不出，以待援军。目前我国境内守军虚弱，不能与楚国的大军相比，实力差距过大，所以我们一定要想出办法，拖延时间。"

大家听到叔詹这么说，都觉得很有道理，但是缓兵之计又要怎么安排呢？大家想来想去都没有妥善的办法，然后便有大臣上奏说："虽然上卿的话很有道理，但是我们现在面临的正是危机甚是紧急，要是现在去派人请援军，怕是来不及啊，还是我们主动投降，便可保住黎民百姓不受战争之苦啊。"听到这里，叔詹便反驳说："你们若是只为自己着想，置国君和百姓利益无不顾，那正是罪大恶极。我有办法守城，还请国君立马派人前去齐国等请求援军，等到援军一来，定能缓解我们现在的困境。"郑国国君听到叔詹有守城之法，就立即封他为三军统帅，掌管兵权，将国内为数不多的军队整合起来共同抗敌，还派人火速前往齐国、鲁国请求支援。

叔詹担当守城的重任后，并没有急着准备战争补给，而是派人到城里到处发布消息，让百姓继续一如既往地生活，不要惊慌，不要闭门不开，像平常一样。同时将城中的守军把旌旗都藏起来，装扮成老百姓的样子，在城里潜伏起来，随后，他又将城门打开，显示出一副不设防的样子。

楚军大举压境，公子元亲自率领大军前来城门吊桥前。看见大门敞开，而城中的百姓都在有规律地生活，依旧打开店铺做生意，丝毫没有恐慌，也没有混乱。见此状况，公子元不仅心中大惊：难道他们都不知道楚军要攻进来了？不知道这样很危险？他的一位随从劝谏说："难道他们是故意打开城门，让我们没有防备地进城，然后让我们落入他们的圈套，里面肯定有埋伏。"但是，满城望去全是百姓，没有一个士兵，这让公子元更加疑惑了。随后，他绕着城池走了一圈，发现有些城墙旁边隐隐约约地露出旌旗的旗角，看到这些，立马肯定城中有埋伏，幸亏刚才没有贸然冲进去，要不然肯定损失惨重。

叔詹派人在城门口守着，发现楚军并没有进来，叔詹心里明白肯定是楚军察觉有异，不敢进来。但是目前形势下，援军未到，大军虽然中计但是没有撤退，还是危机重重。要是楚国打探清楚城内的形势时，那么郑国做什么都挽回不了了。然后趁着天黑的时候，叔詹伪造了一份书信，派人假装是从郑国国内送的，又令那个信差故意露出行踪被楚军发现。楚军逮住信差后，将信件交给公子元。公子元看到信件内容时，不由得倒吸了一口凉气，齐国、鲁国已经派遣大军前来支援，第二天早上就到。面对齐鲁联军，公子元觉得没必要为了一个郑国与这两个国家为敌，于是立马下令大军连夜撤退，为了不让城中伏兵得知退兵的消息，不仅让每个士兵嘴里都含着一块小石头，而且马的蹄子上都包着一块布。一夜过后，郑国再次打开城门时发现，城外的大军已经撤退得无影无踪。叔詹看到此景笑道："这正是撑死胆大的，饿死胆小的。"

从此，这个计谋广泛地用于心理战上，一方面是告诫人们在面对困难局面时，一定要对自己有信心，可以从心理上战胜敌人。另一方面也提醒人们，在面对强大的敌人时，一定不要退缩，就是被打败，也不能被吓倒。

全师避敌，左次无咎，未失常也。

全军退却，避开强敌。这种以退为进的军事策略，并不违背正常的用兵法则。

此计谋出自《南齐书·王敬则传》："檀公三十六策，走是上计。汝父子唯应急走耳。"本意是指，事情已经发展到了无法挽回的地步，只能出走。在军事领域是指，面对无法战胜的敌人，为了避免受到更多的损失，只能主动撤军，保存自己的实力。古人在对此计谋的运用中也有很多论述。《孙子兵法·计篇》："强而避之"。而在《吴子·应变篇》则有这样的记录："不胜速走，……退还务速。"在《淮南子·兵略训》的描述中为："实则斗，虚则走。"《百战奇略·退战》："凡与敌战，若敌众我寡，地形不利，力不可争，当急退以避之，可以全军。"在毛泽东军事理论中，将此计谋运用到游击战中所得出的结论就是"敌退我进"。

此计有如下含义：

（1）以退为进。如果在面对敌方时，我方毫无优势可言，既不能强攻，又不能坚守不出，最好的办法就是为了保存实力，主动撤退，以免遭受更大的损失，毕竟留得青山在不怕没柴烧。为了他日能够获得胜利，今日的退却只是为了更好地前进。

（2）知难而退。如果自己办不到的事情，就不要强人所难，一味固执己见反而会给自己带来很大的负担。

（3）急流勇退。是指在事情发展较为顺利时，为避免灾祸或是未来规划，及时调整或是隐退。物极必反，事情到了一定的高度就会向其反面发展，所以在事情处于春风得意时，也要注意老马失蹄。

简单地可以将此计谋看成"打得赢就打，打不赢就跑。"所以，要是能够有把握获得胜利，就暂时不要走。"走为上"虽然是三十六计中最后一个计谋，但不表示就是最厉害的计谋，而是说，在自身处在弱势时，不要硬拼，白白浪费自己的力气，应该走为上计，主动撤离才是良策。但是要与一些概念分清楚，稍有困难就轻易放弃，闻风丧胆等这是一种人性的懦弱，并不是"走为上"。历史上最早使用"走为上"的计谋的是春秋时期的晋楚两国之间的城濮之战。

晋国公子重耳在没有继承王位，还在外流亡时，曾经得到楚成王的关照。当时楚成王问重耳，今日楚国待他不薄，回国以后如何报答楚国。重耳便说："如果两军相遇，一定退并三舍以报此恩。"随后，重耳得到了秦穆公的帮助，成功回国继承王位，即是晋文公。

公元前 7 世纪中叶，楚国国力大增，很多诸侯国纷纷依附于楚。而宋国宋成公摇摆不定，先是依附楚国，后又背楚投晋，令楚成王非常不爽，扬言要以此为由讨伐宋国。宋国得悉后，立刻向晋国求救。重耳在逃亡期间，受到宋国的恩惠，两国也一直保持着友好的关系。由于宋国在外交政治上的犹豫不定，让当时国力强盛的楚国大为不满。第二年冬，楚国将领子玉带领着陈、蔡、郑、许四国联合军队讨伐宋国，宋成公立刻派人向晋国求援。

晋国收到宋国的求救信号，便开始召集群臣商议如何营救。后来中军将领先轸所提出的建议被晋文公采纳，便准备出兵救宋。但是晋国并没有直接派兵营救宋国，而且派兵攻打附属于楚国的曹、卫两国，以此吸引楚国放弃攻打宋国而前来救援。随后，晋国便派军南下，先是攻下了卫国的五鹿，之后又挥师东去，占领了敛盂 (今河南濮阳东南)，此地是卫、齐、曹、鲁四国交汇的军事要地，不仅如此，还派人前去齐国，与齐国友好结盟。以至于后来卫国不仅将自己的国君赶走，还投降了晋国。

本来晋国进攻楚国的两个小的附属国是为了让楚国放弃攻打宋国，结果楚国不但识破晋国的意图，还继续猛攻宋国。宋国抵抗不及，又继续向晋国求救，晋文公见此举无法缓解宋国的困境，只能另寻他法，后又采纳先轸的建议，送重金给齐国、秦国两国，让这两国出面劝说楚国放弃攻打宋国。然而，楚国并没有听取这两国的劝告，仍然一意孤行。晋国见劝说失败，就与齐国、秦国建立了军事联盟，以此来向楚国施压。楚国见形势有所改变，三国军事同盟实力不可小觑，便命令子玉退兵，然而子玉却不以为然，不仅不肯退兵，还劝谏楚王攻打晋国，给以颜色。楚国先是觉得不妥，后又受到蛊惑，便同意了子玉的建议。

子玉领兵到了晋国城外，没有立即攻城，而且派人把自己的口信先带给了晋文公，要求晋国先从曹、卫两国撤军，楚军就会放弃攻打宋国。晋文公接到口信后，和群臣商议，有的表示赞同，有的表示反对。后来晋文公就综合了两个阵营的意见，先是从曹、卫撤军，劝说两国与楚决裂，后又扣留了楚国的使者，派人告诉子玉，只要楚国从宋国撤军，立马放掉使臣。

子玉见到晋文公既然如此行事，大为恼火，不仅没有撤军，还率领楚、陈、蔡三国联军进攻晋国。两国开战，晋文公遵守当年对楚成王的承诺，命令晋国军队后退三舍，于是，晋军便驻军城濮。此地虽处边界，但是前有黄河，后有太行山，易守难攻。子玉率大军前来，将联盟军分成三股，左军由子西指挥，而将领子上则率领由陈、蔡两国组成的右军。自己则率领中军，一起对晋国军队发起进攻。

两国开战后，晋国先是利用"老虎阵"进攻实力较弱的陈、蔡两国联军。他们将老虎皮蒙在马上，不断对右军发起进攻，两国盟军见到虎皮，还以为是真的猛虎，顿时军队乱成一团，直接被晋军打击得溃不成军，楚国的右翼先被消灭。而晋国的上将狐毛领军对阵楚国的左军，先是利用在马车后面绑上树枝，趁马跑动时扬起的灰尘，造成晋军不战而逃的假象，诱敌深入，使楚军左军孤军深入，其他军队无法顾及，然后用一支精锐军队趁其慌乱时正面进攻，很快就消灭了楚军的左翼。子玉看到两支军队都被晋军歼灭，自知难以打胜此仗，就立刻命人撤军，逃至连谷山上，因自己无颜回去面见楚王，自缢而亡。城濮一战，以晋军大胜为结局，从此，晋文公确定了自己的霸主地位。

【案例解析】

实战 **1**　畅销红茶中的奥秘

　　这一年，特产茶叶的南方某省，在大面积的种植和气候条件良好的情况下，茶叶实现了大丰收。虽然，茶农们对此形势感到很欣慰，但是让收购茶叶的进出口公司有点为难：由于茶叶收成是好了，但是要是没有销路，那积压在仓库里的茶叶就不值钱了。公司高层特地对此进行了商议，如何妥善解决茶叶问题。

　　一个高管提议："由于今年茶叶量大，我们应该采取降价销售的形势，进行促销，薄利多销，将货仓里面的茶叶尽量散出去，这样我们就能维持一定的利润而不至于接受不了。"这个提议得到了部分人的支持。但是又有人反问道："今年茶叶产量增加，正是挣钱的好时机，现在降价促销，岂不是放弃了挣钱的机会？"经理也对此感到很为难，因为降价促销，微薄的利润实在有点亏本，但是要是不降价，这茶叶卖不出就会亏本。这时，有一位较为年轻的主管提议："既然这样，我们不如涨价吧！"面对如今茶叶产量大的情况，不仅不促销，还涨价，这不是有点开玩笑吗？很多人对此不以为然。看到大家都很吃惊，这个主管继续说道："目前，就红茶的市场需求量来说，还是很需要的，我们这里的茶叶产量高是我们的优势，如果我们进行降价销售，那么别人就会分析到我们这边的情况，会认为我们是在跑量，有货积压，那时候，他们会以此在谈判的时候，将价钱压得更低；要是我们不仅涨价，还对外宣称茶叶脱销，他们就会以为货源紧张，就会进行抢购，到时候我们就可以大赚一笔。"

听完这个主管的分析，大家都点头称赞。于是，经理将这个事宜全权交给这个主管负责。随后，公司调高了茶叶在国际市场的价格并且制定了新的价目表。然后，又给公司的销售人员进行培训，内容包括为何涨价，如何说服购买者等，还特别强调，不得说出实情，否则将会遭到惩罚。

在随后的茶叶交易中，很多外商发现茶叶的价格高了不少，便对此感到很奇怪。销售人员就对其进行了详细的解释说明："因为今年本地的茶叶收成少，没有足够的货源，所以供小于求，价格就高了。"看到外商对此依然很疑惑，销售人员继续说道："现在我们的茶叶就是一种"物以稀为贵"的状态，少了价格就高，而且最近来采购红茶的人很多，库存量也在不断地减少，可能价格还会继续上涨。"

面对这样的场景，外商没有立刻下决定购买，而且觉得再考虑一下。之后前来购买的外商，销售人员都是统一口径。由于该公司在南方占据了大部分市场，所以很多外商想从侧面了解茶叶的价格都无功而返。有些外商从其他国家了解茶叶的价格，但是那些地方由于茶叶产量比较低，所以价格很高。有的外商经过相互间的交流，发现大家掌握的信息都差不多，所以觉得信息可信度较高。后来，那些外商都前来与该公司进行茶叶买卖合作，还怕来晚了买不到。结果很快，仓库里的茶叶就销售一空，利润也翻了好几番。那名年轻的主管很快就得到了提拔，成为副总经理。

这家公司本来有很多的茶叶库存，但是对外却宣称货物不足，还因此提价，从这里看来，他是反用了空城计。空城计讲究的就是从表面上和心理上进行伪装，让事实变得不易捉摸，让形势也变得深不可测，一般来说都是将自身实力扩大的做法，而这家公司明明库存足，却说不足，明显就是将自身实力缩小的做法，空城计原来还是可以反其道而行之的。

其实，从市场的角度而言，物品的价格会围绕价值上下波动，简单的说这个价值规律就是，供不应求，物价上涨，供过于求，价格下跌。如果仅有的货源被我方掌握了，那么就会在市场上形成一定的垄断。这时候，对于垄断市场，价格就不受任何影响。就算积压库存，我方依旧可以宣传缺货，以此提高价格，赚取高额利润，并且可以和很多商家建立良好的合作，既没有被人投诉坐地起价，也没有损害自己的利益。反之亦然，如果我方只是拥有一个货源，同时又不处于垄断地位。这时，为了稳定客户，可以对外宣称货源充足，但不能擅自提价，会给对手造成可趁之机，这样就很容易在竞争中被淘汰。

实战 ② 具有眼光的经商之道

上个世纪 60 年代末，苏伊士运河在中东战争爆发后被迫中断。但是在那个时期，苏伊士运河对整个贸易运输来说有着非常重要的作用。从中东购买石油后，通过苏伊士运河能减少航运时间，很多西方国家短期之内就能把石油运回国内。可战争爆发后，他们只能借道好望角，不仅增加了航运时间，还增加了运输成本。可运输石油却因此成了一笔很赚钱的买卖，很多国家纷纷看到了其中的利益，随后成立了很多石油运输公司。但是随着石油公司逐渐增多，竞争也越来越激烈，石油运输的费用就较以往有所下降。

挪威人阿特勒·耶伯生继承了父亲创办的海上运输公司，可这家公司的规模不是很大。只有 3 艘运输石油的油轮和 7 艘运输其他大型货物的货轮。因为市场竞争压力大，阿特勒·耶伯的运输公司只能采取优惠的运费的方式维持生存，而三艘油轮也花费了公司巨大的精力，牵制了公司的发展。面对公司现在糟糕的经营状况，阿特勒·耶伯生打算将油轮卖掉，用这个钱添置几艘货轮，让公司走出困境的同时，也为公司的发展做一个规划。以后公司不再承担石油运输，只运输其他的货物。

不仅公司内部不理解阿特勒·耶伯生的做法，外界对此也议论纷纷。因为对一个公司而言，有钱赚才是最重要的，而当时的石油运输是很赚钱的，结束这个生意，就意味着失去利润。为了得到公司高层的支持，阿特勒·耶伯生对自己的做法进行了解释："公司目前规模尚小，石油运输的生意"绑架"了整个公司，使得公司运营在流动资金上出现了问题。虽然目前石油运输是很赚钱的，但是所要承担的风险依然很大。

目前，由于战争爆发，所以石油的需求才很大，要是战争结束，那么石油运输的生意就很快没落下去。同时我们现在的油轮趁着石油运输行业还很赚钱的时候，可以卖个好价钱，这样我们的流动资金可以充足点。"最后，他还强调说："做生意不能唯利是图，一定要有预见性，长远的发展计划对公司的未来才有好处。"听完阿特勒·耶伯生的解释，公司内部对他的计划给予了支持。很快，抛弃石油运输的阿特勒·耶伯生公司与其他很多国家的企业建立了长期的运输原材料和钢铁产品的合作。随后，公司的生意也越来越好，规模也逐渐发展壮大。

时隔六年，中东又一次爆发了战事，为了反对美国等四方国家对以色列的支持，一些生产石油的阿拉伯国家纷纷提高了石油价格。油价大涨之后，各石油输入国减少了石油的需求量，以替代性能源来减少石油带来的重负，所以，海上石油运输业开始萧条。加之，北海和美国阿拉斯加成功开采出石油，各国纷纷改变运输航线，取代对中东石油的需求，因此，海上运输业更加雪上加霜。看到石油运输业不景气，为了规避石油运输的风险，很多公司纷纷抛售油轮，来转换其他生意，可是依然遭受了巨大损失。有些公司资不抵债，面临着破产的危机。

对于阿特勒·耶伯生的海上运输公司在这次的危机中，却没有受到任何影响，不仅生意红红火火，而且公司效益也逐渐提高。

在商场中，断尾求生，能进能退是基本的从商守则。在商业领域中，面对复杂的商业形势和商业竞争，我们应当有勇有谋，坚持自己的主张，不能随波逐流。在大家都认为石油运输赚钱的时候，阿特勒·耶伯生却毅然选择了退出，一是不让公司陷入更大的危机，二是他已经清楚地预见了危机发生的可能性。在面对别人的怀疑时，他坚持了自己争取的观点，并没有畏惧，由此可以看出，领导者的自信和眼光对一个公司而言是很重要的。

一个公司最大的目标是盈利。但我们不能被眼前的利益所蒙蔽，看不到前面的危机。唯利是图也要分清局部利益和全局利益，短期利益和长远利益。我们应该遵循社会发展的规律，以长远利益为重，不能死抓局部利益。如果被局部利益蒙蔽了双眼，不仅会失去很多发展机会，也会让自己陷入危机无法自拔。而阿特勒·耶伯生在面对激励竞争的环境时，客观地分析了公司未来发展的重心，用走为上的计策，保存公司实力，在作出正确选择的同时，也给公司发展带来了新机遇。

值得一提的是，"走为上"这个计谋，只能减少潜在的损失，而不能帮助我方实现在战斗中取得胜利的目的。所以在战斗中，我方不能产生消极抵触的情绪，不能自暴自弃，"反正无可能赢，何不早点放弃"的心理是不可有的，这是对"走为上"计谋的误读，"走为上"并不是一种贪生怕死的懦夫心态，在能够取胜的条件下也做自我放弃，在我方实力占优势的时候，还放弃战斗，这是一种滥用，结果也是惨不忍睹的。我方也不能认为在实力占优势的条件下，就一定不能撤退，只要能有力地打击敌人，撤退有时也是诱敌深入的一个计谋。

使用走为上计时，一定要注意策略的弹性，一定要"可进可退"。在战争中，如果形势利于我方，一定要主动前进，在预测可以获得利益的时候战斗；对于如何进行衡量形势的利弊，就一定要坚持将国家和人民的长远利益放在首位，把保存军队的实力放在其次，也就是说，我们可以在维护国家和人民的长远利益时牺牲军队的实力，而不能为了一味地保存军队的实力，放弃了国家和人民的长远利益。所以说，要想运用此计谋，一定要考虑好国家、人民的长远利益以及从战事的全局进行通盘考虑，不能只局限于眼前利益、短期利益、自己的利益，否则就会让整个战争局面受到影响，有可能会使我方在存在胜率的战争中得到失败，同时还得承受由此带来的巨大损失。

在现实社会中，走为上计也被认为是一种规避风险、缓解压力的手段。在竞争中，我们会遇到很多挫败，但不能破罐破摔，意志消沉。为了减少失败带来的损失，我们可以利用走为上计，为以后的发展准备好充足的实力。在现实生活的各种竞争中，我们都有可能会遭遇各种失败和打击，甚至有时我们会在这个打击下放弃前进的机会，失去前进的动力，这时我们就会为了麻痹自己，失去生活的信心，就会自暴自弃，然后庸庸碌碌地过一生。所以，为了避免受到不必要的打击和损害，我们更应该学会利用走而上计来保护自己的内在实力、保存自己的优势和竞争力，这样我们才能为以后的发展奠定基础，为了未来的获胜铺就大道。